# 空海の言語哲学

『声字実相義』を読む

竹村牧男
Takemura Makio

春秋社

# はしがき

仏教はほとんど言語哲学であると言えるのではないかと考えている。仏教は、対象への執着から解放されて、自由な主体を実現することを目的とするものであるが、その執着は言語を通じての分別に由来する。そうであれば、言語の特質を精細に見究めていくことは、仏教にとって必須のことであった。

インド大乗仏教において、二大思潮を形成したのは、龍樹《りゅうじゅ》（一五〇～二五〇頃）に発する中観派と、無著《むじゃく》（三九五～四七〇）・世親《せしん》（四〇〇～四八〇）に発する瑜伽行派（唯識学派）であった。その唯識思想においては、名詞（単語）に見合う実体はないことを、人間の感覚・知覚の構造から詳しく解明している。また世親にやや遅れる陳那《じんな》（四八〇～五四〇頃）は、名詞はたかだか「他の否定」（他ではないもの）を表わすのみで、自立的に存在しているものを表わすわけではないことを綿密に論じた。近代西洋の言語学者・ソシュール（一八五七～一九一三）に先立つこと、千三百年はあるであろう。

一方、龍樹は『中論頌《じゅ》』において、主語に対して述語したとき、事実そのものといかに乖離するかを、さまざまな文例をとりあげて論じた。その議論はあたかもウィトゲンシュタイン（一八八九～一九五一）の哲学のようである。龍樹は、文章としての言語の吟味・検討を経て、戯論《けろん》寂滅の世界に真理を見出すのである。

こうして、仏教では単語の地平でも文章の地平でも虚妄なものと見透かし、それらが解体されたところにこそ真理を見出すべきだとするのであった。禅では、端的に不立文字《ふりゅうもんじ》・教外別伝《きょうげべつでん》というように、覚りの世界は言葉では説けない（果分不可説）としている。

ところが、そういう大乗仏教を承けて、七世紀ごろインドに興った密教は、覚りの世界も言葉で説ける（果分可説）と唱え、法身説法ということも主張するようになる。空海（七七四〜八三五）は『弁顕密二教論』において、顕教《けんぎょう》は歴史上の釈尊の説法であるが、密教は法身《ほっしん》（自性《じしょう》身・自受用《じじゅゆう》身）の説法であり、奥深い言葉で語られたものだと言っている。そうであれば、密教には密教独自の言語観が存在し、また密教独特の言語を用いて真理の世界を語ることであろう。では、はたしてそういう言語とは、どのようなものなのであろうか。

幸い、空海の著作の中に、『声字実相義《しょうじじっそうぎ》』という、空海の言語哲学を開演した書物がある。『即身成仏義』、『声字実相義』、『吽字義《うんじぎ》』は密教の教理に関する三部作を構成し、順に身密・語密・意密を明かすものとも言われてきた。実際はそう単純でもないが、『声字実相義』が空海の密教の言語哲学を説明した書物であることに疑いはないであろう。そこで、仏教一般における言語哲学とは異なると思われる密教の言語哲学を、この『声字実相義』に尋ねてみたいと考えた次第である。

というわけで、本書は『声字実相義』の解読を主たる内容とするものである。ただし、これに先立って、『声字実相義』の理解をより確かなものとするために、第一章「仏教の言語哲学」を設け、そのひととおりを紹介することにした。仏教の言語哲学の基本を押さえておかなければ、『声字実相義』

の所論を的確に把握することも、し損ねることになりかねない。

その後、第三章「『声字実相義』を読む」において、その文を逐って、可能な限り詳しく解説した。なお、その前、第二章に、『声字実相義』全体を俯瞰して、その所論の主題と意義とを整理しつつ説明する章も置いておいた。この全体的な理解を踏まえるとき、第三章における『声字実相義』の個々の文章の意味も、より詳しく了解できるようになると思うのである。

このあと、さらに第四章「密教の言語哲学」を用意し、『声字実相義』の論議をふまえ、空海の言語哲学を、空海の他の数々の著作を横断して探り、まとめてみた。章名としては、「密教の言語哲学」としてあるが、その内容はもっぱら「空海の言語哲学」である。『声字実相義』を超えて、広く空海の著作にその問題を尋ねることにより、果分可説・法身説法を主張する密教独自の言語哲学に、さらに深く迫り得たかと思っている。

なお、実は『声字実相義』の最大の主題は、言語との関連における「実相」にあると言いえる。それは法身の自内証の世界といえる。その世界のより深い理解に資するために、空海の「成仏」に関する思想をまとめた小稿も第四章の後に付しておいた。

最後に第五章として、思想界で人気のある井筒俊彦(一九一四〜一九九三)の空海論をとりあげ、私なりにその内容を検討してみた。井筒俊彦は、空海の言語哲学が「存在はコトバである」との命題に帰すると言っている。いかにも魅力的な主張であり、密教学者の中にもこの空海論に賛意を表する者が少なくない。そうした中にあって、井筒の思想と空海の本意とを厳正に対照し確認しておくことは大切なことと思うのである。

私の密教研究、空海研究は、まだまだ浅いもので、しかも宗門外の者であることから伝統教学の厚みを陰に陽に吸収できる立場にはなく、この道の困難な状況を自覚せざるをえないのが実情である。しかし私なりに空海の著作に取り組む中で、この『声字実相義』の解読においても、たとえば文字に関して色塵《しきじん》等の「差別」に留意するなど、従来の解説書にはみられなかった新たな視点を提供できたのではないかと思っている。特に眼識（視覚）の対象としての色塵（色境）と、五感の対象のすべて等を意味する色法との区別に常に気をつけ、解釈にまぎれがないよう努めた。

空海の仏教は、真言宗というものであった。それだけ、言語の問題はその中核をなしているはずである。ここに焦点を合わせた本書が、空海の哲学・思想の理解に、何らか参考になるものがあったとすれば幸いである。

# 略号表

『定本』　『定本　弘法大師全集』第一巻〜第十巻、密教文化研究所・弘法大師著作研究会編纂、高野山大学密教文化研究所、一九九一〜一九九七年
那須　那須政隆『《声字実相義》の解説』、成田山仏教研究所、一九八二年
小田　小田慈舟『十巻章講説』上巻、高野山出版社、一九八四年
福田　福田亮成『現代語訳　声字実相義』、弘法大師に聞くシリーズ⑥、ノンブル社、二〇〇二年
北尾　宮坂宥勝監修、頼富本宏・北尾隆心・真保龍敞訳注『空海コレクション　2』、ちくま学芸文庫、筑摩書房、二〇〇四年
松長　松長有慶『訳註　声字実相義』、春秋社、二〇二〇年
勝又　勝又俊教『秘蔵宝鑰　般若心経秘鍵』、仏典講座三二、大蔵出版、一九七七年
深浦　深浦正文『唯識学研究』下巻（教義論）、永田文昌堂、一九五四年

空海の言語哲学――『声字実相義』を読む　目次

## 第四章　密教の言語哲学……263

# 空海の言語哲学――『声字実相義』を読む

# 第一章　仏教の言語哲学

## 仏教の基本的な言語観

空海の言語哲学をよく理解するために、まずは仏教（顕教《けんぎょう》）の言語観について、ひととおり一覧しておきたい。

まず仏教が言語をどう捉えているかを確認しておこう。仏教は言語を概略、音素（母音・子音）・単語・文章の三つの地平で捉えている。その際、基本的に音声言語を考えていることに留意する必要がある。文字のような書かれた言語は、先に存在していた話し言葉（聴覚上）が後に視覚上に表現されたものであるという見方に立っている。仏教ではこれらを、名《みょう》・句《く》・文《もん》と言っている。名は名前のことである。すなわち名詞が根本であろうが、広くは単語である。句は主語に対し述語したもので、文章ということになる。最後の文は、文章のことでなく、文字のことで、その根本は母音・子音である。

したがって、言語のもっとも基礎になるものを音声言語において見ると、母音・子音としての音素ということになる。その一つ（日本語で言えば、め・て・は、等）や二つ以上の組み合わせで、単語ができる。その単語の組み合わせが文章ともなるわけである。

言語というものはそのように成立しているとして、さていったいこれらはどういう存在なのであろうか。つまり、言葉という存在は物であろうか心であろうか、それとも他の何ものかなのであろうか。もちろん、それは物ではないと考えられよう。しかし心とも言えないと思われる。言語の実質は母音・子音であるとしたとき、ではそれらは音声と言うべきであろうか。もしもそうだとして、この音声は心であろうか物であろうか。

音声であれば、それは聴覚の対象となり、仏教の用語を用いれば耳識の対象の声境（音そのもの）ということになる。仏教では、眼識《げんしき》・耳識《にしき》・鼻識《びしき》・舌識《ぜっしき》・身識《しんしき》・意識が、眼根・耳根・鼻根・舌根・身根・意根（根は器官）に基づき、色《しき》・声《しょう》・香《こう》・味《み》・触《そく》・法を感覚または知覚するという。その中で音は、耳根に基づく耳識の対象としての声境になる。それは、広い意味での色法（五根・五境・法処所摂《しょしょう》色）の一つとなる。では、本当に母音・子音は音声である、したがって言語は色法の一つである、と見てよいのであろうか。

ところが、たとえば人が「あ」と言ったとする。男性ならバスのように低い声かもしれない。女性ならソプラノのように高い場合もあるであろう。けれどもそういう音の高低には関わりなく、人はそこに「あ」を聞きとる。それはいったい、音そのものなのであろうか、それとも音に付随する何ものかなのであろうか。

もちろん仏教はそれを音そのものとは見ない。音を離れないが音そのものではない何ものかだと見るのである。それは音の「あや」というか、「音韻屈曲《おんいんくっこく》」だという。この母音・子音等、すなわち名・句・文の文は、諸法の分析（アビダルマ）の体系の五位の中では、色法でもなく、心法でもなく、心不相応法（物でも心でもないもの）であるとするのである。

言語学者、ロマーン・ヤーコブソン（一八九六〜一九八二）の『音と意味についての六章』（花輪光訳、みすず書房、一九七七年）の「Ⅳ　音素は弁別特性の束である」には、次のようにある。

すでにソシュールが正当にも強調したように、音素にとって重要なのは、それ自体として見た、それ自体のために存在する、各音素の音的個性ではまったくない。重要なのは、ある音韻体系のなかにおける音素の相互対立である。どんな音素も、同じ体系の他の音素との対立の網目を予想する。ソシュールの主張はこれを明確に述べている。《音素は、まず何よりも対立的、相対的、消極的な実在体である》。われわれはこの重大な主張の本質を知った。今度は、その帰結を引き出すようにつとめよう。（同書、一一〇頁）

その後、たとえばトルコ語のいわゆる二十八個の母音対立は、事実上、（1）開きと閉じ、（2）前方、後方の性格、（3）円唇化と非円唇化、の三個の基本対立に還元されるなどとし（同前、一一六頁）、要点としては、

《示差的要素》（言いかえれば、《弁別特質》〔カリテ・ディスタンクチヴ〕、《弁別特性》〔プロプ

リエテ・ディスタンクチヴ〉、または《弁別特徴》〈トレ・ディスタンクチヴ〉〉は、束になって言語のなかに姿を現わす。音素とは、示差的要素の束なのである。（同前、一一八頁）

と示している。こうしてヤーコブソンによれば、音素（母音・子音）というものは、自立的にあるものではなく、他とのいくつかの相違点の区別の束にほかならない。ごく簡単に言ってみれば、「あ」は、いでもない、うでもない、かでもない、しでもない、つでもない等々の差異をひとまとめに表わす何ものかだというのである。ポジティブに「あ」というものがあるのではなく、他の母音・子音との差異が音素の本質だという。

仏教が母音・子音を音声そのものとは見なさず、音声の上の何かであるとすることは、ヤーコブソンが説くようなところに音素の本質を見出しているからといってよいであろう。

もちろん、これらによって構成される単語（名）も文章（句）も、仏教のアビダルマの中では、すべて心不相応法である。すなわち、これら名・句・文のすべては色法（音声そのもの）ではなく、心不相応法と見なされているのである。

小乗仏教の代表的な部派の説一切有部は、世界の構成要素としてのダルマ（法）を分析して（アビダルマ）、五位七十五法のダルマを説いた。五位とは、色法・心王・心所有法・心不相応法・無為法であり、前にも言うように、名・句・文は心不相応法とする。説一切有部の場合、それらのダルマは三世に実有のものである（三世実有《さんぜじつう》・法体恒有《ほったいごうう》）。一方、大乗仏教の唯識思想においては、同じ五位（ただし順序は、心王・心所有法・色法・心不相応法・無為法）に百法を分析したが、やはり名・

句・文を心不相応法としている。しかし唯識思想の場合、心不相応法は、色・心（心王・心所有法）の上に仮立されたものであり、名・句・文の場合は声境（耳識の対象・音声）の上に仮に立てられたものということになる。こうして唯識思想では、言語は音声そのものではないが音声を離れず、音声の上に仮立されたものということになったのであった。

唯識思想における名・句・文の説明をここに引いておこう。『成《じょう》唯識論』の一節である。

然も語声の分位の差別に依りて而も仮りて名・句・文身を建立す。名は自性を詮《あらわ》す、句は差別を詮す、文は即ち是れ字なり、二が所依と為る。此の三は声《しょう》に離れて別の体無しと雖も、而も仮《け》と実と異なり、亦た声には即せず。此れに由って法と詞と二の無礙《むげ》解《げ》いい境、差別なること有り。声と名等とは、蘊・処・界に摂むることも、亦た各々異なること有り。

（いい、というのは主格を表わすもので、～は、～が、の意である。『新導本』巻第二、四頁）

ここで名が自性を表わすというのは、要はあるものを表わすということであり、まさに名詞のことであろうが、前にも述べたように広げれば単語と見てよいと思われる。句が表わす差別とは、松は青い等、他との区別を表わすということで、主語に対し述語することにもほかならず、まさに句であり、かつ文をも含めてよいであろう。それらを構成するのが母音・子音の音素というわけであるが、これらはいずれも音声とは別に独自の実体として有るわけではない。しかし音声そのものでもなく、その上に仮りて立てられたものなのである。音声を離れてあるものではないが、音声そのものでもない。

したがって、声境が実法であるのに対し、これらは仮法ということになる。

法無礙解と詞無礙解とは、法無礙解・義無礙解・辞無礙解（詞無礙解）・弁無礙解の四種の中の二つで、法無礙解の法は教法のこと、詞無礙解の詞は、各国語のことである。この四種の無礙解は、要はあらゆる言語能力が優れていることを表わすものであるが、「法と詞と二の無礙解いい境、差別なること有り」とは、同じ音でも言語の種類によって異なる意味があること、ゆえに音そのものが直ちに言語ではないこと、言語は実法ではないことを言うものであろう。

音そのものと言語とは異なるものなのであるから、したがって、五蘊《ごうん》で言えば、声は色蘊、名・句・文は行蘊、また十二処・十八界で言えば、声は色境（耳識の対象）、名・句・文は法境（意識の対象）と、その収められるべき領域が異なってくるわけである。

## 言語が表わすものとは

次に、言語と世界の事物等との関係は、どう見るべきなのであろうか。一般に人々は、言葉というものは、すでに世界にそのものとして自立的に存在しているものを表わしていると思っていよう。急須・茶碗・テーブル・椅子等々、これらは外界に言葉（名前）以前にすでに自立的に存在していて、そのうえでそれらについての名前があると見ていると思われる。

ここにおいて、まず言語とその対象とは一致したものではないことを理解しておかなければならない。もし一致したものだとしたら、人は火と言った瞬間、唇が焼けてしまうであろう。また、くもという言葉は、雲にも蜘蛛にも使える。もしも、くもの語が雲と一体であったら、蜘蛛には使えないであろう。一方、太陽はお日さまとか、お天道様とかいう。言葉とその対象が一致していたら、この場合、一つの太陽に三つの体があることになってしまう。こうしたわけで、当たり前のことかもしれないが、言葉と対象は一体のものではないことが確認される。

また、ふつうの名詞の場合、特定のものを指している場合と、共通の概念のようなものを指している場合とがある。リンゴを食べよう、というとき、話者の眼前にある特定のリンゴを指す場合もあれば、今、眼前にはなく、とにかく桃でもない、苺でもない、リンゴなるものを食べたいの意で用いられる場合もある。そのリンゴという言葉が指すものは、その場の実情、会話の文脈等によって、特定の個物であったり、一般者であったりするわけである。ただし、もしも名詞がある特定の個物を表わすものだとしたら、同じ種類の他の個物には用いえないことになってしまう。それゆえ名詞はおよそ一般者を表わすと見るのがよいであろう。

そうした事情があるとして、単語（名詞）は、何を表わしているのであろうか。それは、種や類等の一般者（共通の概念。それぞれの階層の普遍）のいずれかであると言っておけばそれでよいであろうか。しかし事情は必ずしも単純ではない。

たとえば英語では、テーブルとデスクとは異なるものである。しかし日本語なら、両方とも机でよいといえる。オックスとビーフとは異なるもの、ツリーとウッドとは異なるものであるが、日本語の牛や木は、その両者を含んでいる。一方、英語ではブラザーはもともと一つで、そこに上下の区別を見ていくわけであるが、日本語なら兄と弟がまず区別されて存在していて、そのあとに両者をひとまとめにして兄弟と呼ぶ。日本語で水と異なるお湯は、英語では実は同じウォーターで、ホットであるかないかの違いに過ぎない。

ということは、あらかじめ区別された存在が自存していて、それらの名前があるのではなく、その国語ごとに、世界をどのように分節するか、その分節の仕方を名前は表わしているということである。名前どおりに世界があるのではなく、ある全体世界を、その国語の名前の体系のように受け止めているのみにすぎないのだ、ということなのである。このことは、他の国語との比較によってはっきりするわけであり、特に近代の言語学者、ソシュールが解明したことであるが、実は仏教もはるか古代に、以下に説明するように、もとより名前は自存するものを表わすようなものではないと究明していた。

インドの六世紀ころの仏教論理学者であったディグナーガ（陳那《じんな》）は、この方面に大きな業績を上げている。陳那は、名前（単語）は「他の否定」（アニヤーポーハ）を表わすにすぎないと、鋭く指摘した。「他の否定」とは、「牛」の場合、牛以外の動物ではない、ということであり、「牛」はたかだか、犬でもないし、馬でもないし、きりんでもないし、象でもないし、……ということのみを意味しているだけだということである。つまり、なにか牛という自立的な存在がすでにあって、それを「牛」の名前が表わしているのではなく、牛以外の動物たちもいて、その中で牛以外ではないということのみを表わしているに過ぎないというのである。

その牛等の動物の分け方は、自然界に存在している動物の種等の明確な区別に基づいて、もとより決まっているはずと思うかもしれない。しかしたとえば出世魚というものがある。成長するにしたがい、ワカシ・イナダ・ワラサ・ブリ（東京版。関西ではまた異なる）などという名前があり、それに応じた魚があると日本人は思っている。しかしこのような区別は、他の国語にはまずないであろう。とすれば、やはり言語はある一定の共同主観における、世界の分節の仕方を表わしているにすぎないのである。

たとえば、ある一群の動物に対し、ある国語では、犬と山犬の分節しか持たず、ある国語では犬と山犬と狼の分節を持つとする。この時、山犬は、前者では犬以外のもの、後者では犬と狼以外のものということになる。こうして、「語の表わすものは、あらかじめ、自立的に存在しているものではなく、隣接する他の語によって規定される」ということにならざるをえない（丸山圭三郎『ソシュールの思想』、岩波書店、一九八一年、九五〜九六頁、一二一〜一二二頁等参照）。結局、語の表わすものは、「他の否定」でしかないのである。

このことは、すべての名前が表わすものも、自存的実体存在ではないということである。ここから、名の表わすもの＝自性は空であるということが言えてくることにもなる。

そうすると、結局、言葉というものは、音素（母音・子音）にしても、単語にしても、他との差異の中で成立しているに過ぎないということになる。言語には差異しかないのである。ここには、言語と分かちがたく結びついた実体論への、鋭い批判を見ることができよう。

すでに世界には、自存するものはないことが推察された。それはいわば、分節以前であり、混沌の世界といってよいかもしれない。しかし、言語以前はすべて混沌のみかといえば、必ずしもそうではないとも考えられる。前にも触れたように、たとえば、牛はすべて牛のかっこうをしているし、馬はすべて馬のかっこうをしている。桜は爛漫と咲き、竹はさわやかに天に向かって伸びる。こういう生物の種のようなものは、おのずから区別が存在していて、世界を彩っていると考えられる。それらは、ある意味で自存しているものというべきかもしれない。そういう意味では、言語はまったく主観的・恣意的と断じることも、再考の余地はあるであろう。

なお、おのずから種の区別等を有していると思われる生物界ではなく、たとえば机は何が机か、とか、椅子は何が椅子か、ということになると、三本脚の机もありうるし、座椅子もあったりして、生物の種のようにその分節は明快にはいかなくなるに違いない。では、どこで机という「種」(一般者・普遍)が決まるのであろうか。事物の区別が先にあるのか、概念の体系が先にあるのか、その明確な見究めは困難な問題である。しかしともかく、各国語の特質からいって、あらかじめ自律的に存在している事物に対応して名詞の体系ができているわけではないことは、間違いないであろう。

## 言語は何に対して立てるのか

では、こうした「他の否定」としての名前は、何に対して適用されるのであろうか。我々は言葉を、何に対して立てているのであろうか。ここで、素朴に言葉が表わすと考えられている物というものの存在が、再度、吟味・点検されなければならないことになろう。

そもそも、世界に言葉を立てるといっても、その世界とは、我々に感覚・知覚された世界以外ではありえないに違いない。赤い、丸い、甘酸っぱい匂いの、つるつるした何ものかに対して、リンゴという名前で呼ぶが、赤い・丸いとは視覚の内容であり、甘酸っぱい匂いは嗅覚の内容であり、つるつるしたは触覚の内容である。これらは、外界の存在そのものというより、自分の五感に現じた諸現象にほかならないはずである。

とすると、言葉は外界そのものに対して直接に立てるというより、自己に現前している諸々の感覚等に対して立てているということになる。確かにそのリンゴの赤さは、自分の視覚に現われた赤さ以外ではない。リンゴの香りも、自分の嗅覚に現われた独自の香り以外であるはずもない。とすれば、実は我々は、すでに外界に自立的に存在しているもろもろの事物に対して、直接に言葉を適用しているのではなくて、たとえば物の場合、自分の五つの感覚に現われた諸現象に対して言葉を立てているとしか言えないはずである。こうして、我々が有ると思っている物は、五感の流れ、その連続的生起に対して、言葉を立ててそこに捉えたものということになる。

では、その五感の流れの世界に、実際に物はあるのであろうか。その流れは、実は刻々、微妙に変化しているはずである。顔の向きを変えれば、視覚風景はまったく変わってしまう。時間が経過すれば、それらの光彩は微妙に変化しているであろう。そこに変わらない物など、本当はないのである。

それればかりか、五感はそれぞれ別のものである。色は音ではないし、音は匂いではない。大脳生理学からいっても、視覚と聴覚と嗅覚と等は、それぞれ別個に脳内に発生しているはずである。我々にはそのように、第一次的には、別々の五感が与えられているはずである。しかもそれぞれがそれぞれ、常に微妙に変化してやまないはずである。そういう流れが我々にまず与えられていて、しかもそこに変わらないリンゴならリンゴ、机なら机という物が有ると認識してしまう。これはむしろ錯覚だということになる。

少なくとも我々の五感そのものの世界には、明らかに物というものはありえない。あるのは、変化しながら相続していく、いわば「事」のみである。我々は事の世界に生きているのみである。しかもそこに、固定した物をつかまえてしまう。その役割を果たしているのが、主に言語なのであろう。別々の五感の、変化していく流れに対し、名前を与えることによって、それらを束ね、固定化して、そこに変わらない物が有ると思いなしていく、それが実に我々の知っている物なのである。

ところがその名前そのものが、前にも言ったように、隣接する他の名前に限定されて意味を産みだすものであり、自存的なものではないのであった。名前そのものが、いわばその国語ごとに異なるもので、つまりその意味では恣意的なものなのである。ところがそういう、他との差異しか表わさない言葉を五感の流れに適用しつつ、そこにむしろ自存的な、それも変わらない物を認識してしまう。これは顚倒《てんどう》夢想（『般若心経』）以外の何ものでもないであろう。


このことを、大乗仏教の一つの有力な哲学体系である唯識の思想では、詳細に究明している。そこではまず、感覚と知覚等の作用の区別を明確に分析している。五感は、唯識思想においては、眼識・耳識・鼻識・舌識・身識と呼び、その対象、順に色・声・香・味・触は、その識内にあると説く。感覚対象というものは、それぞれの感覚に取り込まれたものなのであって、外界の物自体とは言えないもののはずである。その眼識等の、一つの識内の対象面を相分《そうぶん》といい、一方、これを感覚する側の面を見分《けんぶん》という。唯識では、この五感の識のみでなく、あらゆる識（意識等）の直接の対象は、その識内に現じているものだと説くのであり、それだから唯識ということも言えてくることになる。自分の対象を内に持って、その対象を感覚・知覚しているものが唯識の識なのであるから、この識とは単なる心でも主観でもないわけである。色が見えている事、音が聞こえている事、推理や判断等が行われている事、その事そのものが唯識の識なのである。したがって唯識ということは、本当は唯事というべきである。唯識の世界観とは、実に事的世界観なのである。

しかも仏教は、この五感（前五識）の世界は、無分別だとする。また現在の対象にのみ作用するという。実際、眼識自身が、この色は青いとか緑っぽいとかとは判断しないであろう。また眼識自身が過去の色を見たり未来の色を見たりすることなど、考えられないことである。結局、五感、五つの感覚、前五識は現在のみに、無分別に作用しているものなのである。だとすれば、そこに物というものの認識などありえないはずになる。

ところが第六意識は、ありとあらゆるものを認識できると考えられている。過去や未来も考えたり想起したりできるし、この世にないものまで認識対象とすることができる。たとえば、実在しない「とがった丸」とかも認識できるわけである。そういう実在しないものの例として、仏教ではよく「兎角《とかく》・亀毛《きもう》」を挙げていた。それはともかく、意識は五感と異なって有分別であり、言語を扱うのも意識である。この意識が、前五識の流れの世界（事）に言葉を適用して、物を認識する、そこに実体的存在（常住・不変のあるもの）としての物が有るとさえ見なしてしまうことになるのである。しかしそれは、本当は錯覚に過ぎないのだ、迷いの認識の産物なのだ、と仏教は明かすのである。

身心という現象の流れの上に、自分というもの、我という常住で不変で主体的なる存在を認めてしまうのも、やはり意識の世界でのことである。一人称の代名詞を繰り返し使っていくことも、そのことに大いに関与していよう（実は意識以前の末那識《まなしき》においてすでに我《が》が執着されているのであるが）。

こうして、実体的存在が有ると思うから、それに執着することになる。自分に執着し、物に執着する。執着するから、思うようにいかないと、苦しみあえぐことになる。これは無明《むみょう》のなせるわざだというのである。

## 唯識三性説と言語の関係

以上は、唯識思想において、三性説《さんしょうせつ》として明かされていることである。三性とは、遍計所執性《へんげしょしゅうしょう》・依他起性《えたきしょう》・円成実性《えんじょうじっしょう》というものである。

このなか、中心となるのは、依他起性である。依他起性は、前五識・意識および第七末那識・第八阿頼耶識《あらやしき》の、八識の相分・見分の刹那《せつな》刹那生じては滅し生じては滅しして相続されている世界のことである。ここでは実は、過去も無く未来も無く、現在のみがある世界でもある。それは世界の実質と言ってよいであろう。

この八識の相分・見分の刹那滅の相続の上に、主に意識が言語を通じて実体視したものを遍計所執性という。事が物化されたもののことであり、実際はまったく存在しないものである。つまり誤認のうちに有ると見なされたのみのものである。この遍計所執性には、物だけでなく自我もあり、そうした実体視されたものを実我・実法という。唯識無境というときの無境とは、この実我・実法が無いという意味である（識の相分・見分はある）。これらの実体視に言語が関わっているわけで、遍計所執性は名言所計とも言われている。『瑜伽師地論《ゆがしじろん》』に、「言説に随い仮の名言に依りて建立せる自性」（大正三〇巻、七〇三頁中）とある。

また、『摂《しょう》大乗論』は、能遍計は意識、所遍計（遍計されるべきもの）は依他起性で、そこに遍計所執性が生まれると説いている（大正三一巻、一三九頁中）。この依他起性は言い換えれば、八識の相分・見分のことである。そこで遍計所執性が生まれる過程に、言語が関わっていることも詳しく指摘されている（同前）。

これに対し円成実性は、真理の世界と言いうるもので、それは依他起性の本性の世界のことに他ならない。依他起性は、縁起の世界でもあり、刹那滅の世界でもあり、いわば映像のみの世界でもあって、現象世界ではあるもののまったく本体のある世界ではない（無自性）。ある事象に実体（常住の本体）がないことを空《くう》という。したがって、依他起性は空なる世界である。無自性であり空であり、また仮有の世界である。よって依他起性の本質・本性《ほんしょう》は、空であることにある。この空であることを、空性《くうしょう》という。時々刻々変化していく現象世界にもほかならない依他起性の、その本性は空性であって、この空性の面を取り出して、円成実性と言う。

この空性は、諸法の本性としての法性《ほっしょう》でもあり、それをまた、迷おうが覚ろうが変わらないものとして、真実・如常であるがゆえに真如《しんにょ》ともいう。空性も法性も真如も円成実性も、名前の違いのみであって、空性と法性と真如とは同じものである。それをまた、三性説では円成実性とも呼ぶのである。

その真如・法性のことを、完全で（円満）・すでに確立されていて（成就）・変わらない（真実）ということで、円成実性という。円成実性という語を一見すると、将来、修行が果たされた時に完成するもの、というイメージで理解されやすい。しかし事実はそうではない。円成実性は、すでに成就しているものなのである。我々がさまざまな無明・煩悩を起こしてどれほど自我にしがみつき、物に執着しているとしても、あるのは八識の活動のみであって、それはどんな場合でも空性を本性としている。ゆえにその執着のただなかに、すでに円成実性が存在しているのである。

したがって、依他起性と円成実性との関係は、現象とその本性ということで、不一不二（不一不異）とされる。空性は、現象世界と離れてあるわけではなく、たとえば色受行想識の五蘊を離れてどこかにそれ自体として存在しているわけではない。あくまでも五蘊の本性として、たとえば「色即是空・空即是色」なのであり、「受想行識、亦復《やくぶ》如是」である。同じように、世界の実質を構成する依他起性とその真性である円成実性の間には、不一不二の関係を見るべきなのである。『唯識三十頌』の第二十二頌には、円成実性と依他起性とが、「異でもなく不異でもない」とあり、『成唯識論』はそれについて、「此の円成実は彼の依他起とは異にも非ず不異にも非ず」としている（『新導本』巻第八、三二二頁）。

こうして、遍計所執性は錯覚のうちに有ると見なされたもので、実には無いものであることは、前に述べたとおりである。ところがそれらを有ると見なしてしまう。元来、言葉（名詞）の実質は、差異のみなのであった。いわばネガティブなものである。ところがそれを五感の流れに対して適用することで、自立した存在、ポジティブなものが有ると見なしてしまう。こうして、唯識思想は言語（の主に単語レベル）の虚妄性を、鋭く指摘するのであった。

## 唯識観における言語と対象

そこで、唯識の仏道における修行の焦点は、言語とその対象の関係の観察に合わせられることになる。それは、最初の覚り（無分別智）を発する直前に修される、四尋思《しじんし》・四如実智という観法に見ることができる。以下、この四尋思・四如実智についての、『成唯識論』の説明を一覧しておこう。

煖《なん》等の四の法をば、四尋思と四如実智との初と後との位に依って立つ。四尋思とは、名と義と自性と差別とは仮《け》のは有りて実のは無しと尋思するぞ。実の如く遍く此の四も識に離れて及び識も有に非ずと知るを如実智と名づく。名と義とは相異《こと》なり。故に別に尋《じん》求《ぐ》す。二が二は相同なり。故に合して思察す。

（『新導本』巻第九、一〇頁）

四尋思（catuṣ-paryeṣaṇā）と四如実智（catur-yathābhūta-parijñāna）のそれぞれに前半と後半があり、その四つの行が煖《なん》・頂・忍・世第一法《せだいいっぽう》（煖等の四の法）という四段階に配当される。

四尋思とは、①名（意味を表わすもの・能詮）と、②義（表わされる意味・所詮）と、③名と義の自性（主語的に見られた場合）と、④名と義の差別（主語―述語の中で見られた場合）、の四者（観察の対象は本来、六者になるが、自性と差別とは、名と義とを合して観察するので、四者になる）が、識のみにおいてあり、実在するものではないことを観察するものであり、四如実智とは、それら（所取）が有るものでないので、それらに対応してあると考えられた識（能取）も有るものではないと、如実に知るのである。

ではまず、四尋思とはどのような観察行であろうか。以下はその最初の段階である。

明得定《みょうとくじょう》に依りて下の尋思を発して、所取無なるを観ずるを立てて煖の位と為す。謂く、此の位の中には創《はじ》めて所取の名等の四の法は皆な自心の変ぜるなり、仮りて施設して有り、実のは得べからずと観ず。初に慧の日の前行の相を獲るが故に、明得という名を立つ。即ち此こに獲たる所の道の火が前相なり。故に亦た煖と名づく。（同前）

まず、明得定という禅定によって、最初の観察を行う。仏教の観法は、常に止観行なのである（止は定のこと）。ここでは、かの四法（名・義・名と義の自性・名と義の差別）が、いずれも識の相分に現われたかぎりのものであり、実体的存在ではないことを観じるのである。なるほど言葉とその意味対象とは、意識の中の認識対象であるのみであろう。それは、主語的であれ、句や文章的であれ、同様である。それは智慧の太陽が上がる前の段階なので明得定といい、覚りの火の前の相なので、煖にあたるというのである。

明増定《みょうぞうじょう》に依りて上の尋思を発して所取無なりと観ずるを、立てて頂の位と為す。謂く、此の位の中には重ねて所取の名等の四の法は皆な自心が変なり、仮りて施設して有り、実のは得べからずと観ず。明の相いい転《うた》た盛んなるが故に明増と名づく。尋思の位の極なり。故に復た頂と名づく。（同前）

次に明増定という禅定によって、さらに同じことの観察を進める。前の四法が、意識の上のものに過ぎず、実体的存在ではないことを、さらに深く十分に了解していくのである。さらに明るくなってくるので明増定といい、尋思の段階では終極に至るので頂というのである。

このあと、四如実智に向かうことになる。

印順定《いんじゅんじょう》に依りて、下の如実智を発して、所取を無《なみ》するが於《うえ》に、決定して印持す。能取を無するが中には、亦た順じて楽忍す。既に実境として能取の識に離れたること無し。寧《なん》ぞ実識として所取の境に離れたること有らんや。所取と能取と相待って立つるが故に、印と順との忍の時を総じて立てて忍と為す。前のを印し、後のに順ず。印順という名を立つ。境も識も空なりと忍ず。故に亦た忍と名づく。（同前、一〇～一一頁）

次に印順定という禅定によって、如実智の初めの段階の修行を行う。ここでは、もはや所取としての四法が実体としては無いことをはっきりと認識し（印）、そうだとすれば、それに見合うかたちで有ると想定されている能取としての識も無いことを観察していく（順）。我々は、言葉の対象として、なんらか外にあるものを想定しているであろう。このとき、それに見合うかたちで実体的に捉えられた主観（あるいは自我）を無意識のうちにも想定していることが予想される。しかし、そのような、相対する形で対象化された主観・客観はともに存在しないことを見究めていくのである。その観察の段階を忍と呼ぶが、この忍とは認と同等と見ることができよう。ここに、印と順の段階があるので、印順定と呼ぶのである。

さらに次の段階に進む。

無間定《むけんじょう》に依りて上の如実智を発して、二取の空を印するを世第一法と立つ。謂く、前の上忍には唯だ能取の空のみを印す。今の世第一法には、二空を双《なら》べて印す。此れ従《よ》り無間に必ず見道に入るが故に、無間という名を立つ。異生《いしょう》の法の中に此れいい最勝なる故に、世第一法と名づく。

（同前、一一頁）

さらに無間定という定によって、所取のみの空を印する段階から進んで、所取・能取の二空を完全に認識し、了解するのである。ここに至って、無間に（一刹那の間もなく）無分別智の覚りの智慧が発するので、無間定と言われている。また覚りの智慧（出世間）を開く前の凡夫（異生）の段階すなわち世間の中では最勝であるので、世第一法というのである。

以下、ここまでのまとめである。

是の如く煖と頂とには、能取の識に依りて所取空なりと観ず。下忍の起こる時には境の空の相を印す。中忍の転ずる位には、能取の識の於《うえ》に境の如く是れ空なりとして順じて忍可を楽《ねが》い、上忍の起こる位には能取の空を印す。世第一法には双べて空の相を印す。皆な相を帯せるが故に、未だ実を証することあたわず。　（同前）

ここの説明は、ここまでの解説を参考にすれば、解りやすいであろう。図表的に整理すると、次のようである。ここで所取とは、①名と、②義と、③名と義の自性と、④名と義の差別の四者のことであった。

| | | | | |
|---|---|---|---|---|
| 煖 | 明得定 | | 所取の空を観じる | （下品尋思） |
| 頂 | 明増定 | | 所取の空をさらに深く観じる | （上品尋思） |
| | | 下忍 | 所取の空を印す | |
| 忍 | 印順定 | 中忍 | 能取の空を観じる | （下品如実智） |
| | | 上忍 | 能取の空を印す | |
| 世第一法 | 無間定 | | 所取・能取の二空を印す | （上品如実智） |

こうして、言語とその対象の考察を通じて、凡夫の主客二元分裂の状況を克服していくのである。

ただし、最終段階の如実智においても、なお、このこと（能取・所取の二空）を相において了解しているのが実情である。そういう形での対象的了解が残っているということである。そこで「未だ実を証することあたわず」なのであり、続いて以下のことが言われている。

故に説く、菩薩いい、此の四の位の中にして、猶お現前に於いて少物を安立《あんりゅう》して、是れ唯識の真勝義の性と謂えり。彼の空と有と二の相を未だ除かざるを以って、相を帯せる観心いい所得有るが故に、実に真唯識の理に安住するに非ず。彼の相を滅し已りて方《まさ》に実に安住すといわんとぞ。是《かく》の如き義に依りて故に有る頌に言く、
菩薩は定の位に於いて、影《よう》は唯だ是れ心のみなりと観じて、
義の想を既に滅除し、審《つまびら》かに唯だ自の想のみなりと観ず。
是の如く内心に住して、所取は有に非ずと知る、
次に能取も亦た無なりとし、後に無所得に触すという。

（同前、一一～一二頁）

主客の実体は存在せず、唯識のみと如実に智を得ても、そこにはまだなんらか唯識であるとの相（対象的了解）が残存している。その限り、真の唯識の世界そのものに住したことにはならないという。こうして、所取の無を観じて、能取の無も観じていくとき、さらに主―客二元対立をともに超えることになり、どんなものであれ対象的に把握するものを手放すしかないことになろう。唯識観においては、この究極の地平に追い込まれていくことになる。この過程を経て観察の対象としての相も滅し終わるとき、無分別智が開かれ真唯識の理（唯識性）に安住するのであるが、それは真如そのもの

を体得するということである。

唯識思想ではこのように、言語とその対象の分析を経て、所取・能取の構図が解体された地平に覚りの智慧を得るのであった。そこに、無分別智によって真如を証する事態が開発されることになる。仏教の覚りとは、言語を通じて事的世界を実体化し執着する顛倒妄想を、解体していく営みにほかならないものであった。

## 龍樹『中論頌』における言語の解体

仏教における言語の分析は、以上にとどまるものではない。さらに豊かなものもある。上来は言わば言語のなかの単語の地平での議論であった。さらに文章の地平の分析もある。それは、大乗仏教の哲学の根源ともいうべき、龍樹の哲学に見ることができる。龍樹はその著『中論頌』(『中頌』)において、あらゆる種類の文章(命題)を取り上げ、そこに事実との乖離や論理的な矛盾があることを鋭く指摘している(以下は、中村元『ナーガールジュナ』、人類の知的遺産一三、講談社、一九八〇年に拠った。以下、中村)。

たとえば、「私は(〜を)見る」と言ったとしよう。では、見る「私」とは、何であろうか。「私は(〜を)見る」というのであるから、その見る前に存在している何ものかということになる。それについて『中頌』に、「見るはたらき・聞くはたらきなど、また感受作用(受)などを所有する者〔主体または霊魂〕は、これらのはたらきよりも先に存在する、とある人々は主張する。〔何となれば〕

どうして存在しないものに実に「見るはたらき」などがあるであろうか。それ故に、それらのはたらきよりも以前に、かの定住しているものが存在する、と」とある。すなわち、作用を持たない基体（サブスタンス）としての私があるという見方である。

これに対し、『中頌』では、「見るはたらき・聞くはたらきなどよりも、また感受作用などよりも、先に定住しているものは、では何によって知られるのであろうか」と問いかける。実際、そういう私とは、いったい何ものなのであろうか。

仮にそういう私があるとしたら、それが見るということは、どういうことになるであろうか。私はもとより作用を持たない以上、どこかにあらかじめ有る「見る作用」と結びついて、初めて見ることができるということになるほかない。ここを『中頌』は、「もしも「見るはたらき」などが無くても、かの定住せる者が存在しているのであるならば、その定住せる者がいなくても、かの「見るはたらき」などが存在するであろうことは、疑いない」と示し、その不当性を指摘する。確かに、見る作用のみが別途どこかに有るなどということは考えられないことである（以上、「第九章　過去の存在の考察」、中村、二八四〜二八五頁参照）。

したがって見る作用と別に私が有るということは、どうも成立しそうもない。では見る作用と私は一つだとすれば、では聞く者は誰？　ということにもなる。私が見ることと一体であるとしたら、その私が聞くことは不可能である。そうすると、私と見る作用とは、一体ではないが、別体でもない、というのが正しいのであろうか。しかし同じでもないし異なるのでもないという言い方は矛盾として、ふつう論理的には排除され、世間の言語においては通用しないものである。逆にいえば、世間の常識の言語世界は、実はこのように矛盾的事実を排除した浅薄な論理と認識の上に成り立っていることを、龍樹は暴露していくのである。

私は見るという、きわめて単純素朴で至極当然な言い方の中に、すでに大いに問題が潜んでいた。それは、ある一つの事態に対し、あらかじめ分かれている基体と作用の概念を適用して、しかもそれらを無造作につなぐところが問題なのである。

それにしても、我々は日常ふだん、私は、私は、と言っている。はたしてその私とはいったい何なのであろうか。基体としての、変わらない、常住不変の私(=我=アートマン)があるとしたら、そういうものは自分のどこにあるであろう。そんなものはきっと、自分のどこにもないに違いない。ウィトゲンシュタインも、次のように言っているという。

『私が「私は痛みを感じている」と言うとき、私は痛みを感じている或る人を指示しはしない。なぜなら或る意味で私は、痛みを感じている人が誰であるかを、まったく知らないのであるから。』……第一、私は「しかじかの人が痛みを感じている」とは言わず、「私は痛みを感じている」と言うのである。……もっとも、他人は、誰が痛いのかを……見てとるが。

(『哲学的探究』四〇四節。黒崎宏『「語り得ぬもの」に向かって　ウィトゲンシュタイン的アプローチ』、勁草書房、一九九一年、一七六〜一七七頁)

たとえば歯が痛む、その痛いの感覚以外にある私とは、何であろうかと。そんなものは何なのか説明できない、故に有るとは思えない、有るとは言えない、というのである。この限り、龍樹の言っていることと同じことである。というわけで、ともかく「私は何か作用する」という文章は、本当は成り立たないのである。

あるいはまた、「新幹線が走る」と言えるであろうか。それはいったい、止まっている新幹線が走るのであろうか、走っている新幹線が走るのであろうか。止まっている新幹線は、止まっているがゆえに走らない。走っている新幹線が走るのだとすると、すでに走っている新幹線が、さらに走るであろうか。その場合は、すでに走っているというその運動と、それがさらに走るというその運動と、二つの運動が一つのものにあることになるが、それはおかしな話である。したがって結局、新幹線が走るとは言えないことになる。主体が作用するという文が成り立たないと同様、客体が運動するという文も成り立たないのである。

この辺の議論は、『中頌』において、次のように展開されている。

四　「去りつつあるもの」に去るはたらき（去法）が有ると考える人には、「去りつつあるもの」が去るがゆえに、去るはたらきなくして、しかも「去りつつあるもの」が有るという〔誤謬〕が付随してくる。

五　「去りつつあるもの」に「去るはたらき」が有るならば、二種の去るはたらきが付随して来る。〔すなわち〕「去りつつあるもの」をあらしめる去るはたらきと、また「去りつつあるもの」における去るはたらきとである。

一一　もしも「去る人が去る」というならば、二つの去る作用があるということになってしまう。すなわち、その「去るはたらき」にもとづいて「去るもの」とよばれるところのその「去るはたらき」と、「去るもの」である人が去るところのその「去るはたらき」とである。

一二　すでに去ったところに去ることはなされない。未だ去らないところにも、去ることはなされない。いま現に去りつつあるところにも、去ることはなされない。どこにおいて去ることがなされるのであろうか。

一八　去るはたらきなるものが、すなわち去る主体であるというのは正しくない。また、去る主体が、去るはたらきからも異なっているというのも、正しくない。

一九　もしも去るはたらきなるものが、すなわち去る主体であるならば、作る主体と作るはたらきとが一体であることになってしまう。

二〇　また、もしも「去る主体」は「去るはたらき」から異なっていると分別するならば、「去る主体」がなくても「去るはたらき」があることになるであろう、また、「去るはたらき」がなくても「去る主体」があることになるであろう。

（「第二章　運動（去ることと来ること）の考察」、中村、二六九～二七二頁）

もう一つ、因果関係の言表についての議論を見ておきたい。仏教が縁起の思想を根本としていることは、疑いのないところである。縁起ということは、単純な因果関係ではなくて、因に縁（さまざまな条件）が合わさって結果があるということである。因と縁がそろったときに結果があるということで、因があれば果があるわけでもないし、縁があっても因がなければ果はありえない。そうではあるものの、そこに因果関係もまた軸としてあることは否定できないであろう。では、因果関係、特に時間的な因果関係は、本当にあるのであろうか。『中頌』の以下の議論を見ていただきたい。

六　もしも原因が結果に原因を与えないで消滅するならば、原因が消滅してから生じたその結果は、無原因のものとなるであろう。

七　またもしも結果が和合とともに〔同時に〕現われ出るのであるならば、生ずるものと生ぜられるものとが同一時のものであるということになってしまうであろう。

八　またもしも和合よりも以前に結果が現われ出るのであるならば、結果は因と縁とを離れた無原因のものとなってしまうであろう。

（「第二〇章　原因と結果との考察」、中村、三〇一～三〇二頁）

結果が原因の前に有るとすると、因果関係となりえない。それらが同時だとしても、時間的因果関係にはならない。そこで結果は原因の後に有るとしたら、原因は無となっているのに、どうして結果がありえようか、という。だから時間的因果関係はありえないというのである。

また、因果関係に関して、次の議論もある。

二〇　もしも原因と結果とが一つであるならば、生ずるもの（能生）と生ぜられるもの（所生）とが一体になってしまうであろう。また原因と結果とが別異であるならば、原因は原因ならざるものと等しくなってしまうであろう。（同前、三〇三頁）

原因と結果が一つなら、たとえば牛乳とチーズは同じものということになってしまう。しかし別のものであるのなら、チーズはチーズと異なる牛乳から作られるのであるから、同様にチーズと異なるしょうゆや酢から作られてもよいはずである。しかしそういうことがないのは、牛乳とチーズは同じでもないし異なるのでもないからであろう。しかしそうした矛盾的関係を、世間の言語体系は許容していない。その結果、日常、言語を用いることによって事実から乖離した仮想空間に過ごすことになるわけである。

『中論頌』に収載された頌はおよそ四百ほどある。龍樹はそこにおいて、このようにあらゆるタイプの文章（命題）の矛盾を衝いて、言語の解体に向かう。『中論』の冒頭には、そこを、「不生・不滅、不常・不断、不一・不異、不来・不出の、寂静《じゃくじょう》なる、戯論寂滅《けろんじゃくめつ》の縁起」と言っている。真実は、基体のような実体がない世界であるからこそ、実体を想定した言語は解体されざるをえない。縁起のこの世界では、まさにその縁起のゆえに、戯論は寂滅するほかない、というのである。確かに言語で語られる事柄に、客観的に真である共通の理解もあるであろう。しかし事実を子細に検討してみれば、むしろ言語が解体されつくしたところに、究極の真実があるのである。それを第一義諦とか、勝義諦とかいう。諦《たい》というのは、真理のことである。こうして龍樹は、戯論寂滅すなわち文章レベルでの言語の解体なしに、究極の真理は見出されないことを鋭く解明して見せたのであった。

## 言語を超えた真理の世界

ちなみに、前に触れたウィトゲンシュタイン研究の第一人者、黒崎宏は、後年、龍樹の研究に没頭するほどであった。その著に、たとえば『ウィトゲンシュタインから龍樹へ　私説『中論』』（哲学書房、二〇〇四年）、『純粋仏教　セクストスとナーガールジュナとウィトゲンシュタインの狭間で考える』（春秋社、二〇〇五年）などがある。もちろん黒崎は、ウィトゲンシュタインと龍樹との間に共通のものを看て取ったのであった。『ウィトゲンシュタインから龍樹へ』において、黒崎は龍樹の『中論』をふまえ、次のように言っている。

> この教訓は何であろうか。それは、「私は行く」と言うとき、この言明は、ある一定の言語ゲームの中でもちいられるならば完全に意味をなすが、（原子論的に）主語・述語に分解してはならない、ということである。もしも主語・述語に分解してしまうと、主語が表わす〈私〉が何であるかが、分からなくなるのである。
>
> しかしわれわれは、「私が行く」と言うとき、それを（原子論的に）主語・述語に分解し、その主語である「私」に対し、〈行く私〉でもなく〈行かない私〉でもない〈私〉なるもの――述語が与えられる以前の基体としての〈私〉――を求めるのである。かくしてわれわれは、〈私〉という主体（アートマン）を構想することになる。しかしもちろん、そのような主体（アートマ

ン）なるものは、幻想である。（私が理解する）後期ウィトゲンシュタインに従えば、以上のようになるであろう。（同書、九三頁）

まさに龍樹とウィトゲンシュタインの思想の一致を述べている。また黒崎によれば、痛みそのものに関しても、「〈激痛〉を中心とした一つのコンテキストの中において、〈激痛〉は初めて「激痛」と言われるのである。一口で言えば、〈激痛〉は他をまって――他との関係において――始めて「激痛」と言われ、〈激痛〉となるのである。それ自体として〈激痛〉というものがある――実在する――というのではない」（『純粋仏教』、一六七頁）という。こうして、「一切は、他との関係の内にあるのである。この関係を、仏教では「縁起」と言う。そして、他との「縁起」の関係において存在しているものを、仏教では「空」と言う。したがって、「一切は縁起の関係において存在している」のであり、そして同じことであるが、「一切は空」なのである。言い換えれば、「一切は非実体」なのである」と説いている（同前）。

この説明をふまえれば、黒崎の次の言葉は理解しやすいであろう。

大乗仏教の根本は、この無常な世界を実体として見る世界観をその根底から否定することにある。そもそも実体なるものは存在せず、「一切は空である」というのが、大乗仏教の根本思想なのである。それでは、「空」とは何か。それは、「縁起によって存在している」ということである。それでは、「縁起」とは何か。それは、「意味的諸関係」ということである。したがって、大乗仏教の根本思想は、「一切は意味的諸関係によって存在している」ということである、ということになる。「一切は意味的存在である」というわけである。あるいは、「一切は言語的存在である」と言ってもよい。そして、これこそまさにウィトゲンシュタインの「言語ゲーム論」の核心に他ならない。

（『ウィトゲンシュタインから龍樹へ』、二二頁）

縁起の思想のすべてが意味的関係のみとは思わないが、確かに龍樹の場合は、意味の相関関係に言及することは多いであろう。いずれにしても、我々は静止的な意味の体系のみでなく、言語使用の動態を含む言語ゲームの中において特定の意味が浮かび上がり、その意味の繰り返しの使用に基づいて実体的存在があると思っているのみであり、その了解はまさに幻想にすぎないことを見透かすべきであろう。

こうして、唯識思想においても中観思想においても、単語レベル、文章レベルの違いはあれ、言語は解体されるべきものであった。仏教における究極の世界は、言葉では表現できないものなのである。『中頌』は、このことについて、次のようにも説いている。

三　捨てられることなく、〔あらたに〕得ることもなく、不断、不常、不滅、不生である。
——これがニルヴァーナであると説かれる。

二四　〔ニルヴァーナとは〕一切の認め知ること（有所得《うしょとく》）が滅し、戯論が滅して、めでたい

〔境地〕である。いかなる教えも、どこにおいてでも、誰のためにも、ブッダは説かなかったのである。

（「第二五章　ニルヴァーナの考察」、中村、三二五～三二八頁）

ここには、涅槃とは八不中道の世界のことでもあることが示されている。そこは一切の二元対立的分別が息《や》んだところであり、したがって、言語をも離れた世界であろう。ゆえに仏はいかなる教えも説かなかったとまで言っている。このことは、たとえば『楞伽経《りょうがきょう》』に、釈尊は初めて大菩提を証してから涅槃に入るまでの間に一字をも説かなかったという句が述べられている（大正一六巻、五四一頁下、その他）のと軌を一にしている。禅宗はこの句を珍重し、「不立文字《ふりゅうもんじ》・教外別伝《きょうげべつでん》」を標榜するのであった。『維摩経《ゆいまぎょう》』では、維摩居士《こじ》が、究極の真理とは何かの質問に対して、ただ黙するのみであった。古来、「維摩の一黙、雷の如し」と言われてきた。

## 重層的な真理説の諸相

以上の観点からは、真理にも言語に表わされた真理だけでなく、言語を超えた真理があるのであり、その区別に注意すべきことが知られる。このことに関して、『中頌』は次のように二つの真理（二諦）の区別があることを述べている。

八　二つの真理（二諦《にたい》）に依存して、もろもろのブッダは法（教え）を説いた。〔その二つの真理とは〕世俗の覆われた立場での真理と、究極の立場から見た真理とである。
九　この二つの真理の区別を知らない人々は、ブッダの教えにおける深遠な真理を理解していないのである。
一〇　世俗の表現に依存しないでは、究極の真理を説くことはできない。究極の真理に到達しないならば、ニルヴァーナを体得することはできない。
（「第二四章　四つのすぐれた真理の考察」、中村、三二一頁）

真理には、二つのものがあるという。世俗諦と勝義諦（第一義諦）とである。この世俗の原語・saṃvṛti サンヴリティは覆うという意味の語だが、実際、言語は真実を覆うものであろう。ただし、世俗諦という時は、言葉で語られた真理を意味する。これなしに、衆生は真理に近づくことはできない。説法は世俗の日常言語を否定する言語として、聖なる言語体系を構成するのである。しかし言葉による理解に止まる時、まだ究極の真理に到達できたわけではない。究極の真理の世界は、無相、不可得で、無分別智においてこそ証される世界であるからである。勝義諦は、その言葉を超えた真理そのものを意味するものである。この二つの真理の区別を、よく弁えておくべきなのである。
この龍樹の哲学は、中国に入って三論宗《さんろん》となるが、三論宗はこの二諦説をさらに深く掘り下げていった。三論宗の特徴は、あらゆる命題を否定していくところにある。破邪顕正《はじゃけんしょう》ということを唱えるが、それも実は顕正として何かこれが真理だということは一切、説かず、実に破邪がそのまま顕正であるとするのである。それはインド中観派のプラーサンギカ派（帰謬論証派）の立場を引くものなのであろう。その様子は、たとえば次のようである（以下は、平川彰『八宗綱要』下、仏典講座三九下、大蔵出版、一九八一年に拠った。以下、平川）。


問う、其の顕正とは、何等の正を顕わすや。

答う、破邪の外、別の顕正無し。破邪、已に尽くれば、所得有ること無し。所得既に無ければ、言慮《ごんりょ》寄ること無し。然れども破邪に対するが故に、また顕正有り。一源窮めざれば、則ち戯論滅せず。毫理も尽くさざれば、則ち至道顕われず。源として窮めざること無きが故に、戯論、斯《ここ》に滅し、理として尽くさざること無きが故に、玄道、是に通ず。言に寄せて正を談ずるに、顕明ならざること莫し。

問う、若し爾らば、其の顕正の義とは如何。

答う、至道は是れ玄極《げんごく》なれば、言論及ばず。有と言えば則ち愚に返り、無と語れば則ち智に非ず。善吉《ぜんきつ》呵せられ、身子《しんし》責めらる。有に非ず、無に非ず、亦有亦無《やくうやくむ》にも非ず、非有非無にも非ず。言語の道断じ、心行の処滅す。湛湛として寄る無く、寥寥として拠を絶す。知らず、何を以ってか銘《なづ》けん。強いて顕正と名づくるなり。（平川、五二〇頁）

善吉は須菩提《しゅぼだい》（解空第一）、身子は舎利弗《しゃりほつ》（智慧第一）のことで、いずれも釈尊の高弟（十大弟子）であり、ただし声聞《しょうもん》の者である。三論宗では、いかにも言語を離れたところに究極の真理を見ているることがうかがわれよう。その三論宗は二諦に関して、単純な二諦説ではなく、四重の二諦説を説いている。次のようである。

また、四重の二諦を立つ。
一には、有を俗諦と為し、空を真諦と為す。
二には、有空を俗と為し、非空非有を真と為す。
三には、空有と非空非有とを俗と為し、非非有非非空を真諦と為す。
四には、前（非非有非非空）を以って俗と為し、非非不有非非不空を真と為す。
斯《こ》れ迺《すなわ》ち外道・毘曇《びどん》・有所得大乗等を破するが故なり。

（平川、五四〇頁）

何やらどこまで行っても、否定の対象は尽きないようである。その要点は、言語に基づく対象的分別を一切超えるというところにあるのであろう。その背景に、次のような議論を展開していることは興味深いことである。

二諦は唯だ是れ教文《きょうもん》にして、境理に関わらず。縁に寄するを以っての故に、二諦有り。理実を以っての故に、二諦を泯ず。有は是れ空の有なるが故に、有と言うも有に非ず、空は是れ有の空なるが故に、空と言うも空に非ず。有に非ざるが故に、有に即して空を談じ、空に非ざるが故に、空に即して有を説く。諸仏の説法は常に二諦に依るとは、即ち其の義なり。
此の宗の顕わす所は、即ち此の無得の正観《しょうかん》のみ。故に古人の云く、八不《はっぷ》妙理の風は、妄想戯論の塵を払い、無得正観の月は、一実中道の水に浮かぶ。已上。無得を以っての故に、仮名の諸法は法爾として森羅たり。上に准じて知るべし。

（平川、五二六頁）

ある意味で、究極の真理というのも言語の内であり、事実は無得にして法爾の諸法が現成しているところにある。世俗諦から勝義諦へではなく、勝義諦をふまえた世俗諦に、より深い真理はあるということであろう。そうだとしても、三論宗の立場を一言で要約すれば、「無得正観」ということになる。古人の言、「八不妙理の風は、妄想戯論の塵を払い、無得正観の月は、一実中道の水に浮かぶ」は、実に詩的で味わい深い言葉である。

一方、唯識法相宗においても、同じように二諦説のさらなる深化を見すえている。法相宗でもやはり四重の二諦説を説くのである。まず、『瑜伽師地論』巻六十四に、四俗一真の説がある。それは、概略、次のようである。

世間世俗＝所謂安立宅舎瓶瓫軍林数等。又復安立我有情等。
道理世俗＝所謂安立蘊界処等。
証得世俗＝所謂安立預流果等、彼所依処。
勝義世俗＝勝義諦。由此諦義、不可安立。内所証故。但為随順発生此智、是故仮立。
非安立真実＝諸法真如。

（大正三〇巻、六五三頁下〜六五四頁上）

これを受けつつ、『成唯識論』には四種勝義諦の説が説かれる。次のようである。

然も勝義諦に略して四種有り。
一には世間勝義。謂く、蘊・処・界の等《ごと》きぞ。
二には道理勝義。謂く、苦等の四諦ぞ。
三には証得勝義。謂く、二空真如ぞ。
四には勝義勝義。謂く、一真法界ぞ。
(『新導本』巻第九、一一〜一三頁)

教理に沿った詳しい解説は省くとして、これを私なりに言い換えてみれば、科学的真理・哲学的真理・教説レベルの宗教的真理・当体そのものとしての宗教的真理という、真理の重層的構造といえるかと思う。

それはともかく、四種勝義の説の中、三・証得勝義と四・勝義勝義との違いは、二空(所顕)真如と一真法界として語られているが、それは事実上、『大乗起信論』にいう依言真如と離言真如とに相当するであろう。この勝義勝義、つまり究極の真理は、いわば無分別智によって覚証されたその世界そのものなのである。しかし、それが言葉で語られるときは、さまざまな言葉で表わされるのであって、真如・法界・法性・実際・空性等々の語が言われるのであった。しかし、これらの言葉は、究極の真理は言葉を離れた世界であることを言葉で語っているものなのであり、真理はそれそのものの世界にある。離言真如というも同様である。究極の真理は、覚者の自内証の世界にあるのであり、いかなる意味でも言語を離れた世界に見出されるべきものなのである。

上記『瑜伽師地論』の説と『成唯識論』の説とを組み合わせた時、四重二諦説が組織されることになる（『大乗法苑義林章』、大正四五巻、二八七頁中〜下参照）。今、深浦正文『唯識学研究』下より、その概要を図式的に表わしたものを引いてみよう（深浦、五七六頁）。

| | | | |
|---|---|---|---|
| 世間世俗諦 | 瓶・衣・我等 | 心外妄境 | 仮名安立 |
| 道理世俗諦＝世間勝義諦 | 五蘊・十二処・十八界 | 心所変事 | 有相安立 |
| 証得世俗諦＝道理勝義諦 | 生・老・病・死の四諦因果 | 心所変理 | 有相安立 |
| 勝義世俗諦＝証得勝義諦 | 二空真如 | 心所変理 | 有相安立 |
| 勝義勝義諦 | 一真法界 | 本智証理 | 無相非安立 |

なお、世間世俗諦と世間勝義諦とは有無相対、道理世俗諦と道理勝義諦とは事理相対、証得世俗諦と証得勝義諦とは浅深相対、勝義世俗諦と勝義勝義諦とは詮旨相対とされている。

このように、唯識思想（法相宗）でも四重の二諦説を説いている。その意旨は、究極の真理は言語を越えたところにあるということに尽きる。仏教は言語をこのような仕方で見ていたのである。

参考までに、天台本覚法門における、『法華経』の真理把握についての議論も紹介しておきたい。

そこでは、「四重興廃」の説を説いている。四重とは、『法華経』に対して、爾《に》前・迹《しゃく》門・本門・観心の四段階で重層的に権実《ごんじつ》を見ていくものである。久遠実成《くおんじつじょう》の釈迦牟尼仏を明かす『法華経』後半の本門が、『法華経』の究極的な立場と考えられやすいが、しかし最勝なのは、本門の教理（言葉）すら超えて、今の自己の一念上にその久遠仏の内証の真実を見出していく観心の立場だというのである。この四重興廃の説によれば、天台本覚法門の特質は、畢竟《ひっきょう》、観心において、『法華経』の言葉も超え、もとよりあらゆる二元分別を離れた主客未分の内証に徹し、平等の大慧に住するところ（天真独朗の止観）にあることが知られよう。もちろんそこでは、還同有相（還って有相に同ず）となり、即事而真（事に即して而も真なり）を味わうことであろう。

## 最後に

以上、述べてきたことを一言に要約すれば、果分不可説ということになる。仏の内証の世界は言葉では説けないというのである。そこは冷暖自知、自分で体験するしかない世界である。唯識思想も中観思想も、その他の経典も、徹底してこのことを説いていた。言語の虚妄性が我々の迷い、顚倒妄想と分かちがたく結びついていることを深く洞察し、その問題性を鋭く解明していたのである。

ところが、密教は果分可説ということを主張する。仏の自内証の世界も説くことができるというのである。では、それを可能とするような言語とは、いったいどのようなものなのであろうか。すなわち密教の言語哲学とはどのようなものなのであろうか。

本書では、以下、次に空海の言語哲学をその著『声字実相義』に学び、その後、空海ないし密教の言語哲学をそこからさらに広げて考えてみたいと思う。

# 第二章　『声字実相義』の概要

## はじめに

空海（七七四～八三五）の密教は、真言宗というように、言語の問題が大きな比重を占めていると思われる。華厳思想では、「因分可説・果分不可説」と説くのに対し、空海の密教では「果分可説」を唱え、「法身説法」をも主張する。また、種字（種子）を用いて諸仏等を表わすなど、言語に対する独特な感覚も有している。もしも空海の言語哲学とも言うべきものがあるとすれば、いったいそれはどのようなものなのであろうか。

空海が言語をめぐる問題について論じた著作に、『声字実相義』がある。そこで本章と次章において、『声字実相義』が説く空海の言語哲学とはどのようなものかを尋ねてみたいと思う。

## 『声字実相義』について

はじめに、『声字実相義』について、簡単に紹介しておこう。空海は多くの著作を遺したことは言うまでもない。その中、主著の『秘密曼荼羅十住心論』およびその簡略版の『秘蔵宝鑰《ひぞうほうやく》』、また『弁顕密二教論』は、顕教と密教とについて説いたものであるのに対し、特に『即身成仏義』、『声字実相義』、『吽字義《うんじぎ》』の三部作は、純粋に密教の世界を明かす書物として知られている。これらは順に、身密・語密・意密の世界について説くものと言われるが、それぞれが三密の全体、言い換えれば密教の覚りの世界そのものを描いていると言っても差し支えないことである。

この三部作は、だいたい弘仁十年（八一九、空海四十六歳）頃の作と推測されている。また、この『声字実相義』には、『即身成仏義』を見よとの指示も二か所あることから、『即身成仏義』の後に作られたものと考えられている。ただし『声字実相義』は五大しか説かず、『即身成仏義』は六大を説くこと等から、『声字実相義』の方が先の可能性があると主張する研究者もいる（松長、一一五頁参照）。もっとも、『秘密曼荼羅十住心論』の「帰敬頌」では、法界体性《ほっかいたいしょう》を五大（ア・ヴィ・ラ・クン・ケン）によって語っていて、空海は五大と六大とを同じ世界を説くものとして自由に用いているような趣きもある。

なお、承和二年（八三五）正月二十二日の真言宗三業度人官符《さんごうどにんかんぷ》には、金剛頂瑜伽経業《こんごうちょうゆがきょうごう》一人・大毘《だいび》盧遮那成仏経業《るしゃなじょうぶつきょうごう》一人・声明《しょうみょう》業一人とあって、声明業の者は、悉曇《しったん》章等のほか、「又た声字実相義を習うべし」とある。空海が『声字実相義』を著したことは間違いないであろう。ただし、それが現在、流布しているテキストと全同のものであるかどうかは保証の限りでない。以下に触れるように、現行テキストはどこか未完成の風をうかがわせるものであるからである。

本書の構成であるが、まず本書自身の冒頭に、「一は、叙意、二は、釈名体義《しゃくみょうたいぎ》、三は、問答」(『定本』第三巻、三五頁)と示されている。第一の叙意では、『声字実相義』は何を明かそうとするのかを簡潔にまとめて述べている。第二の釈名体義では、初めの釈名において声字実相の名の内容を明かし、次に体義を明かす段では、まず声字実相の教証を引き、次いでその声字実相とは何でありどのような意義を持っているのかについて解説していく。

この中、教証には、『大日経』「具縁品」に説かれる頌、「等正覚の真言の、言《ごん》と名《みょう》と成立《じょうりゅう》との相は、因陀羅の宗の如くして、諸の義利成就せり」(同前、三七頁)を示している。次に、その体義の説明にあたっては、「五大に皆な響き有り、十界に言語《ごんご》を具す、六塵に悉く文字あり、法身《ほっしん》は是れ実相なり」(同前、三八頁)の頌《じゅ》を掲げ、それぞれの意味を明かしていく。ただし第四句、「法身は是れ実相なり」の説明は見られない。

また「六塵に悉く文字あり」の説明では、「顕・形《ぎょう》・表等の色、内外《ないげ》の依正《えしょう》に具せり、法然と随縁とに有り、能迷と亦た能悟となり」(同前、四一頁)の頌を示すが、ただこの色塵(色境)に関する説明のみがあって、声塵《しょう》(声境)以下についての説明はない。

第三の問答も欠いている。

本書の骨格は概略、以上のようである。このように、第三の問答はなく、「法身は実相なり」の説明もなく、六塵の説明も色塵についてのみしかない。その最後の終わり方も唐突の感を示しており、本書は未完の書物ではないかという声も古来、しばしばあがってきた。その一方で、問答はそこまでにいくつか見出され、実相についての説明もいくつかあり、さらに六塵と言語の関係は色塵と言語の関係に準じるので問題ない、これで完成したものなのだとの主張も大いになされた。

ともあれ、空海はこの『声字実相義』において、言語と実相を焦点に密教の世界観を描いていることは間違いない。その核心は、本書冒頭の叙意に掲げられた、「謂わ所る、声字実相といっぱ、即ち是れ法仏平等の三密、衆生本有《ほんぬ》の曼荼なり」（同前、三五頁）にあるであろう。

以下、『声字実相義』を読むに先立って、その理解に少しでも資するために、本章では、『声字実相義』における議論に関し、私なりに論点を整理して示すことにしたい。そのあと第三章に、『声字実相義』の本文に即した解説を設けることとする。

## 「声字実相」とは何か

そもそも、「声字実相義」とは、何を意味するのであろうか。

一般に仏教においては、言語に関して、名《みょう》・句《く》・文《もん》によって分析する。それは簡単に言えば、順に単語・句ないし文章・音素（母音・子音）である。この文は音素のことなのであるが、それを視覚的に映したものが文字である。これらの名・句・文は、説一切有部にせよ瑜伽行派（唯識思想）にせよ、そのアビダルマ（世界の存在要素の分析）の体系のなかでは心不相応法（物でも心でもないもの）とされていて、説一切有部では独自の実体として考えられているが、唯識思想では耳識（聴覚）の対象である声境（音）の上に仮立されたものとされている。この仮立されたものを認識するのは、耳識ではなく意識である。音の上の「あや」（音韻屈曲）が母音・子音であり、その組み合わせ等により単語が生まれ、その単語等の組み合わせにより句ないし文章が成立する。一般に、精確なコミュニケーションを保証するためにも、これらの言語が表わす意味は一義的であるのがふつうである。

これに対し、『声字実相義』は、言語をどのように捉えていようか。

まず、その「釈名《しゃくみょう》」の箇所に、次のようにある。

初に釈名とは、内外の風気、纔《わずか》に発《おこ》って必ず響くを、名づけて声《しょう》と曰うなり。響きは必ず声に由る。声は則ち響きの本なり。声発って虚しからず、必ず物の名を表すれば、号して字と曰うなり。名は必ず体を招く、之を実相と名づく。（同前、三六頁）

ここには、言語は音によること、それにより名が成立するが、その意味を持つ名を構成するものは字であること、その名は対象を表わすが、それが実相であることが説かれている。これはほぼ、仏教の伝統的な言語論に則るものである。声は音、字はせまくは音素であるが、事実上、名・句・文の全体、実相は言語の表わす対象（意味・事物・事態）といえるかと思う。

次の説明も、この立場に立つものである。

此の十界所有の言語、皆な声に由って起こる。声に長短高下音韻屈曲有り。此れを文《もん》と名づく。文は名字に由る。名字は文を待つ。故に諸の訓釈者、文即字と云うは、蓋《けだ》し其の不離相待を取るのみ。此れ即ち内声の文字なり。

（同前、三九～四〇頁）

ここにも、言語は音が所依であり、その「長短高下音韻屈曲」が文（音素。母音・子音）であるとある。それ（文）は「名字に由る」とあるが、一方、「名字は文を持つ」とあるように、言語は音の「あや」としての母音・子音に基づくものであることを述べているであろう。ここではまだ、字は音ではない視覚の対象（色境）の文字をも意味するとは考えられていない。字も音としての母音・子音であって、文と字とは、要は同じものの別の名前と見るべきものである。そこで、訓釈者は、「文即字」と言っているわけである（『成唯識論』新導本巻第二、四頁参照）。ここで空海は特に「内声の文字」と言っていて、個体（衆生等の身心）が発する音声の母音・子音のことであると言っていることにも注意を要する。

さらに、本書の冒頭、「叙意」の中にも、次のようにある。

衆生癡暗にして、自ら覚るに由無し。如来加持して其の帰趣を示す。帰趣の本、名教に非ざれば立せず。名教の興り、声字に非ざれば成《じょう》ぜず。声字分明《ふんみょう》にして而も実相顕わる。

（『定本』第三巻、三五頁）

説法は言語によるが、それは声字において初めて実現するという。この声字とは、音を所依とする母音・子音（声字）ということであろう。この字が明らかであり、したがって言語表現が明らかであることによって、世界の真実（実相）も明らかになる、と言っている。以上によれば、「声字実相」の基本的な意味は、声＝音、字＝母音・子音（および名・句）、実相＝意味・世界・真実と理解されるべきである。

なお、音そのものが言語なのではなく、その「あや」において言語が成立することは、次の文にも明らかである。ここは、後に述べるように、六塵（六境）のすべてに言語がありえることを、色塵において説明する箇所に関わるものであるが、その色塵に関して顕色《けんじき》（いろ・色彩）・形色《ぎょうしき》（かたち・形状）・表色（うごき・動作）があること等を説明してきて、突然、次のように言っている。

> 是の如くの一切の顕・形・表色は、是れ眼《げん》所行、眼境界、眼識所行、眼識境界、眼識所縁、意識所行、意識境界、意識所縁なり。是の如くの差別は、即ち是れ文字なり。之を差別と名づく。各各の相、則ち是れ文なり。故に各各の文に則ち各各の名字有り。故に文字と名づく。（同前、四三頁）

実は眼識の対象は、説一切有部においては色（顕色）と形（形色）であるが、唯識説においては色（顕色）のみである。三角であるとか丸であるとかの形の認識は、意識によるとするからである。ここに眼識所縁のみでなく、意識所縁が入っていることは、顕色・形色・表色のほとんどが眼識の対象

（実色）ではなく、意識の対象（仮色）であるからであろう。ここに「之を差別と名づく。是の如くの差別は、即ち是れ文字なり」とあるが、この差別が差別であることを認識するためには、それも意識でなければならない。言語は本来、音声言語であることに寄せて言えば、音そのものではなく、音のあやが文字（音素）なのであって、その文字の認識は意識によるはずである。同じく色境に関しても、顕色（いろ）の中の実色そのものが文字なのではなく、それに基づく差別に文字があり、それを認識するには、意識の作用が加わらなければならないわけである。

こうして、ともあれ、「声字実相」の語には、仏教の伝統的な言語観を読むことができる。

## 密教の言語観――五大の秘密釈

しかし、それだけでは、密教独自の言語観とは言えない。ではいったい、『声字実相義』が描く密教独自の言語哲学とは、どのようなものなのであろうか。

それを根本的に示す頌が、同書のいわば本論部分の冒頭に提示されている。次のようである。

> 五大に皆な響き有り、十界に言語を具す、
> 六塵に悉く文字あり、法身は是れ実相なり。
> （同前、三八頁）

この頌は『声字実相義』の根本命題を示すものなので、『即身成仏義』における「即身成仏頌」に

ならって、「声字実相頌」と呼ぶことにしよう。
初めに、響きとある以上、やはり音のことを言っているように思われる。実際、その説明には、次のようにある。

此の内外の五大に、悉く声響を具す。一切の音声、五大を離れず。五大は即ち是れ声の本体なり。音響は則ち用なり。故に五大皆有響と曰う。（同前、三九頁）

実は五大のうち空大を除く四大とは、唯識思想（大乗仏教）の場合、堅・湿・煖《なん》・動、すなわち堅さや湿り気や温度や運動の諸性質をいうもので、色・声・香・味・触の五境（五塵）の各境（各塵）は、四大それぞれの比率は変わるものの、そのすべてを有しているものである。この堅さや湿り気や温度や運動の諸性質にほかならない四大自身に、響きがあるとはとうてい思えない。もちろん空大（空間という要素）にも、音響はないであろう。ここに「皆」とあるが、堅さや湿り気等々が悉く声（音）の響きを具すとは、実は考えられないことである。そこが密教独自の立場なのだと言えば、それまでであるが。

強いて言えば、五大（実は四大）所成の五塵（五境）に響きが有るということかもしれない。しかし五塵は、色・声・香・味・触であって、この色や香り等に響き（音声）があるかも問題である。あるとすれば基本的には、声塵のみにであろう。

なお、この箇所の説明をよく見ると、五大は音響との関わりにおいてのみ、説かれていることが分かる。結局、「五大に皆な響き有り」ということは、身体であれ、環境世界であれ、音声が発せられるときには、必ず五大がそこにある、逆に音（声境）は五大を体としていて、その作用は音響であると言っているのみ、ということになる。これなら理解できるであろう。ともあれ、五大のすべてに音響があると、安易に受け取ることはいかがなものかと思われる。

なお、この時、空大が音声の体にどう関わるかは問題である。唯識思想においては（『倶舎論《くしゃろん》』でも同じだが）、色・声・香・味・触の五塵（五境）は、空大を除く四大とのみ関わるものだからである。空大はむしろ音声の響く空間ということになるかと思われる。このように、「五大に皆な響き有り」の句は、顕教で理解した場合、けっこう問題がある句ということになる。実際、『声字実相義』の中には、「又た、四大相触し、音響必ず応ずるを名づけて声と曰うなり」（同前、三六頁）と、四大のみを言っている箇所もある。ただし、ここは仮に素朴な物質観に寄せて言ったものか、もしくは四大種所造の声境（声塵）のことに関して言ったものと解するのがよいであろう。

というわけで、この五大をこのように仏教の概念に拠るのでなく、ごく一般的な地・水・火・風・空のことだ（素朴な物質観に寄せて言ったもの）と受け止めれば、それらに音響があるとは言えるかもしれない。そのように素朴な見方によって、空海が『声字実相義』を書いているとは思えないのであるが。

ところで、『声字実相義』は、あくまでも密教の言語哲学を展開しているはずである。ゆえにここでも密教の解釈・説示を読むべきである。このとき、五大に関しては、実は次のように示されていることを忘れてはなるまい。

此の五大に顕密の二義を具す。顕の五大とは、常の釈の如し。密の五大とは、五字五仏及び海《かい》会《え》の諸尊是れなり。五大の義とは、即身義の中に釈するが如し。（同前、三九頁）

ここに密教における五大の意味は、「五字五仏及び海会の諸尊是れなり」とある。五字とは、阿（a, ア）・嚩（va, ヴァ）・囉（ra, ラ）・訶（ha, カ）・佉（kha, キャ）が基本かと思われる。それが五仏になるのは、一つはそれらが五仏の種字（種子）にもほかならないからである。これには、善《ぜん》無《む》畏《い》伝と不《ふ》空《くう》伝とで異なっており、以下のような対応になる。

| | | | 善無畏 | 不空 |
|---|---|---|---|---|
| 地 | a | ア | 阿閦《あしゅく》 | 大日 |
| 水 | va | ヴァ | 弥陀 | 不空成就 |
| 火 | ra | ラ | 宝生《ほうしょう》 | 宝生 |
| 風 | ha | カ | 不空成就 | 弥陀 |
| 空 | kha | キャ | 大日 | 阿閦 |

なお、『即身成仏義』によれば、五仏とは、五大そのものともいえる法界体性において成立している仏身（法界体性所成之身）であるから、五大すなわち五仏と言えるのでもあろう。というのも、

『即身成仏義』は「即身成仏頌」の第一句、「六大無礙常瑜伽」に関して、「此の如くの経文は皆な六大を以って能生と為し、四法身・三世間を以って所生と為す。此の所生の法は、上は法身に達《いた》り、下は六道に及んで、粗細隔て有り、大小差有りと雖も、然も猶お六大を出でざるが故に、仏、六大を説いて法界体性《ほっかいたいしょう》と為す」（同前、二三頁）とあり、六大は法界体性のことであり、しかも「是の如くの六大の法界体性所成の身は、無障無礙にして、互相《たがい》に渉入し相応せり。常住不変にして、同じく実際に住す。故《かるがゆえ》に頌に、六大無礙常瑜伽（六大無礙にして常に瑜伽なり）、と曰う」（同前、二三～二四頁）とあって、無礙にして常に瑜伽なのは、法界体性所成の身だと示されている。すなわち、「六大無礙常瑜伽」の句における六大＝法界体性の真の意味は、実は法界体性所成の身なのであり、ゆえに五大もまた、識大は欠いているもののそれは五大に浸透しているものとして、六大と同等の五大の、その所成の身としての五仏、ひいては諸仏・諸尊であると理解されうることにもなるのである。こうして、五字・五仏のみならず、「及び海会の諸尊是れなり」とあることも、『即身成仏義』の説くところと、識大が明示されるか否かの違いはあるにせよ、一致しているとうけとめることもできる。

　ともあれ、この「声字実相頌」第一句、「五大に皆な響き有り」の「五大」とは、空海の立場に拠れば、曼荼羅世界の諸仏・諸尊そのものなのである。とすれば、その後、「此の内外の五大に、悉く声響を具す」（同前、三九頁）とあるように、その諸仏・諸尊及びその国土に音響が具わっていることは、まちがいなくありえることであろう。なお、その音そのものは、いまだ言語そのものではないが、言語の依りどころであることは言うまでもない。

## 十界《じっかい》における言語

世界には、諸仏・諸尊のみならず、地獄・餓鬼・畜生等、あらゆる生き物がいる。それらには十界があり、この十界とは、一般に、地獄・餓鬼・畜生・修羅・人間・天上・声聞・縁覚《えんがく》・菩薩《ぼさつ》・仏の十の世界のことである。その各界それぞれの身心(正報《しょうぼう》。個体)と国土(依報《えほう》。環境)もまた音響をあげており、それゆえ、それを依りどころとしての言語を語っていることもあるであろう。とりわけ、ここでは「内声の文字」と注意されているので、各界の個体が音声上の言語を語っているということであろう。その意味で、「十界に言語を具す」は、至極当然のことと思われる。

しかし、事はそう単純でもない。「叙意」には、「五智四身は、十界を具して而も欠くること無し」(同前、三五頁)とあった。この読み方だと、仏智の中に十界が具わっているということになるが、そのことはこの別の読み方「十界に具して」が示すような、十界のすべてに仏智が浸透しているということと同等のことにもなろう。さらに、次のようにもある。

若し謂まく、衆生に亦た本覚法身有り、仏と平等なり。此の身、此の土、法然として有なり。三界六道の身と及び土とは業縁に随って有なれば、是れを衆生の随縁と名づく。又た経に云く、彼の衆生界を染むるに法界の味を以ってす。味は則ち色の義なり。加沙味《けさみ》の如し。此は亦た法然の色を明かす。(同前、四八頁)

つまり十界の各界は、随縁によってそれぞれの姿を現わしているが、同時にその全体にわたって、本覚法身とその仏国土は法然に存在しているというのである。しかも上の説に照らせば、そこには五智があり、自性身だけでなく四身すら欠けることがないのである。この四身とは、自性身・受用身・変化身・等流《とうる》身の四種法身のことである。この法然の有としての仏身もまた、常に音響を発して説法しているのかどうか、その辺を見究めていく必要はあろう。

なお、本書のほとんど最後になる箇所には、「是の如くの法爾・随縁の種種の色等、能造・所造云何ぞ。能生は則ち五大五色、所生は則ち三種世間なり」(同前、四九頁)とある。所生とされた三種世間とは、智正覚《ちしょうがく》世間・衆生世間・器《き》世間であって、要は仏・菩薩と、およびそれら以外の凡夫等の個体のすべてと、それらが住まう環境のすべてである。そこに智正覚世間のみならず、衆生世間も含まれ、さらにはそれらの住む環境世界も含まれているわけで、その総体は、言い換えれば十界の身・土ということになろう。

一方、能生は五大・五色とあるが、五色は五大を表わすものと考え、その五大は『即身成仏義』に説く六大(法界体性の諸徳性)と同等とみるのがよいであろう。前に見たように、『即身成仏義』には、「此の如くの経文は皆な六大を以って能生と為し、四法身・三世間を以って所生と為す。此の所生の法は、上は法身に達《いた》り、下は六道に及んで、粗細隔て有り、大小差有りと雖も、然も猶お六大を出でざるが故に、仏、六大を説いて法界体性と為す」(同前、二三頁)とあるのであった。ここで能生と所生と言っても、『即身成仏義』に「能所の二生有りと雖も、都《すべ》て能所を絶えたり。法爾にして道理なり。何の造作か有らん。能所等の名も皆な是れ密号なり。常途の浅略の義を執して種種の戯論《けろん》を作すべからず」（同前）とあるように、五大（法界体性）即三種世間（現象世界）、三種世間即五大という関係にあり、この即は不一不二と見るべきである。その三種世間は、言い換えれば十界の身・土のことでもある。その中に法爾の身・土と随縁の身・土とが共存している。おそらく、随縁の身・土はいわば世間の言語を発しているが、法爾の身・土は衆生の内から自覚へとはたらいている（つまり説法している。性熏）。一方、諸仏はあらゆる衆生に対し外から説法の雨を雨降らしていることであろう。こうして、十界の各界に音声による言語は存在しているのである。

## 六塵の言語

次の句に、「六塵に悉く文字あり」とある。声塵のみでなく、色塵・声塵・香塵・味塵・触塵・法塵のすべてに文字があるというのである。ここで空海の言語哲学は急遽、飛躍的に展開していくことになる。六塵とは、眼識・耳識・鼻識・舌識・身識・意識の対象、すなわち色境・声境・香境・味境・触境・法境の六境のことであり、これらを塵とも呼ぶのは、「心法の諸縁となって煩悩を起こし、心法を染汚すること塵埃のよう」であるからである（深浦、一九三頁）。伝統的には、言語は声境である音（耳識の対象）に依拠するものであった。せいぜい、書かれた文字の場合が考慮されて、色境（眼識の対象）にも言語を見出すことはありえた。しかし六塵すなわち六境のすべてに言語を見出すことは、ほぼなかったと言ってよいであろう。しかし空海は、この句を解説する文のほぼ冒頭に、

「此の六塵に各の文字の相有り」（『定本』第三巻、四一頁）とも言うように、六境のすべてに言語を見出すというのである。

実は本書『声字実相義』の最初、叙意に、「夫れ如来の説法は、必ず文字に藉《よ》る。文字の所在は、六塵、其の体なり。六塵の本は、法仏の三密即ち是れなり。平等の三密は法界に遍じて而も常恒なり。五智四身は、十界を具して而も欠くること無し。悟れる者は大覚と号す。迷える者をば衆生と名づく」（同前、三五頁）とある。文字のありかは六塵にあって、その六塵の本は、法仏の身密・語密・意密の三密にあるという。そうすると空海にあっては、五智・四身の活動の中に三密があり、そこに六塵もあって、その六塵に文字ないし言語があるということが大前提なのであろう。五智の中で言えば、五塵（五境）は、大円鏡智及び成所作智《じょうしょさち》の相分に、法塵は妙観察智の相分にあるに違いない。これを三密で見れば、やはり身密に身体と国土の双方を見るのであろうし、そもそも六塵に言語を見るのなら、逆に語密に六塵そのものを見るべきかもしれない。いずれにせよ、『声字実相義』冒頭の「叙意」には、本来、如来の説法の文字のありかは、六塵がその体であるとすでに示されている。そこで、ここでも急展開のように、「六塵に悉く文字あり」とされたようである。

ただし、その「叙意」では、今、掲げた文のあと、「如来加持して其の帰趣を示す。帰趣の本、名教に非ざれば立せず。名教の興り、声字に非ざれば成ぜず。声字分明にして而も実相顕わる」（同前、三五頁）と言っていて、やはり声字を前面に出し、以後、音声言語を中心に説明していた。とすれば、一方では音声言語を重要視していると見るべきである。しかし空海の言語哲学の根本は、「文字の所在は、六塵、其の体なり。六塵の本は、法仏の三密即ち是れなり」（同前）にあったのであった。

なお、六塵といっても、感覚に関わる五境と法境とを、言語との関係において同列に見ることは難しい。五境のすべてに言語（心不相応法）を見る時、そこに必ず意識の対象としての法境が伴われているという関係が基本かと考えられる。そういう厳密な分析もあるべきであるが、今は六塵ひとまとめとして述べていくことにする。

それにしても、六塵に文字があるとは、どういうことなのであろうか。『声字実相義』においては、よく知られているように、実は色塵（色境）のみしか取り上げられていない。肝心の声境（音）についても、ここで言及することはない。ただし、色塵の言語が理解されれば、他の塵の言語についても、推察できるには違いない。では、色塵が言語でありえる説明は、どのようになされるのであろうか。それは、次の頌に基づいて行われている。この頌を、前の「声字実相頌」と区別して、しばらく「色塵文字頌」と呼ぶことにする。

顕・形・表等の色、内外の依正に具せり、
法然と随縁とに有り、能迷と亦た能悟となり。
（同前、四一頁）

このように、この頌ではあくまでも眼識の対象としての色境を主題として、その言語でありえる所以が示されている。色塵（色境）には、簡略に言ってみれば、いろ（顕色）・かたち（形色）・うごき（表色）がある。もちろんそれは、十界各界の個体にも環境にも見出せよう。内外とは個体と環境のこと、依正というのも依報と正報のことで、やはり個体と環境である。空海はこの十界の各界の個体と環境に見出される三種の色塵の「差別」に、文字ないし言語を認めていくのである。この六塵そのものにではなく、六塵の「差別」に文字を見ることについては、後ほど（六五～六六頁）あらためて確認したい。

なお、この第二句、「内外の依正に具せり」という簡潔な句の意味するところは、単に依報（外）と正報（正）の両者それぞれに三種の色が具わっているというだけにとどまらない。ここに、次の説明があるからである。

　次に、内外依正具とは、此れに亦た三有り。一には内色に顕形等の三を具することを明かし、二には外色に亦た三色を具することを明かし、三には内色定めて内色に非ず、外色定めて外色に非ず、互いに依正と為ることを明かす。内色と言うは有情なり。外色とは器界なり。

　経に云く、仏身は不思議なり。国土悉く中に在り。

　又た一毛に多刹海を示現す。一一毛に現ずることも悉く亦た然なり。是の如く法界に普周せり。

　又た一毛孔の内に難思の刹等微塵数にして種種に住し、一一に皆な遍照尊《へんじょうそん》有して衆会の中に在りて妙法を宣べ、一塵の中に於いて大小の刹種種差別なること塵数の如し。一切国土の所有の塵、一一の塵の中に仏、皆な入りたまえり。

　今、此れ等の文に依りて、明らかに知んぬ、仏身及び衆生身、大小重重なり。或は虚空法界を以って身量と為し、或は不可説不可説の仏刹を以って身量と為す。乃至、十仏刹を以ってし、一仏刹一微塵を身量と為す。

是の如くの大小の身土、互いに内外と為り、互いに依正と為る。此の内外の依正の中に、必ず顕形表色を具す。故に、内外依正具と曰う。（同前、四六頁）

要は依報（環境世界。国土）と正報（個体。身心）とは相互に融通無礙であり、あらゆる事物において、一入一切・一切入一、一即一切・一切即一等、重重無尽の関係が織りなされているというのである。いろ・かたち・うごきも、そういうあり方においてある、ということである。そうなると、一つの色塵は無数の色塵等を具えているということになる。その場合、ある一つの色塵の上の特定の相（差別）は、一義的に決定されているのではなく、一にして一切・一切にして一であるようなものとならざるをえない。このことについては、またのちほど（本書、二〇五頁以下）まとめて検討することにしよう。

ともあれ、十界の依・正はおのおの、いろ・かたち・うごきを持っている。しかもその内外は互いに具えあい、融通無礙の関係にある。身心に環境があり、環境に身心があるという事態があり、しかも仏身と衆生身等の間でも、相互に浸透し合うという、重重無尽のめくるめくような事態が現前しているというのである。その中にあって、三種の色が現じており、しかもそこにある「差別」が、言語を構成する。それが「内外の依正に具せり」ということなのである。

なお念のため、視覚の対象としての色塵（色境）の、いろ・かたち・うごきのうち、眼識の対象は実色のいろ（唯識説では、青・黄・赤・白の四種を言う）のみであり、他の光・影等のいろやかたちやうごきはすべて意識の対象となる。その辺にも留意しておくことは望ましいことであろう。しかも眼識等の五感の世界は、無分別で差別の認識はありえない。前にも言うように、六塵に文字があるといっても、実際にはその差別に文字がある以上、言語は法塵（意識の対象）にあるのである。

## 法然有と随縁有

十界の仏界以外は、仏の境界ではありえないと考えられよう。しかし前にすでに引用したところであるが、その仏界以外の九界においても、実に仏の身・土が内在している。それが密教の立場である。このことは、

若しは謂まく、衆生に亦た本覚法身有り、仏と平等なり。此の身、此の土、法然として有なり。三界六道の身と及び土とは業縁に随って有なれば、是れを衆生の随縁と名づく。（同前、四八頁）

とあったようである。あるいはまた、

上に説く所の依正土は、并びに四種の身に通ず。若し竪の義に約すれば、大小粗細有り。若し横の義に拠らば、平等平等にして一なり。是の如くの身及び土、并びに法爾・随縁の二義有り。故に法然随縁有と曰う。（同前、四八頁）

ともある。空海においては、仏なる存在はもとより成就しているのであり、たとえば成仏という言葉も、もとより成仏しているがゆえに、不成の真実を洞察しなければならない。そこで前にも述べたように、各界には法爾・法然の仏身・仏土と、その界固有の身・土とがあることになる。表面的には、その界固有の身・土のあり方でその三業が営まれ、あるいは色塵なら色塵が発現していることになる。と同時に、仏身としての三密も実は見えない仕方でそこに発揮されていることになろう。それは内熏《ないくん》（衆生の内なる仏のはたらきかけ）・性熏《しょうくん》（本性からのはたらきかけ）というものでもあろう。おそらくは、このこともふまえての、その界固有の三業なり六塵なりが成立しているのだと思われる。しかも内熏のみならず、諸仏の「互相に加入し、彼れ此れ摂持」（『即身成仏義』における三密加持の説明。同前、二五頁）しているあり方に基づく、外からの働きかけも受けている。その働きかけの中には、言語に基づく説法も当然ある。いな、場合によっては六塵に基づく説法もあるのであろう。そのような諸仏・諸尊の間の三密の交響、そして諸仏・諸尊と衆生との間の三密の交響の中で六塵もあり、そこに差別が見出されて、それが言語の機能を発揮するということになるのであろう。

## 種々の色塵の差別

こうした中で、特に色塵が言語でありえる例として、もう少し詳しく、次のように説かれている。

此れ是の三種の色の文字に、或は二十種の差別を分かつ。前に謂う所の十界の依正の色の差別

なり。　（同前、四三頁）

又た十種の色を立つ。具には彼れに説くが如し。是の如くの種種の色の差別は、即ち是れ文字なり。

又た五色を以って阿字等を書くを、亦た色の文字と名づく。

又た種種の有情・非情を彩画するを、亦た色の文字と名づく。錦繍綾羅《きんしゅうりょうら》等も、亦た是れ色の文字なり。

法華花厳智度《ほっけけごんちど》等に、亦た具に種種の色の差別を説くとも、然も内外の十界等を出でず。是の如くの色等の差別、是を色の文字と名づく。　（同前、四五頁）

ここに言う、十種の色とは、『瑜伽師地論』第三に説かれている、十種の支具すなわち「食・飲・乗・衣・荘厳具・歌笑舞楽・香鬘塗末・什物之具・照明・男女受行」（大正三〇巻、二八八頁下）であるという。什物具とは、他の九つを除いた床枕等の身の支具であるという（小田、一二五二頁）。これらは、必ずしも視覚の対象（色塵・色境）とのみは言えないので、いかがかと思われるが、伝統的にはそう解釈されてきたのであろう。もちろんそれらには、顕色や形色、ひいては表色がありえることは間違いない（なお、この点については、後にこれらも実は色塵のことを言っていると見るべき論拠を提示した。本書、一九六頁参照）。

また、いわゆる名・句・文の音声言語の視覚化されたもの（つまり書かれた文字）のみでなく、絵や柄・模様等も言語であるという。いずれにしても、ここでは眼識の対象としての色塵の種々さまざまな「差別」が文字（言語）であるというのである。

このように柄や模様等に言語を見る時、他の香塵・味塵・触塵等における濃淡の分布等において、言語は確かにあることになるであろう。多くの人が「六塵悉文字」の句に空海の卓越した言語哲学を見出すようである。しかしながら音声言語の基本は、音素であり、母音・子音として設定されたものに基づく。他の感覚対象においても、そういう音素に相当するものが見出されて初めて音声言語と同じ意味での言語となるはずである。はたしてたとえば色塵の母色・子色は、何であるのだろうか。他の香塵・味塵・触塵の母音・子音にあたるものは、いったいどういうものであるのだろうか。それなしに、いわゆる言語は成立しないのではないか。

もしも各感覚対象に、声境に基づく名・句・文のようなもの、とりわけ名・句を構成する文（字）はないけれども、なおかつ六塵に文字はある、と言うなら、その文字等は言語というよりは表現といった、かなり広義の言語であって、ふつうの意味での言語（狭義の言語）とは、もはや異なったものとなっていよう。いずれにせよ、この「声字実相頌」の第三句、「六塵に悉く文字あり」以降は、それまでに説かれた名・句・文に基づく言語哲学をまったく超え出てしまい、世界の実相そのものを主題とするように転開していると言うべきである。第二句までと、主題が異なってきているのである。第二句までは、どこまでも声塵を主題とした言語のことが主題であった。しかしそのことを超えて、六塵に文字があるとは、『即身成仏義』にいう、「諸の顕教の中には四大等を以っては非情と為す、密教には則ち此れを説いて如来の三昧耶身《さんまやしん》と為す」（『定本』第三巻、二三頁）とあるように、世界は如来の三昧耶身と言っているのとほぼ変わりはないことになるのかもしれない。とすれば、ここからは実相のことを明かそうとしたのであろうとも考えられるのである。

たとえば空海は、『性霊集《しょうりょうしゅう》』巻第一の冒頭の詩文、「山に遊んで仙を慕《ねが》ふ詩幷序」の詩の一節に、次のように歌っている。

飛龍は何れの処にか遊ぶ、寥廓たる無塵の方
無塵は宝珠の閣　堅固金剛の墻《かき》あり
眷属、猶お雨の如し　遮那は中央に坐《まし》ます
遮那は阿誰《たれ》が号《な》ぞ　本と是れ我が心王なり
三密、刹土に遍じ　虚空に道場を厳《かざ》る
山毫《さんごう》、溟墨《めいぼく》に点ず　乾坤は経籍の箱なり
万象を一点に含み　六塵を縑緗《けんしょう》に閲《ひら》く
行蔵は鐘谷《しょうこく》に任せたり、吐納《とどう》は鋒鋩《ほうぼう》を挫《くだ》く
（『定本』第八巻、一〇頁）

〔刹土＝国土、山毫＝山のごとき筆、溟墨＝海のごとき墨、縑緗＝書物、行蔵＝行うのとしまうのと、任鐘谷＝機根に順い対応する、吐納＝説法と沈黙、鋒鋩＝兵戈〕

空海が住する環境のすべてが、仏国土そのものとなり、空海自身が大日如来と化す。そこに雨のごとき無数の眷属も伴われているというのであれば、まさに曼荼羅世界そのものがそこに現成するので

あろう。都塵を離れた自然環境は、実はもとより密厳浄土であったのである。それはともかく、ここに、「山毫、溟墨に点ず　乾坤は経籍の箱なり　万象を一点に含み　六塵を縑緗に閲く」とある。縑緗とは、経典の軸のことである。経典すなわち説法は真理の表現である。同様に眼前の一々もそのまま真理の表現である。密教的に言えば、「即事而真《そくじにしん》」である。このように、自然（六塵）が真実を語っている（説法している）ということを、空海は確かに言っている。他に、「中寿感興詩幷序」では、「禽獣草木、皆是法音」ともある（『性霊集』巻第三、同前、四三頁）。「声字実相頌」はそのように後半に至って、世界は真理の表現である、ということを主題としていると見るべきかもしれない。

このような見方は、道元の「而今の山水は古仏の道現成なり」（『正法眼蔵』「山水経」）と、さほど変わらないように思われる。なお、道元の場合、「而今の」とあることが重要である。それであってこそ、より事柄の真実に迫っているというべきである。

もっとも、この娑婆世界にあってその説法を聞けるのは、空海や道元だからこそであり、凡夫には六塵はまさに執着の対象であって、そこに仏の真言を聞くことはほぼできないことであろう。たとえば空海は、『三教指帰《さんごうしいき》』の末尾に置いた「十韻詩」には、実に「六塵は能濁の海なり」と言っている（『定本』第七巻、八六頁）。我々にとっての六塵は、それが言語だとしても、妄語にも他ならないであろう。

ともあれ、かの色塵と言語の関係に関する説明の箇所の結論として、次の文が置かれている。

是の如くの法爾・随縁の種種の色等、能造・所造云何ぞ。能生は則ち五大五色、所生は則ち三種世間なり。此れ是の三種世間に無辺の差別有り。是れを法然・随縁の文字と名づく。
已に色塵の文を釈し竟《おわ》んぬ。
（『定本』第三巻、四九頁）

ここに最後に、「已に色塵の文を釈し竟んぬ」とあることからも、眼識（視覚）の対象である色塵＝色境についての議論がここまでの主題となっていたはずになり、五根・五境・法処所摂《しょしょう》色の総体としての色法についてを説明してきたことにはならないと考えられる。そうだとすれば、この文の初頭の「是の如くの法爾・随縁の種種の色等」の「色等」も、本来、色塵に関して挙げられたさまざまな色（顕・形・表）のことのはずである。しかしその後に三種世間とあるように、もはや色塵だけでなく、色法の全体（五境・五根・法処所摂色）をも意味するように誘導している意図も感じられる。その際は、色塵のみでなく、五感の対象および意識の対象（六塵）のすべての差別が言語であるというのである。とすれば、実はこの句によって、色塵のみでなく六塵に文字があることの説明を、事実上なし終えたことにもなるであろう。

いずれにせよ、「此れ是の三種世間に無辺の差別有り。是れを法然・随縁の文字と名づく」とあって、やはり「差別」に文字があると結論づけている。言語には差異しかないとも言われるが、その見方に通じる立場である。三種世間そのものにではなく、そこに見出される無辺の「差別」が言語となるのである。だが、ここで問題となるのは、その「差別」がどこにあるかである。はたして対象の側にもとよりあるのか、むしろ意識の側にあるのではないのか。この問題は、後に考察することにしたい（本書第三章「まとめ」、二五三頁以下参照）。

声に基づき、その音韻屈曲に字があった。同様に五塵に基づき、その差別に字があることになる。両者は不離の故に、声即字、五塵即差別のことも成立するであろう。それらが成り立っているのは、仏の智慧の活動の中、三密の中であろう。ということは、声字即実相であり、六塵の差別即実相ということでもあろう。そうした事態は、「声字実相頌」の第四句、「法身は是れ実相なり」につながるのであろう。

## 法身と実相

『声字実相義』は、そのもっとも肝心な「声字実相頌」の第四句、「法身は是れ実相なり」の句の解説を欠いている。今、見た「已に色塵の文を釈し竟んぬ」で、この書は終わっているのである。そこで、この「法身は是れ実相なり」の句によって、本来、何を語ろうとしていたのか、推定してみることが求められよう。

憶測するに、その末尾の「已に色塵の文を釈し竟んぬ」の直前に示された、「能生は則ち五大五色、所生は則ち三種世間なり」という事態は、諸法の実相をよく表わしているように思われる。私はこの句が、法界体性に基づいて一切の現象世界が成立していることを表わしていると受け止めるが、そのこと自体がまさに実相である。

また、三種世間は四種法身と言い換えることもでき、このときそれは、「五智四身は、十界を具して而も欠くること無し」（同前、三五頁）と同等である。このことはまた、言い換えれば、十界に法然の法身（自性身《じしょうしん》）・報身（受用身《じゅゆうしん》）・化身（変化身《へんげしん》）・等流身《とうるしん》及びその各国土と、随縁の各界固有相の身・土とが同時に存在していることを意味する。しかもその身（正報）と土（依報）の間では、融通無礙である。さらに各身の間も渉入相応している。その中に六塵が存在し、その六塵の差別は言語の機能を発揮している。こうした事態こそ空海の説く実相であって、その全体を一言で表わしたものが法身であると見れば、その意味で、法身は実相であるということになろう。

　四身を四種法身と言うように、仏身のすべてに対して法身と呼ぶ場合もある。『声字実相義』の冒頭、「叙意」にあった、「謂わ所る、声字実相といっぱ、即ち是れ法仏平等の三密、衆生本有の曼荼なり」（同前、三五頁）の、法仏とは、すでに成就しているほぼ四種法身の、その全体のことなのであろう。その活動の内容は、三密の動態になる。しかも平等の三密なのであって、その一つの重要な意味は、諸仏・諸尊の間で「互相《たがい》に加入し、彼れ此れ摂持《しょうじ》し」（前掲『即身成仏義』における三密の説明）ている三密ということになろう。しかも三密は、法曼荼羅・大曼荼羅・三昧耶《さんまや》曼荼羅・羯磨《かつま》曼荼羅の四種曼荼羅でもある。というのも、大曼荼羅は身に関する輪円具足《りんえんぐそく》、法曼荼羅は語に関する輪円具足、三昧耶曼荼羅は象徴に関するものだが、それは意に関する輪円具足と考えられる。そして羯磨曼荼羅は行為に関する輪円具足であるから、結局、四種曼荼羅はそのまま三密のことと理解できるからである。ゆえに「衆生本有の曼荼」とは、衆生本有の三密でもあるわけである。そこで諸仏・諸尊の間でも、諸仏・諸尊と衆生との間でも、衆生同士の間でも、各自の三密は交響しているのである。念のため、こうした事態を説く空海の他の著作の文を、一、二、挙げておこう。

今、是の経は則ち是の如くならず。自受用の五智及び十七尊、自受用法楽の故に、自眷属と与《とも》に、各《おのおの》の自証の三摩地法門を説きたもう。四種の曼荼は帝網《たいもう》に同じく而も交映《きょうよう》し、三密の智印は錠光と共《とも》んじて以って互入す。

（『理趣経開題』「生死之河」、『定本』第四巻、一一五頁）

一切法とは、諸法無量なりと雖も、摂末帰本すれば三密に過ぎず。三密とは、身語意密なり。此の三密に且く二種有り。一には自の三密、二には他の三密なり。他に又た二あり。謂く、已成と未成となり。故に此の三種は平等無二にして、互相《たがい》に渉入して異相有ること無し。故に一切法平等と曰う。

（『実相般若経答釈』、同前、一三九〜一四〇頁）

さらに『秘密曼荼羅十住心論』の「帰敬頌」には、「是《かく》の如くの自他の四法身は、法然として輪円せる我が三密なり。天珠のごとく渉入して虚空に遍じ、重重無碍にして刹塵に過ぎたり」（『定本』第二巻、三頁）とあるのは、まさにこのことを説いているであろう。

こうした事態が「法仏平等の三密」なのであり、自内証の光景でもある。そこで「法身は是れ実相なり」とは、その法仏平等の三密が実相であるということを意味していると理解することができてこよう。

なお、この三密と声字実相との関係を整理してみると、まず声字は語密にほかならない。仏の語密は、世界の実相を明かすはたらきがあるであろう。ここに、実相は声字（における表現）にありと言えるかもしれない。また言語活動が法然の仏智に基づくとき、ということは言語活動が法界体性と不一不二において成立しているとき、いわば現象即実在のように、声字即実相とも言えるであろう。

また、平等の三密の一つの意味として、身密＝語密＝意密であるとき、語密の中に三密があることになる。事実上、三密が仏の内容であるとき、それが実相である。かくして、三密に等しい語密すなわち声字は即実相であると言えるであろう。

さらに興味深いことに、『声字実相義』においては、実に声・字・実相がそのまま三密に比定されてもいる。『大日経』の「等正覚の真言の、言と名と成立との相は」という句に対し、次のような解釈を示すのである。

> 頌の初に、等正覚とは、平等法仏の身密是れなり。此れ是の身密、その数無量なり。即身義の中に釈するが如し。此の身密は即ち実相なり。
> 次に真言とは、則ち是れ声なり。声は即ち語密なり。
> 次に言名とは、即ち是れ字なり。言に因って名顕わる、名は即ち字なるが故に。
> 是れ則ち一偈の中に声字実相有りまくのみ。（『定本』第三巻、三八頁）

ここに、等正覚＝身密＝実相、真言＝声＝語密、言名＝字・名とあり、おそらく字・名は意味と関連しているが故に意密ととらえることができよう。言語が表わす意味（所詮）の方面を取れば、それは思い（意）につながってくるに違いない。およそ言語は一つの語ないし文章に、意味するものと意味されるものとがある。仏教の言葉で能詮と所詮であり、言語学の世界では、シニフィアンとシニフィエである。声（音）はふつう、言語の素材とみるべきであり、字以降にその両者を見出すべきであるが、ここでは声に能詮＝言語（語密）、字に所詮＝意味（意密）と解して、実相＝身密であるから「声・字・実相」は三密であると示したと思われる。ここを図式的に整理すると、次のようである。

声　＝真言＝　語密
字　＝言名＝　意密
実相＝等正覚＝身密

こうして、声・字・実相＝三密＝実相ということになる。このように「声字実相」の語には、声字即実相と、声字実相即実相と、多重の意味が込められていると解読すべきなのである。

いずれにしても「法身は是れ実相なり」の法身はけっして静態的なのではなく、法界体性と不一不二の各身において、五智等に基づき三密を発揮し、渉入しあっている、その総体であると理解すべきである。

『声字実相義』の前の文に、「故に大日如来、此の声字実相の義を説いて、彼の衆生長眠の耳を驚かす」（同前、三五頁）とあった。実は『声字実相義』は、「声字実相」ということを通じて、「法身が実相である」こと、すなわち衆生にも本有の三密の世界があり、しかもその三密が諸仏の三密と渉入しあっている世界を描いて、衆生にその真実を解《さと》らせようとしているものなのである。けっしてただ言語についてのみ説こうとしているのみのものではないことはよく弁える必要がある。この立場からすれば、『声字実相義』は、言語を論じると同時に、それよりもやはり大日如来の内証の世界の風景を明かすものと心得るべきである。

また、言語は我々の考える言語のみではない。ある意味で、三密の全体が言語であり、世界は如来の三昧耶身なのである。前にも見たように、『即身成仏義』に、「諸の顕教の中には四大等を以っては非情と為す、密教には則ち此れを説いて如来の三昧耶身と為す」（同前、一二三頁）とあるようである。ここで、「六塵に悉く文字あり」の句がよみがえってこよう。法然に、如来の身・土が十界にゆきわたっているのである。このことをよく了解すれば、つまり自己も仏を本性としていることを了解すれば、救われることになる。しかしこのことを理解することができない場合、生死輪廻を脱することは不可能であろう。

おそらく「声字実相頌」の第四句、「法身は是れ実相なり」の句には、以上のような内容が込められていたであろうと考える。『声字実相義』は、言語という観点を通じて、「謂わ所る、声字実相といっぱ、即ち是れ法仏平等の三密、衆生本有の曼荼なり」（同前、三五頁）ということを明かそうとするところに、その本質があると言うべきである。

以上で、「声字実相頌」の基本的な意旨の探究はほぼなされたと思うのであるが、もう一つ、密教独自の言語哲学が『声字実相義』において披瀝されている。以下、そのことについて触れておきたい。それは、「声・字・実相」の教証として掲げられた『大日経』「具縁品」の文（大正一八巻、九頁下）と、それについての空海の解説である。実はこの教証のことは、かの「声字実相頌」の前に、示されているものである。

其の経に法身の如来、偈頌を説いて曰く、
等正覚の真言の、言と名と成立《じょうりゅう》との相は、
因陀羅の宗の如くして、諸の義利成就せり。
増加の法句有り、本の名と行と相応す。
問う。此の頌は何の義をか顕わす。
答う。此れに顕密二の意有り。……
若し秘密の釈を作さば、一一の言、一一の名、一一の成立に、各《おのお》の能く無辺の義理を具す。諸仏菩薩、無量の身雲を起こして、三世に常に一一の字義を説くとも、猶《なお》尚し尽くすこと能わず。何に況や凡夫をや。今、且く一隅を示すのみ。（同前、三七～三八頁）

ここに引かれた『大日経』の頌に対し、『大日経疏』は、言は一字ずつ、名はそれらの字が集まって一名をなすもの、成立は多くの名（単語）によって意味を表わすものと説明している（大正三九巻、六四九頁下)。空海も『金剛頂経開題』において、「言名成立」に関して、「一字を言と曰い、二字を名と曰う。多字は成立、亦たは句と名づくるなり」と示している(『定本』第四巻、七五頁)。

こうして、密教の立場によれば、いわば母音・子音の一つひとつ、また単語の一つひとつ、さらに句ないし文章の一つひとつは、無辺の意味を具えているという。一般世間の言語(表音文字の場合である)においては、文字(音素)はそれだけで意味を持つことはまれである。一字で意味を持つとしても、単語もふくめて、一つのそれが有する意味は基本的に一つであり、複数あってもせいぜい二、三であろう。句や文章は、一義的でなければコミュニケーションも成立しがたい。しかし密教では、すでに一つの母音・子音(実は子音+母音)において、無辺の意味を荷っているという。まして単語や句ないし文章においては、測り知れないほど無辺の意味を表現していることになろう。

そのこともあって、『秘蔵宝鑰』ではこれらをふまえ、次のように説いている。

真言教法は、一一の声字、一一の言名、一一の句義、一一の成立に、各の無辺の義を具せり。劫を歴《ふ》とも窮尽《ぐうじん》し難し。
又た一一の字に三の義を具せり。謂わ所る声と字と実相なり。
又た二義を具す。字相と字義となり。
又た是の一一の句等に浅略深秘《じんぴ》の二義を具せり。

(『定本』第三巻、一七四頁)

声字が基本のようで、その一つひとつの字(音素)と、一つひとつの単語や文章において、無辺の意味を具えているという。一字からして、無辺の意味を具えているのであるから、字の地平であっても、まして単語や文章の地平でも、単純に一義的に受け止めてはならない。語の表面的な意味をそのまま受け止めるのが字相であり、表面には隠れている深い意味を汲み出したものが字義である。もちろん、字相は浅略の立場となり、字義は深秘の立場となる。こうして、密教の言語には、語の表面的意味を超えた、深い意味を汲むように努めなければならない。字相に対する字義を汲み取らなければならないのである。密教は、言語を暗号のように用いる、密号のように用いるのであり、それゆえに密教なのである。

とすれば、密教の言語においては、言語に多重的な意味を認めつつ、その文脈において何が意味されているかを、暗号解読のように解明しなければならない。言語の意味が一義的でないとするならば、もはや言語として成立しないのではないかとも思われるが、密教の言語としての文章等が持つ意味は、実際にはこういうことなのだという解釈の軌範が、口伝等により指示されれば問題ないのかもしれない。と同時に、一字・一語等が一義的でなく多義的であるということによって、世界の存在としての事物等自体が他の事物等と事事無礙にして重重無尽の関係にあり、本来、多義的であるという実相を物語っているということもあるであろう。このことは、我々の一義的に限定された言語体系に拘束された我々の意識にゆらぎや亀裂をもたらし、いまだかつて見たこともない実相の地平を拓くことであろう。

## 言語の根源

『声字実相義』は、十界に言語があるとするが、それらの中、真実の言語は、仏界にしかないという。その言語こそが、「能く諸法の実相を呼びて謬らず妄せず」（同前、四〇頁）なのであり、「故に真言と名づく」とも言われる。そのことを明かした上で、次のように明かしている。

其の真言、云何が諸法の名を呼ぶ。真言無量差別なりと云うと雖も、彼の根源を極むるに大日尊の海印三昧王真言を出でず。彼の真言王、云何ぞ。金剛頂及び大日経に説く所の字輪・字母《じも》等是れなり。彼の字母とは、梵書の阿字等乃至呵字等是れなり。此の阿字等は則ち法身如来の一一の名字密号なり。乃至、天龍鬼等に亦た此の名を具す。名の根本は法身を源と為す。彼れ従《よ》り流《る》出《しゅっ》して稍《よう》く《や》転じて世流布の言と為るのみ。（同前、四〇頁）

密教の言語、真言の根本は、『金剛頂経』および『大日経』に説くところの、「字輪・字母」であるという。字母とは、要はサンスクリット語の母音、子音＋母音のこと。四十二字や五十字等の見方がある。字輪とは、それがさまざまに転じたものである。要は、言語の根本は母音・子音にあると言っているのであって、その限り、名・句・文（字）の視点から言語を見る仏教の伝統的な言語分析とも合致している。しかしながら、「此の阿字等は則ち法身如来の一一の名字密号なり。乃至、天龍鬼等に亦た此の名を具す。名の根本は法身を源と為す」とあることは、密教独自の立場である。

このことは、文字が諸仏・諸尊の一人ひとりの名称であり、天・龍・鬼等の名前でもあるといい、その文字は法身より生まれるのであるという。そこに、真言の真言である所以があるであろう。

なお、このような文字の実義（字義）、仏の説法の真義を、覚った者はよく理解しているが、迷っている者はこのことがわからない。六塵が諸仏の説法であることも、解れば問題ないが、解らなければそれらに執着して止まないことになる。このことを解らないうちは、生死輪廻の闇路が続いて、いつまでも苦を免れない、と空海は言う。このことは、再三、指摘されている。

若し実義を知らば則ち真言と名づく。根源を知らざるをば妄語と名づく。妄語は則ち長夜《じょうや》に苦を受く。真言は則ち苦を抜き楽を与う。譬えば薬・毒の迷・悟、損・益《やく》不同なるが如し。

（同前、四〇～四一頁）

此の文字は、愚に於いては能く着《じゃく》し能く愛して貪瞋癡等の種種の煩悩を発し、具《つぶさ》に十悪五逆等を造る。故に頌に、能迷と曰う。智に於いては則ち能く因縁を観じて取らず捨てず、能く種種の法界曼荼羅を建立し、広大の仏の事業を作して、上、諸仏を供《く》し、下、衆生を利す。自利利他、茲《こ》れに因りて円満す。故に能悟と曰う。

（同前、四五～四六頁）

是の如くの内外の諸色は、愚に於いては毒と為る。智に於いては薬と為る。故に、能迷亦能悟、と曰う。

（同前、四八〜四九頁）

真言は密教における仏の説法のことにも他ならない。それが真言というものである。それは、我々の言語やその言語に基づく世界理解を覆すものでもあるのである。仏の教えを受けて、覚った者は、六塵や世間の言語に迷わされず、とらわれず、他の諸仏・諸尊とともに相乗する三密を発揮して抜苦・与楽の衆生救済に励んでやまない。そこから真言が我々にもたらされる。こうして、言語は如来の説法に源を発するのであり、言い換えれば法身に基づくものである。我々の言語も、その真言を構成する文字によりつつ世俗的な言語を運用しているが、その結果、我々は真実を見る眼を覆われて、迷いの淵に沈みこんでいる。如来の真言は、我々の世俗言語を切り裂き破り、世界の新たな地平をもたらしてくれる言葉なのであり、けっして我々の言語に連続的に接続したものでないことは言うまでもないことであろう。

## はたして「差別」はどこにあるのか

以上、『声字実相義』の要点を一覧した。結局、空海はそこにおいて、法界体性と不一不二の三種世間、すなわち三密の交響する世界における六塵に見出される無量の「差別」に言語があることを明かすのであった。問題はこの「差別」である。いったい「差別」とは、はたしてもとより世界に具わっているものなのであろうか。むしろ意識の分別に基づくものなのではなかろうか。

今は、このことに立ち入らない。そういう問題意識も携えつつ、以下、『声字実相義』を丹念に拝読していくことにしよう。

# 第三章　『声字実相義』を読む

## 『声字実相義』の題名について

本書の題名、『声字実相義』の意味は、まず全体として、「声・字・実相の義」について論じたものということになるであろう。仏教は（あるいは一般に）、言語は音声言語が根本だと見ている。声《しょう》（声塵＝声境）とは耳識（聴覚）の対象で、故に音全般のことである。字は母音・子音（音素）のことであるが、本書においてはしばしば名字とも言われ、名を意味するときもあり、結局は仏教にいう名・句・文のすべてを含意すると受け止めるのがよい。名・句・文とは、ごく簡単に言えば、順に単語・句ないし文章・母音および子音のことである。ここでの文は、文字とも言われるが、母音・子音の音素のことで、いわゆる本などに用いられる書かれた文字は、それら音声言語を視覚的に表現した、第二次的なものである。義は、それぞれの意味の意でよいであろう。

ただし、注意すべきことが二つある。一つは、声・字・実相の間の関係である。ふつうは、声（音）に基づく字（言語）は、実相を表わすという関係、つまり声・字が能詮（シニフィアン）、実相が所詮（シニフィエ）と見るであろう。しかし密教は独特の言語観を展開する。そこでは、むしろ声・字が実相そのものに他ならない（声字即実相）との立場こそ本来であると主張される。このとき、実相という言葉自体も、相そのものと見るか、体相の相で実は体（本性）のことと見るか、種々の解釈がありえるであろう。体と見るときは、言語も如来そのものを体としたものだ、あるいは法界体性（真如）を体とするものだ、という理解になる。

もう一つは、『声字実相義』自体の中に出て来ることであるが、実は声・字・実相は、身密・語密・意密の三密を表わしており、この書は、この世界が、諸仏等の三密および衆生本具の三密等の交響する世界なのだということを明かすことを、その題名は表わしていると見るべきだという理解がありえる。すなわち、声・字・実相とは実は三密のことなのであり、それが世界の実相であるの意とも解することができよう。

後者のような理解は、一般の人々には思いもつかないことであろう。しかし密教は言語を暗号・密号として用いていくことがしばしばである。したがって、こうした理解・主張も驚くべきことではない。言葉の表面的な意味としての字相にとらわれず、言葉の隠れている深い意味である字義を汲むべきであり、このとき声・字・実相とは三密のことだということにもなるのである。この理解は、多少深秘な理解ということになろうか。

よく『即身成仏義』、『声字実相義』、『吽字義』は、順に、身密・語密・意密を説くものと言われる。しかし一方、それぞれが三密を説いているという見方もあり、実際にもそうである。仮に『声字実相義』が語密について明かすものだとしても、平等な三密で語密即三密であり、ゆえに『声字実相義』

は三密を説いていると言って差し支えないという議論もありえる。しかし実際にも『声字実相義』は三密の世界について説いており、その三密の活動の中に言語を見出している。そもそも「声字実相」の中には、実相のことが含まれており、それは言語というより真実の世界そのもののことであろう。いずれにせよ、『声字実相義』が言語の問題だけ説いていると予想すべきではない。そのことは、以下に見ていく本文に明らかである。

『声字実相義』は、仏教の伝統的な言語観等を継承し、解説した箇所もないわけではない。つまり顕教の立場での説明も少なからず含まれている。しかし本書のもっとも明かしたいことは、密教の世界についてであることは言うまでもないことであろう。『声字実相義』は、密教の立場で深く理解すべきであることを、けっして忘れてはならない。

以下、本文に入っていくこととしたい。

## 本書の構成

初めに、本書の構成のありようが示されている。伝統的には、科段とよばれるものである。

【原文】

**一は、叙意、二は、釈名体義、三は、問答。**

(『定本』第三巻、三五頁)

【現代語訳】

本書は、三つの段から成っている。第一は、本書が明かそうとすることを述べる（叙意）。第二は、「声・字・実相・義」のそれぞれの名の意味を説明し、またその表わす内容について説明する（釈名体義）。第三は、これらをめぐっての問答である（問答）。

【解説】

本書は、三つの部分に分かれている。第一は、叙意であり、本書全体で明かそうとすることは何か、その要点を述べる段である。第二は、声・字・実相の語が表わすものは何か、およびそれが有する意味はどういうことかを解説する段である。第三は、以上に対する問答を通じて、さらにその機微を詳しく明かす段である。

ただし、本書には実は第三段の問答の部分は存在しない。また、第二段においても、六塵（色塵・声塵・香塵・味塵・触塵・法塵。六境ともいう。眼識・耳識・鼻識・舌識・身識の五感の識と意識の対象）に文字があることに関し、色塵の説明のみで終わっているし、それだけでなく、『声字実相義』の根本命題を表わす頌（「声字実相頌」と私は呼ぶ。本書、一四三頁参照）の中の第四句、「法身は是れ実相なり」の句の説明もない。そのように、いかにも途中で終了している感のあるものとなっている。このことについては、色塵の説明において六塵の説明にもなっており、実相についてはしばしば触れられているので問題ない、問答も本書中に見られるので、なくても特に問題とはならない等、種々の解釈がある。しかし形式上は、先に述べた三つの科段に十全に対応したものとはなっていないことは事実である。

## 叙意について

以下、第一の叙意である。まず本文を一定のまとまりごとに掲げ、その現代語訳も添え、ついでその分を小分けして解説していくことにする。ここでは、叙意の本文が短いので、その全体を掲げる。

【原文】

初に叙意といっぱ、夫《そ》れ如来の説法は、必ず文字に藉《よ》る。文字の所在は、六塵、其の体なり。六塵の本は、法仏の三密即ち是れなり。平等の三密は法界に遍じて而も常恒なり。五智四身は、十界を具して而も欠くること無し。悟れる者は大覚と号す。迷える者をば衆生と名づく。衆生癡暗にして、自ら覚るに由《よし》無し。如来加持して其の帰趣を示す。帰趣の本、名教に非ざれば立せず。名教の興り、声字に非ざれば成ぜず。声字分明にして而も実相顕わる。

謂《い》わ所《ゆ》る、声字実相といっぱ、即ち是れ法仏平等の三密、衆生本有の曼荼なり。故に大日如来、此の声字実相の義を説いて、彼の衆生長眠《じょうめん》の耳を驚かす。若しは顕、若しは密、或は内、或は外、所有の教法、誰か此の門戸に由らざらん。今、大師の提撕《ていぜい》を馮《たよ》って、此の義を抽出す。後の学者、尤も心を研《みが》き意を遊ばせよまくのみ。大意を叙すること竟《おわ》んぬ。

（『定本』第三巻、三五頁）

【現代語訳】

初めに、叙意（本書が明かそうとすること）については、次のようである。如来の説法は、必ず文字によるものである。その文字のありかとしては、六塵（六境。色・声・香・味・触・法）がその本体となる。その六塵の根本は、法仏の三密（身密・語密・意密）にほかならない。その（三密間・仏と衆生間・自他間で）平等の三密は、法界にゆきわたっていて、しかも常にあり続けているものである。五智（法界体性智・大円鏡智・平等性智・妙観察智・成所作智）、あるいはそれらに見出される四種の仏身（自性身・受用身・変化身・等流身）は、十界（地獄・餓鬼・畜生・修羅・人間・天上・声聞・縁覚・菩薩・仏）をすべて具えていて、欠けることがない。このことを覚った者を大覚（仏）と呼び、解らずにいる者を衆生と名づける。衆生は無明に覆われ何も解らずにいて、自分で覚ることができない。そこで如来は、衆生を想う心から実際に、帰すべき世界とその道を示されるのである。その帰すべき世界および道がどのようなものなのかは、言語に基づく教えでなければ立てることができない。その言語に基づく教えは、声（音）に基づく字（音素。母音・子音）でなければ成り立つこともない。声に基づく字が明瞭であればこそ、衆生が了解すべき真実の世界（実相）も明らかになる。ここに「声・字・実相」の意味がある。

さらに説明すると、声字実相というのは、すなわち法仏平等の三密のことであり、また衆生が本来、有している曼荼羅（四種曼荼羅。法曼荼羅・三昧耶曼荼羅・大曼荼羅・羯磨曼荼羅）のことである。ゆえに大日如来は、この声字実相の意味を説いて、多くの人々が無明のもとに長く眠っているのを目覚めさせるのである。顕教にしても密教にしても、さらには仏教の中であれ仏教以外であれ、あらゆる教えは、この声・字・実相に基づく説法によらないものはない。

今、私（空海）は、大日如来の懇切な教導に基づいて、声字実相の真の意味を引き出してみましょう。後世の学人は、この声字実相のことについて心を磨き、それをじっくり考えなさい。

以上、本書の意図について述べ終わった。

【解説】

**初に叙意といっぱ、夫れ如来の説法は、必ず文字に藉る。**

最初の「叙意」についての説明である。ここには、密教の立場に立った、非常に濃密な内容が提示されている。まさに『声字実相義』は何を説こうとしているのかを、真正面から明かしたものとなっている。

まず、「夫れ如来の説法は、必ず文字に藉る」とある。説法とあるのはもちろん、音声言語による教えの説示を念頭においているはずである。ここで文字とは、第一義的には、母音・子音のことにほかならず、もちろんその組み合わせによって単語や、さらにその組み合わせとしての文章もあるであろう。この音声言語のよりどころは、耳識の対象としての声境（声塵）のはずである。名・句・文は、声境の上の「あや」によるのであり、声境を実法（色法。この色とは広義の物質的な存在のことで、視覚の対象の色とは異なる）とすれば、それらは仮法（心不相応法）である。このことは、『成唯識論』に詳しい説明がある（本書、一五三〜一五五頁参照）。

## 文字の所在は、六塵、其の体なり。

しかしここで、「文字の所在は六塵がその本体である」と展開している。文字（ないし言語）は声塵（音）にのみあるわけではなく、色・声・香・味・触・法の六塵にあるというのである。文字の所在が六塵を体とするということは、六塵がそのまま文字であると言ったわけではない。音において言語が仮立されるように、六塵において言語が仮立される、六塵が言語の機能の基盤となることがあるということである。

実際、ボディランゲージなどと言われることもある。これは視覚の対象で、かついわゆる文字によらずとも、言語活動がありえることを示している。言語を広義に捉えれば、そのように六塵に言語はありえることであろう。このとき、法塵、すなわち意識の対象は、五塵すなわち五感の対象との関係において、どのように見るべきか。名・句・文という心不相応法は、色心に基づいて仮立されたものであり、それは実は意識の対象にならざるをえない。このとき、五塵に基づいて法塵において言語を認識・了解するという構造が基本となる。その意味を含んで「文字の所在は六塵にあり」と言われたと見るのがよいであろう。さらに解釈を展開すれば、多様な理解も可能かと思われる。

ともあれ、『声字実相義』は、この「六塵に文字がある」ことを説くに至って、ここで音声言語およびそれが視覚的に表現されたいわゆる文字に基づく狭義の言語に限ることなく、あらゆる表現に言語を見る広義の言語を論じる立場に立ったと理解すべきことになろう。表現と言えば、その範囲はきわめて多岐にわたる。デザインも音楽も料理も、あらゆるものが表現である。この娑婆世界の国土も、大日如来の三昧耶身と見るのが密教の世界観である。この場合の三昧耶は、やはり象徴であろうか。

一般に記号（サイン）は一つのものが一つの意味しか持たないが、象徴（シンボル）は一つのものが多重的な意味を持つ。後に見るように、密教は言語を象徴としても扱っていく。むしろもっぱら象徴として扱っていく。とすれば、確かに世界そのものが言語そのもののはたらきをなすであろう。

**六塵の本は、法仏の三密即ち是れなり。**

この文字のありかとしての六塵の根本は、「法仏の三密即ち是れなり」とある。三密はいうまでもなく、身密・語密・意密である。では法仏とは何であろうか。仏教では、一般に自性身・受用身・変化身の三身論で仏を見ていく。順に、法身・報身・化身ともいう。一方、空海は自性身・受用身・変化身・等流身の四身論を唱える。三身論を説いた唯識思想によれば、自性身は真如を仏の本体と見たものである。受用身は完成した四智（大円鏡智・平等性智・妙観察智・成所作智）である。変化身は、衆生の五感に描き出された映像としての仏身である。空海の場合、それが一定期間、持続したものが変化身であり、一時的に現われては消えてしまうものが等流身である。ここの法仏を、自性身としたとき、それは密教の場合、唯識思想とは異なって理智不二の真如本覚であろう（法界体性智）。一方、受用身は主に四智として、しかもそこに妙なる色身と国土を実現しているはずであるが、密教の場合、実はそれももとより成就していたのであって、それが修行により開顕されるのであろう。『声字実相義』には、「法然と随縁」ということが説かれるのであるが、そこには、四身（法身・報身・化身・等流身）すべてにおいて「法然」の身・土があるとされている（本書、二〇九頁以下参照）。

一般に法仏は法身仏と理解されるが、空海の場合、それは必ずしも自性身のみとは限らず、自性身と自受用身とが一体となったものであったり、四種の仏身の全体（四種法身）であったりする。ここは三密を発揮している当体のことであるので、ただ平等不二の真如本覚のみではなく、もとより成就している四身のすべてと理解すべきであると私は思う。すくなくとも、自性身と自受用身とが一体となったものと見るべきである。

仏もいわば個人である。誰もがそれぞれ仏になるのであり、誰もがそれぞれ大日如来なのである。その本性である真如（理）は、すべての個人に対して平等無差別である。しかし八識（凡夫）ないし五智（仏）としては、それぞれ個である。また、その仏が住まう国土も、個々にあると言わざるをえない。しかもそれらは相互に浸透し合っている。そのことが可能なのは、国土も心の中の顕現（智慧の影像）であるからである。根本的にこうした構造があることを了解しておくべきである。

そのことを踏まえた時、「法仏の三密」も問題なく理解しうるであろう。この法仏は理としての自性身のみではない、いわば因位における受用身等のことなのである。とすれば、そこに身・語・意の活動があることは言うまでもない。ただしここは、六塵の本について、法仏の三密にあると言っている。たとえば『声字実相義』の後方には、六塵の中の色塵についての、比較的詳しい説明があるが、そこではあくまでも眼識の対象としての色塵の種々について説明されている。香も味等も、多彩にあるであろう。いったいそれらの六塵が、なぜ法仏の三密にあるのであろうか。

六塵の大半（五塵）は感覚対象である。それは、主に身体の姿、音声の言語等の活動としての種々の身密・語密の中に見出されることであろう。その他、仏身の住まう国土にも見出されるべきで、それは身密の中で考えるべきか。それらに対し、分別・判断されたものが法塵であり、これは意密の中に見出されるべきである。小田はこのことについて、「色香味触を身密、声を語密、法を意密」とする一往の説と、「六塵のそれぞれの色を皆な身密、六塵の音を語密、意の縁ずるところを意密」という再往の説を挙げている（小田、一五五頁）。こうして、六塵は三密の中に見出されることになる。三密は六塵だとは言えないかもしれないが、六塵が三密の中にあることは説明可能である。こうして、如来の説法＝文字＝六塵＝法仏の三密という理解を得ることができよう。

なお、以上において、「夫れ如来の説法は、必ず文字に藉る」は声、「文字の所在は、六塵、其の体なり」は字、「六塵の本は、法仏の三密即ち是れなり」は実相の、それぞれ基本を示したものだともいう。あるべき理解であろう。

**平等の三密は法界に遍じて而も常恒なり。**

法仏の世界は、もとより成就しているというのが密教の立場であり、ゆえに常恒であることは言うまでもないことであろう。常恒といっても、詳しく言えば、本体あるものとしてではなく、いわば刹那滅の相続としてである。それが「法界に遍じて」とは、その身・語・意の三密の活動が世界全体にゆきわたっているものであることを示している。こうして、空間的にも時間的にも限られたものではないというのである。

問題は、「平等の三密」の「平等」の意味である。その意味として、第一に、一個の仏の三密の各密の間で平等だ、ということが考えられる。それは、等しく法界体性に基づくものであると同時に、すべてが衆生救済のための活動であるからと言えよう。ボディランゲージの語もあるように、ある意味では身密も語密である。それらの背景には心の働きがあり、身密・語密は意密と一体であろう。そうすると、語密即三密・三密即語密と言えることになる。身密も意密も、他の二つの密と一体であると会通することも、可能であろう。こうして平等なる三密を理解することができる。

第二に、法仏の三密は衆生に本来具わっている三密と変わらないという意味での平等である。たとえば『即身成仏義』には、「法然に薩般若《さはんにゃ》を具足して」（『定本』第三巻、一九頁、二九頁）とある。その「薩般若」（一切智）は三密と言い換えてもよいものであろう。その一切智は、五智・無際智でもある。衆生もすでに無限の智慧を有していて、何らか活動しているのである。

第三に、各法仏の三密が相互に平等であるという意味での平等である。同じく『即身成仏義』には、「一一の尊等に刹塵の三密を具して、互相《たがい》に加入し、彼れ此れ摂持《しょうじ》せり。衆生の三密も亦《ま》復た是の如し」（同前、二五頁）とある。「互相に加入し、彼れ此れ摂持せり」とある以上、諸仏・諸尊のある仏なり菩薩なりの三密はそれぞれ個性を有しながらも、他の諸仏・諸尊の三密を具えているが故に、諸仏・諸尊のそれぞれの三密は総体として平等ということになるであろう。

上掲の文にそのあとの、「衆生の三密も亦復た是の如し」とあるのは、仏の三密と衆生の三密とが変わらないことや、衆生同士において、各自の内なる三密が「互相に加入し、彼れ此れ摂持せり」という点でも変わらないことを読むことができる。衆生は、内にそのような三密を有するとともに、外からも諸仏等の三密の働きかけを受けている。それは常に変わらずそうなのである。つまり、刹那刹那、諸仏・諸尊の加持を受けているのである（無相の加持）。その全体の中に見出される六塵に基づいて、広義の言語活動があるというわけである。『声字実相義』は、実に上述のような三密の世界こそを明かそうとするものなのである。

**五智四身は、十界を具して而も欠くること無し。悟れる者は大覚と号す。迷える者をば衆生と名づく。**

三密は仏智に基づくあらゆる活動のことであるが、その仏の智を、密教では五智として語っている。すなわち、法界体性智・大円鏡智・平等性智・妙観察智・成所作智である。唯識思想では、阿頼耶識が転じて大円鏡智となり、末那識が転じて平等性智となり、意識が転じて妙観察智となり、前五識が転じて成所作智となると説いた。他に清浄法界を加えて仏の内容とするが、この清浄法界は真如のことでもあり、理のみであって智を含まない。密教はそれを智と不可分と見て、法界体性智を唱えるのであろう。ただし、智である以上、その点では個の側面を失うものではない。つまり自性身、法界体性智の世界は、真如（理）の側面において普遍であると同時に、覚智の側面においては個なのであって、そこはもとより普遍にして個（絶対の一にして多個の中の個）という矛盾的自己同一の世界なのであり、それが我々自身のいのちの根源なのである。

その五智は、五仏によって表わされることが多い。それは、善無畏伝と不空伝とで、次のように異なるとされている。今、福田の掲げる説を示すと、次のようである。

善無畏　　不空

地　阿　阿閦　阿　大日

| | | | | |
|---|---|---|---|---|
| 水 | 鑁 | 弥陀 | 嚩 | 不空成就 |
| 火 | 藍 | 宝生 | 囉 | 宝生 |
| 風 | 哈 | 不空成就 | 訶 | 弥陀 |
| 空 | 欠 | 大日 | 佉 | 阿閦 |

（福田、四九頁）

この立場に立つとき、大日如来は五智を含んでおり、その中、特に四智を別開したものが他の四仏となるということであろうか。ただし他の諸仏・諸菩薩が、一つの智のみを有するとは考えられないことであろう。そこで五仏の中、大日如来はもとより、それ以外の他の四仏も五智を具えているが、特に特徴的なはたらきを取り上げて示したのがその四仏であると見るか、そうでなければ、実は五仏で一仏であるということになるであろう。少なくとも一仏は五智を具えており、故に五仏を内容としているとと言えるはずである。

この智慧を内容とする仏を仏身という視点から分類・整理したとき、密教では四身説を立てるのであった。前に述べたように、自性身・受用身・変化身・等流身である。自性身は、唯識思想では真如のみであるが、密教では、前にも触れたように、法界体性智と真如とを自性身としていよう。一方、受用身は、唯識にならえば、大円鏡智・平等性智・妙観察智・成所作智の四智である。ただし密教の場合、それも本来、もとより成就しているのである。一方、変化身や等流身は主に平等性智に基づく成所作智の作用によるものとなる。

これら五智・四身は、もとより成就しているが、縁に応じて仏界以外の九界に迷い出る、あるいはあえて九界に受生するということになる。十界とは、地獄・餓鬼・畜生・修羅・人間・天上・声聞・縁覚・菩薩・仏の十の世界であるが、我々人間も、仏智を具有しているとはよく言われるところである。そこで、「五智四身は、十界を具して而も欠くること無し」と言われるわけである。この読み方では、仏智の中に十界のすべてがあって欠けるものがない、という見方となるが、それはまた、十界のどの世界にも仏智・仏身が存在しているということでもある。ここに、後に出てくる「法然と随縁」の両者があるわけである。

この世界の本来のあり方を、覚った者は「大覚」すなわち仏と呼ばれるのであり、迷える者は衆生と呼ばれる。この衆生は、人間だけを言うものではない。いわば生きとし生ける者をいう言葉であり、地獄の衆生、餓鬼の衆生という言い方も可能である。生死輪廻の中で、地獄・餓鬼・畜生・修羅・人間・天上と、衆多の世界に生まれるので、衆生という。新訳（玄奘訳以降）では、有情《うじょう》である。したがって、衆生は人間だけとは限られないのであるが、のみならず、声聞・縁覚・菩薩も、さらには顕教における仏でさえも衆生であるという。というのは、前の大覚は密教の仏であり、『秘蔵宝鑰《ひぞうほうやく》』等にいう第九住心までの顕教における仏等は大覚ではないとされて、それらをこの衆生の側に読むのである。

**衆生癡暗にして、自ら覚るに由無し。如来加持して其の帰趣を示す。**

衆生がなぜ自らのうちにある仏智等に気づかないのかというと、それは無明《むみょう》がその仏智を覆ってしまっているからである。癡とは、無明のことである。暗は何もわからず見えないでいることをいう。

しかも自分の迷いを自分の力で翻し、覚りを開いていくことはできないでいる。人間は無明・煩悩にまみれていて、自ら自らを開いていくことはできない存在なのである。そこで、如来は衆生に対して説法して、その帰るべき世界を示される。ここの「加持」とは、説法することである。ここではとりわけ、声字実相の法門を説法することであろう。なお、小田は、『大日経疏』第七（大正三九巻、六五七頁中）に、「如来が衆生のために自在神力を以って法爾の声字を加持する」等とあることを紹介している（小田、一五六頁）。

「帰趣」には、帰り趣く道筋の意と、帰るべき世界との二つの意味があるという（小田、一五三頁）。いずれにしても、「声字実相」の法門のことで、この法門によって覚りを得るとも言え、またこの法門がただちに法仏の三密という覚られるべき世界であることを意味するとも解釈できるわけである。こうして「帰趣」にはいわば、修行のあり方（因位）と、仏の世界のあり方（果位）の双方の意味があるというのである。

**帰趣の本、名教に非ざれば立せず。名教の興り、声字に非ざれば成ぜず。声字分明にして実相顕わる。**

「帰趣」には、修行方法と仏果の世界との二つの意味があるということだが、いずれにしても、その真実を教え知らしめるには、言語による表現がなければ成立しない。ここの「本」とは、拠りどころ、といった意味であろう。名は単語、教はその単語等に基づく文章群と取ればよいであろう。こうした言語が成り立つには、音声に基づく母音・子音等（声字）に拠るのでなければならない。その言語表現が明瞭であることによって初めて、その言語が表わす真実の世界＝実相も明らかになるという。

なお、この実相も、一般的・抽象的な真実の姿というよりは、法仏の平等な三密が、空間的にも時間的にも無限であること、五智・四身が十界を具し、あるいは十界に存在していて欠けることがないこと、を指していると受け止められよう。

ここでは、声塵（声境、音）に基づく言語を基本としていて、六塵に広げた広義の言語からは撤退してしまったようである。あくまでも我々娑婆世界の住人に対する如来の説法を主題としているからであろう。他の世界では、声塵以外の五感の対象を拠りどころとした説法もありえると考えられている。もっとも、このことは顕教の世界で言われることであって、むしろ『声字実相義』は、この娑婆世界においても六塵に言語があることを説くのであろうが、ここではまだそこまでは言及せず、いったん、あくまでも「声字」（音声に基づく言語）に即しての説明に帰っているわけである。

**謂わ所る、声字実相といっぱ、即ち是れ法仏平等の三密、衆生本有の曼荼なり。**

こうして、声・字・実相とは、すなわち法仏平等の三密であり、衆生がもとより有している曼荼羅であるという。このすなわち（即）があることによって、声・字・実相が法仏平等の三密に基づくのではなく、ただちに三密であるということにもなる。その際、声・字・実相を声字が表わす実相はと読むなら、如来の説法の核心は法仏平等の三密である、ということになる。その平等の三密は、自己の中の三密間・他の仏と自己の三密間・自己も含めたあらゆる各身の三密間の平等全体を含み、ゆえに、諸仏の三密が「互相に加入し、彼れ此れ摂持せり」している世界にもほかならない。一方、声・字・実相のすべてがすなわち三密であるという時、言語（声・字）とその対象・意味（実相）は三密にほかならないこと、逆に三密はすべて言語とその対象・意味にほかならないことを言っていると解することができる。たとえば、『声字実相義』の中に、声＝語密、字＝意密、実相＝身密とあるので（本書、一三四〜一三七頁）、そのことと受け止めるのもよいかと思われる。

一方、衆生本有の曼荼羅についてであるが、そもそもこの「曼荼羅」とは何のことであろうか。私は、『秘蔵宝鑰』において言われた「四種の曼荼は法体に住して駢填《へんてん》たり」（『定本』第三巻、一一四頁）の曼荼羅ではないかと考える。法曼荼羅・大曼荼羅・三昧耶曼荼羅・羯磨曼荼羅のことである。まず、曼荼羅とは、輪円具足の意であり、ただちに絵図のことではない。先に輪円具足の世界があって、それが曼荼羅であり、それを絵図に表現したものも曼荼羅ではあるが、それはあくまでも実態の写像にすぎない。大曼荼羅は諸仏・諸尊の身相のすべて、法曼荼羅は説法ないし言語のすべて、三昧耶曼荼羅は諸仏・諸尊の持物等の象徴のすべてであるが、それはその背景にある意向のすべてと考えられる。羯磨曼荼羅はそれらのあらゆる活動のことである。そうすると、四種曼荼羅は三密のことにも他ならないわけである。『即身成仏義』にも、「四種曼荼各不離」（同前、一八頁、二四頁）とあるが、何と離れないかについては、法界体性と四種曼荼羅との間と、一箇の仏等における四種曼荼羅間においてと、各身における四種曼荼羅相互においてと、とが考えられる。いずれにせよ、それは法体と離れないのであるから、衆生本有ともなるわけである。要は、仏の三密がもとより衆生に具有せられているのである。

以上でこの文章の理解に問題ないと思われるが、小田はこの語釈において、「衆生の三密が直に三部曼荼羅である意」と言っている（小田、一五三頁）。三部曼荼羅とは、仏部・金剛部・蓮華部の諸仏・諸尊のことで、身密が仏部、語密は蓮華部、意密は金剛部であるという。曼荼羅を諸仏・諸尊の集合というイメージのもとに考えているのであろう。それにしても、「衆生の三密が」と述べていて、「衆生本有の曼荼羅」が衆生の三密であることを前提にしている。もしもこの三部の曼荼羅を大曼荼羅だけで考えているとするとやや不足があり、それに法・三昧耶・羯磨の曼荼羅を加えて受け止めるべきである。

**故に大日如来、此の声字実相の義を説いて、彼の衆生長眠の耳を驚かす。若しは顕、若しは密、或は内、或は外、所有の教法、誰か此の門戸に由らざらん。**

声字実相とは、単に説法のことに関わるのではなく、三密そのものとして、まさに世界の実相、自己の実相を語るものなのである。そこにこそ我々のいのちの真実がある。ところが、衆生は癡暗にしてこのことを自覚することがまったくできないでいる。そこで大日如来は、この声字実相の真意・意義を説いて、無明長夜の闇路に闇路を重ねている衆生に聞かせ、おどろき目覚めさせたもうのである。ここに『秘蔵宝鑰』の「生まれ生まれ生まれ生まれて生の始めに暗く、死に死に死に死んで死の終わりに冥し」(『定本』第三巻、一一三頁)の句がおのずから思い出されよう。

なお、ここでの驚覚の対象、「長眠」の衆生とは、解釈により、六道輪廻の衆生から、声聞・縁覚・菩薩等のいずれかまでをも含むという説まで、多様にありえる。十住心思想によれば、第三住心まで、あるいは第九住心まで等、いろいろありえるが、密教の立場からすれば、第九住心において仏と成った者までも、この「長眠」の衆生に含めるのであろう。

顕は顕教の教え、密は密教の教え、内は仏教内、外は仏教外、であることは問題ないであろう。それらのありとあらゆる教え、これも十住心思想で言えば、第二住心から第十住心までの教えは、すべてこの「門戸」に拠るものであるという。問題は「この門戸」の意味である。このことに小田はまったく触れていない。私の思うに、一つは、人間（衆生）に対するすべての教えは、衆生救済の大悲に基づくものだ、ということである。密教では、外道の教えも大日如来の教えのうちなのである。この理解は、大日如来の大悲の深さを明かそうとしたものである。もう一つは、やはり音声の言語を用いて、という意味である。教えというものは音声に基づく言語によるほかない、というのである。それはまた、特に「声字実相」の法門に依拠して教えを説くことにもほかならない。それこそが、この門戸だとも解される。このことはまた、密教的には仏の自内証の世界である三密の真実を明かすものだということになる。「声字実相の義を説いて」には、「声字実相を駆使して説法する」と「声字実相の真義を説法する」との両義を含んでいるであろう。

**今、大師の提撕を憑って、此の義を抽出す。後の学者、尤も心を研き意を遊ばせよまくのみ。大意を叙すること竟んぬ。**

そこで、大日如来の大悲を仰ぎ尊び、大日如来の説示にしたがって、声字実相の意味を抽出し、ここに説明することにしたい。ここの大師とは大日如来のことという。提撕とは、小田に「懇切に教え導く意」とある（小田、一五四頁）。したがって、大日如来の懇切・浩瀚な教えの中から、声字実相にかかる教えを簡約にまとめて皆さんに供しましょう、というのである。後世の学人は、この『声字実相義』を深く学びその世界に心をかけ、参入してその深秘を味わってほしい、そのことを祈るばかりであると言って、この「叙意」を結んでいる。

学者は、今日の意味のそれではなく、学人、求道者という意味である。空海が、これを深く学べと語った書物は他にあるのであろうか。その意味では、本書には空海の深い思い入れが籠められていることを、真摯に受け止めるべきであろう。

## 釈名について

次に、第二の釈名体義の箇所に入っていく。その中、まずは、釈名についてである。

【原文】

次に釈名体義。此れに亦た二を分かつ。一は釈名、二は出《しゅつ》体義。

初に釈名とは、内外の風気、纔に発《おこ》って必ず響くを、名づけて声《しょう》と曰うなり。響きは必ず声に由る。声は則ち響きの本なり。声発って虚しからず、必ず物の名《みょう》を表すれば、号して字と曰うなり。名は必ず体を招く、之を実相と名づく。声と字と実相と三種区別なれば、義と名づく。

又た、四大相触し、音響必ず応ずるを名づけて声と曰うなり。五音八音七例八転《ごいんはっちん》、皆な悉く声を待って起こる。声の名を詮すること、必ず文字に由る。文字の起こること、本《もと》之れ六塵なり。六塵の文字は、下《しも》に釈するが如し。

(『定本』第三巻、三五〜三六頁)

【現代語訳】

次に、釈名体義の段に入る。ここは、二つの部分に分かれる。第一は、声・字・実相という名の意味を明かし、第二はその内容のあり方を明かす。

最初に、名の意味を明かすことについてである。入る息と出る息、あるいは個体が起こす息と環境が起こす風が起こるやいなや、必ず音響を響かせるのを名づけて声（耳識の対象としての音）というのである。声とは音響の本体である。声が発せられると、それだけでなく、ものの名前を表わすことになるのであり、その音（の音韻屈曲）を字と呼ぶのである。その名はその対象を招くことになる。それを実相と名づける。以上のように声と字と実相の区別があるが、その区別を表わすのがそれぞれの義である。

また、四大（地・水・火・風）が触れあって、それに応じて起こる音響を声というのである。五音（宮《きゅう》・商・角・徴《ち》・羽《う》）、八音（鐘・磬・琴・笛・壎・鼓・柷敔・笙）、サンスクリットの七つの格変化、八つの格変化、それらすべては、声（音）があって初めて起こるものである。その声（音）が名を表わすとすると、それは音そのものによるのでなく必ず字（母音・子音）による。その文字の起こることは、声塵においてだけとは限らない。本来、六塵においてあることである。この六塵に見出される文字のことは、後に説明するところに任せたい。

【解説】

**次に釈名体義。此れに亦た二を分かつ。一は釈名、二は出体義。**

次に、第二の釈名体義である。それは、釈名と体義とに分かれる。前に、この釈名体義について、「第二は、声・字・実相の表わすものは何か、およびそれが有する意味はどういうことかを解説する段である」と述べておいた。『声字実相義』は、この体義の段が本論部分という形になっている。

その中、まず釈名である。声・字・実相というそれぞれの名（語）が何を表わしているのかを明かすのである。

**初に釈名とは、内外の風気、纔に発って必ず響くを、名づけて声と曰うなり。響きは必ず声に由る。声は則ち響きの本なり。**

まず、声という名（語）の説明である。「内外の風気」について、小田は「内の風気」とは、呼吸における吸う息、「外の風気」とは吐く息とのことという（小田、一六五頁）。しかし那須は、内より発する息を内、外より入る息を外としている（那須、二一頁）。古来、両様の解釈があったようである（松長、四六頁）。この風気によって、響きが発生する。音を響かせるわけである。声とは耳識の対象のことであり、それは人間の声等のみでなく響く音一般のことを意味する。なお、小田は、「これらの憂陀那（udāna）の内風（入息）が臍に入り、臍にふれて上り、頂・齗《はぐき》・歯・唇《くちびる》・舌・咽・胸の七処にふれて必ず「響」を発するを声という」と説明している（小田、一六八頁）。

また、内を正報つまり身心の個体、外を依報つまり環境と見る説もある。声境は今も述べたように人間や動物等の発する音に限られず、環境における音も含めて、音のすべてを意味しており、この解釈も捨てがたい。そこで、以上の両方（呼・吸と依・正）の意味を受け取っておくのがよいであろう。「響きは必ず声に由る」とあることから、響きと声とを分けて見なければならないとしたら、響きは音（声）の作用、音（声）は響きの体と言うべきか。「声は則ち響きの本なり」とあることからは、確かに音は響きの拠りどころのようである。しかし響きのない音はあるであろうか。事実上は、両者は不離一体であろう。

**声発って虚しからず、必ず物の名を表すれば、号して字と曰うなり。**

次に、字についての説明である。声としての音は、言語活動を発揮する。特に人間のいわゆる声の場合は、往々にして言語を発することになろう。しかし、笑ったり泣いたりわめいたりのときは、音を発してはいるものの、なお必ず物の名を表わすであろうか。そうすると、「必ず」の意味を考え直す必要もある。むしろ物の名を表わすものは必ず母音・子音によることになるのであり、それを字と名づけるということと受け止めるべきであろう。

字はそのように言語の最小の構成単位なのであり、『声字実相義』では、それはすでにここに出ているように名を、さらには句ないし文章をも包摂したものとして言われている場合があり、時に字は言語全般を意味することがあることを理解しておくべきである。

**名は必ず体を招く、之を実相と名づく。**

次に、実相についてである。名はその対象を心に呼び起こす。それが実相というものであるという。

ここでは、言語というものについてのきわめて基本的な説明をしていて、名の指示対象が実相であるという。能詮（シニフィアン）としての名は、意味や概念および指示対象（シニフィエ）を表わす。「そのコップを取って」と言ったとき、コップは特定される。しかし「コップは食器の一部である」などと言ったときは、コップという一般者、概念を意味することになる。ここで「招」かれるとされた「体」とは、おそらく姿・形ある物のみ、個物のみではないであろう。そうなると、ここでの実相はひとまず、諸法実相というときの実相ほど重い意味があるわけではなく、意味や対象全般ということになる。

しかし密教では、如来の説法は音声によるとして、その教えが明かすものは、「法仏平等の三密、衆生本有の曼荼」なのであった。実はそのことを念頭において、実相と呼んだとも考えられる。その場合、この実相は実は三密のことなのだということになる。あるいは、「声・字・実相」の名が三密を招いて（表わして）いると言ったとも考えられる。こちらの場合の実相は、まさに諸法実相の実相のように、真実の体相または真実の相状といった意味になる。

なお、密教においては、名以前の字の地平で、一字が名でありえ、しかも多重的な意味を表わしていることが主張されている。阿字は本不生のほか、菩提心・菩提行・証菩提等を意味するとされるようである。まして名（一字以上の名詞）であれば、そうした実相を表わすことは当然、考えられることであろう。

### 声と字と実相と三種区別なれば、義と名づく。

この声と字と実相とは、別々の意味がある。それらの区別された意味を、義の語は表わしているという。もちろん、単に別々であるだけでなく、それらが組み合わさって、全体としてどのような意味を表わしているかも含んでのことであろう。

**又た、四大相触し、音響必ず応ずるを名づけて声と曰うなり。**

今度は、声（音）の発生を、「四大相触」から説明している。四大とは、地大・水大・火大・風大で、説一切有部ではそれぞれの極微（原子のようなもの）があり、その集合によって色・香・味・触（四塵、四境）が成立するとする。その辺の事情はやや複雑で、以下、深浦正文『倶舎学概論』の説明を引用していこう。「しかるにこの四大には実と仮との区別があって、仮の四大は事の四大ともいい、普通いうところの地・水・火・風のことで、これらは実の四大を所依とし、色・香・味・触の四塵より合成せるものである。これに反し、実の四大は性の四大ともいい、触境に摂められて身根の所取たり、しかして順次に堅・湿・煖・動を以って性とし、よく持・摂・熟・長の用があり、以って色法を成立せしむる所依となるものである。すなわち、地大は堅性にして物を任持する用があり、水大は湿性にして物を摂収する用あり、火大は煖性にして物を成熟する用あり、風大は動性にして物を増長する用がある。かく色法成立の所依となるものであるからこれを能造といい、色法は所造といわれる。……委しくいえば、総ての色法は、堅・湿・煖・動の性たる地・水・火・風の範疇に依る極微の聚集せる色・香・味・触より合成されているということになる。……」（深浦正文『倶舎学概論』、百華苑、一九五一年、三七頁）

なお、ここには、声もまた四大によるとは示されていないが、同書の声境の説明に、個体であれ環境であれ、「四大の撃発《げきはつ》によって発する声」とあるので（同前、四五頁）、結局は、四大が声を発することはあるのであろう。

唯識思想においては、この地大・水大・火大・風大は、極微ではなく、触境に摂せられる堅・湿・煖・動の性質にすぎない。その四大と諸の色法との関係は、前の『倶舎論』の場合と同様になる。本来の四大は能造の四大（実の四大、性の四大）であって、それらの現行（種子から現実の活動に転じること）により諸の色法（所造の色。五境等）の現行も成立するとされ、我々がふつう物質の元素として考えているものは、その所造の色の上に想定したものとなる（深浦、一八八〜一八九頁等参照）。

以上のような事情があるので、ここで、四大が「相触」するというのは、しばらく世間一般の素朴な立場に立って言ったものであろうか。あるいは詳しく言えば、四大によって構成された色法すなわち五根・五境（依報・正報）が成立し、それらに基づいてあると見なされた物質的存在が触れあうことによってそこに音響が必ず発生すると言っていると受け止めれば整合的にはなる。ともあれここは、音響すなわち声塵（声境）は、四大を伴って成立するのであり、音響の本体はその声塵だというのである。ここでは、言語をあくまでも音において考えているわけである。

ここで、仏教の術語である色の語（名）について、説明しておきたい。色には、眼識（視覚）の対象としての色と、物質一般としての色とがある。前者を色境、色塵と呼び、後者は色法と呼ぶことが多い（両者ともに色と呼ぶ場合もあるので、注意が必要である）。色法には、唯識思想によれば、五根と五境と法処所摂色の十一がある。五根（眼根・耳根・鼻根・舌根・身根）は感覚器官であり、それらは眼に見えない微細な色法だとされている。我々がふだん見ている眼玉や耳たぶや鼻腔等は、扶根（扶塵根）と言って、むしろ五境（色・声・香・味・触）に属するものであり、真の根は眼に見えない微細なもので、しかも色法なのだとされている。それを正根（勝義根）という。

そこで、仮に「四大によって構成された色法すなわち五根・五境」が音響を発するとしたら、その場合の五根としては、扶塵根（実は内の五境）が念頭に置かれるということになろう。要は身体のことである。

いずれにしても、ここは要するに、声とは音響のことであると言っているわけである。

ちなみに、後に四大（能造）と色法（所造）の関係が『瑜伽師地論』の引用によって解説される（『定本』第三巻、四三〜四五頁。本書、二三三〜二五二頁）が、それは実はこの一文に関連しての説明であると見ると解りやすいように思われる。

**五音八音七例八転、皆な悉く声を待って起こる。声の名を詮すること、必ず文字に由る。**

五音以下は、音楽の音階や種々の音色、およびサンスクリット語文法に言うところのものであり、音にも種々の差別・変化があることを挙げている。そうした中、名（単語等）として言語を構成する場合、それらは単なる音によるのではなく、音が母音・子音となったものによって初めて成立するという。つまり音（声）と母音・子音等（文）とを分けて見ていくということである。その母音・子音が生まれうるには、音に種々のパターンがあるからであろう。ここは、どこまでも音声言語を中心に考え、また言語を耳識（聴覚）の対象ではない、心不相応法として意識の対象となると考えていることとがうかがわれる。

さて、最初に出た「五音」は、宮《きゅう》・商・角・徴《ち》・羽《う》の五音であるという解釈が普通である。ただし小田は、アイウエオの五音であるとも言っている。この場合は、母音の根本的なもののことということになろう（小田、一六五頁）。

「八音」は、小田に、「金（鐘）・石（磬《けい》）・糸《し》（琴瑟《きんしつ》）・竹（簫《しょう》・笛）・匏《ほう》（笙《しょう》）・土《ど》（壎《けん》）・革《かく》（鼓《こ》）・木《もく》（柷《しゅく》）の八種の音曲」とある（同前）。五音・八音ともども、そういう種々の違いはあるが、それらはいまだ声境（音）の例で、文もしくは字の前の段階のものというべきであろう。

「七例」とは、次の八転の中から、呼声（呼格の語）を除いたものという。ここはサンスクリットの文法に沿ったもののことになる。その「八転」とは、名詞等の八つにわたる格（Case）変化のことで、八転声ともいう。それは、次のようである。意味は簡略なもので、尽くしたものではない。

体声＝体格、主格、Nominative　～は、～が、
業声＝作業格、対格、目的格、Accusative　～を、～（場所）に、
具声＝具格、Instrumental　～によって、～とともに
為声＝為格、与格、Dative　～に、～のために、
従声＝従格、奪格、Ablative　～から、
属声＝属格、所有格、Genitive　～の、～には、
於声＝於格、処格　Locative　～で、～において、

呼声＝呼格、Vocative　　　　　　～よ、

サンスクリット語では助詞を用いず、名詞等の語尾の変化で格を表わすのである。格のみでなく、性（Gender）は男性（masculine）・女性（feminine）・中性（neuter）、数（Number）は単数（singular）・両数（dual）・複数（plural）においても変化する。

以上、「五音・八音・七例・八転」は、少なくとも後半の七例・八転は主にサンスクリット語文法による多様な音素や複雑に変化する単語のことを意味している。こちらのほうは、すでに文字となった音を前提としているであろう。そうすると、音楽等の種々の音も、言語の世界も、すべて音に基づかないものはない。そうした中、言語が成立するのは、必ず文字（母音・子音）によるのだ、と言っているということになろう。ここまでは、まったく音声言語が念頭に置かれていよう。

**文字の起こること、本之れ六塵なり。六塵の文字は、下に釈するが如し。**

ところが、その文字つまり母音・子音が起こる根本は、六塵であるという。六塵とは、色・声・香・味・触・法のことで、順に、眼識・耳識・鼻識・舌識・身識・意識の対象である。いったい、どうして、母音・子音の起こりは六塵にあるのであろうか。声塵は、六塵の一つだから、そう言ったままでだと解することもできないわけではないと思われる。しかし一方、『声字実相義』の後方に、確かに「六塵に悉く文字あり」（『定本』第三巻、三八頁）とある。ここは言語を構成するもっとも基本的な要素（字）は、音声の世界のみに限られず、すべての感覚対象及びそれに対する意識の把握にあり

える、というのであろう。それは、五感の世界には多種多彩な「差別」があって、そこに言語を見出しえるから、ということかと思われる。このことについては、本書の後ほどにその説明を見るので（本書、一九二頁等）、そこでまた考えることにしよう。

【原文】

若し六離合釈《りくりがっしゃく》に約せば、声に由って字有り、字は即ち声が字なり。依主《えじゅ》に名を得。若し実相を謂《いわ》まく、声字に由って顕わるれば、則ち声字が実相なり。亦た依主に名を得。

若し声を謂まく、必ず字を有す。声は則ち能有《のうう》、字は則ち所有《しょう》なり。能く字財を有すれば、則ち有《う》財《ざい》に名を得。声字は必ず実相を有す、実相は必ず声字を有す。互相に能所に則ち名を得ること、上の如し。

若し言まく、声の外に字無し、字則ち声なり。持業釈《じごっしゃく》なり。若し言まく、声字の外かに実相無し、声字則ち実相なり。亦た上の如く名づく。此の義は大日経の疏の中に具に説けり。文に臨んで知んぬべし。

若し噵《いわ》まく、声字実相、極めて相い迫近《はくごん》にして避遠《ひおん》なることを得ず。幷《なら》びに隣近《りんごん》に名を得。

若し噵まく、声字は仮にして理に及ばず、実相は幽寂にして名を絶すれば、声字と実相と異なり。声は空響にして詮無し。字は上下長短にして文を為す。声と字と異なれば幷びに相違に名を立つ。

帯数は闕《か》けて無し。

上の如くの五種の名の中に、相違は浅略に約して釈す。持業《じごう》・隣近は深秘に拠って釈す。余の二は二の釈に通ず。

（『定本』第三巻、三六〜三七頁）

【現代語訳】

声字、また声字実相を、もしサンスクリット語文法の六離合釈（複合語の解釈の六つのあり方。六合釈とも言う）に照らして解釈すると、まず、声によって字があり、字は声の字であるとみることができる。この声・字の複合語（声字）のあり方を依主釈という。もしも実相まで射程に入れて解釈すると、実相は声字によって顕われるので、つまり声字の実相ということになる。この理解もまた依主釈である。

もし声（音）に関して、必ず字を有すると見るとしよう。この時、声は能有（持つもの）、字は所有（持たれるもの）である。声は字という財を持つのであるから、この関係は有財釈ということができる。また声字は必ず実相を有し、一方、実相は必ずそれを表わす声字を有している。この両者は互いに有しあうことになるが、その有しあう関係に有財釈の名を得ることになる。

次に、もし声のほかに字はない、字はすなわち声である、と見るとしよう、これは持業釈である。また、もし声字のほかに実相はない、声字はすなわち実相であるというなら、これも持業釈である。このあり方は、『大日経疏』の中に詳しく説かれている。その文章を参照して了解すべきである。

もし声と字、また声字と実相は非常に関係が深くて、疎遠な関係ではありえないと見れば、声字、また声字実相のいずれも隣近釈の関係である。

もし声字は仮の法であって、理（究極の普遍。理性）には及ばない、実相は奥深く寂静であって言語表現を離れているというなら、声字と実相とは異なるものとなる。これは相違釈である。また、声は音響のみでその段階では意味を表わさないが、字は音の上下長短の区別があってそこに「あや」を示している。そう見るときは声と字と異なるので、同じく相違釈の名を得ることになる。

帯数釈は、声字実相の中には無い。

以上、五種の解釈がありえるが、相違釈の理解は、浅略の立場にほかならない。持業釈と隣近釈の理解は、深秘の立場の解釈である。他の二（依主釈と有財釈）は、浅略と深秘の双方に通じるのである。

【解説】

以下、インド古代のサンスクリット語文法における複合語（二語が複合して一語とした語。並列的には、三語以上もある）の解釈方法を明かす六合釈を適用して、この「声・字・実相」の名（語）の間の関係構造についての、多様な解釈の可能性を示していく。初めにその六合釈の概要を述べておこう。

サンスクリット語文法において、名詞複合語を解釈するに、以下の六通りの解釈法がある。

相違釈＝並列複合語　Dvandva
依主釈＝格限定複合語　Tatpuruṣa
持業釈＝同格限定複合語　Karmadhāraya

帯数釈＝数詞限定複合語　Dvigu
有財釈＝所有複合語　Bahuvrīhi
隣近釈＝不変化複合語（副詞的複合語）　Avyayībhāva

複合語が、仮にA＋Bであるとして、
相違釈は、AおよびB、またはAあるいはBと読むべき場合である。

依主釈は、AがBを限定し、かつAとBの間に格関係があることを読むべき場合である。

持業釈は、AがBを修飾する、あるいはAとBとがまさに同格であることを読むべき場合である。

帯数釈は、Aが数詞の場合である。

有財釈は、全体として〜を有するという意味の形容詞になる場合や、その意味で名詞化された場合（〜を有する人など）の複合語である。

隣近釈は、Aは不変化詞、Bは名詞で、全体として副詞として用いられるものである。このとき、Bはその複合語が副詞となるのにふさわしく、目的格・単数・中性の形になる（以上、岩本裕『サンスクリット文法』、山喜房仏書林、一九五六年、を参照した）。


これだけでは解りにくいかもしれないが、概略、以上のようである。この理解をふまえて、以下、本文を読むことにしよう。

**若し六離合釈に約せば、声に由って字有り、字は即ち声が字なり。依主に名を得。若し実相を謂まく、**

**声字に由って顕わるれば、則ち声字が実相なり。亦た依主に名を得。**

声字実相という言葉は、まず声と字が合わさって一つの複合語を形成し、それと実相とが合わさってその全体でまた一つの複合語となっているものであるが、まず、声と字に関して、声による字、声の字と、声と字との間に格関係を読むとき、依主釈によって解したということになる。声字による実相、声字の表わす実相も、同様である。

**若し声を謂まく、必ず字を有す。声は則ち能有、字は則ち所有なり。能く字財を有すれば、則ち有財に名を得。声字は必ず実相を有す、実相は必ず声字を有す。互相に能所に則ち名を得ること、上の如し。**

声は字を有する、字という財を有している、と取ると有財釈だという。また声字は実相を有し、実相は声字を有すると読むのも、有財釈であるという。この説明は、サンスクリット語の古来の文法論上、正しいとは言えないと思われる。声字を有する実相と、声字の複合語を実相の形容詞として読むのはよいかもしれないが、他はいかがであろうか。ともあれ、空海は、有財釈をこのように用いている。

**若し言まく、声の外に字無し、字則ち声なり。持業釈なり。若し言まく、声字の外かに実相無し、声字則ち実相なり。亦た上の如く名づく。**

声字という複合語において、声である字と読み、声と字とは同格であると読めば、持業釈である。

声字と実相の間でも、声字である実相と読めば持業釈である。一般に声字は能詮、実相は所詮であろう。つまりそこにある種の格関係が見られることになる（依主釈）。しかし声字がそのまま実相でもある、声字即実相と読む場合は、密教的なより深い世界観を示唆しているであろう。

**此の義は大日経の疏の中に具に説けり。文に臨んで知んぬべし。**

この持業釈のことについては、『大日経疏』の中に詳しく説いてあるので、それを参照されたいという。小田によれば、同書に持業釈のことは見当たらないが、声字即実相のことは、処々に説いているという（小田、一七三頁）。例として、「復た次に如来の一々の三昧門の声と字と実相とは有仏にもあれ無仏にもあれ、法として是の如くなるが故に、是の故に流せず、即ち是れ如来の本地法身なり」（大正三九巻、六五七頁上）、「且く阿字門の如きは、若しは声、若しは字、挙体不生なり、声字の義即ち全く挙体不生なり」（同、六五七頁中）他が挙げられている。

**若し導まく、声字実相、極めて相い迫近にして避遠なることを得ず。幷びに隣近に名を得。**

次に、声と字、また声字と実相の間で、音と母音・子音とは近く別物でなく、また声字と実相とは能詮と所詮でこれまた別物でもない。こう見るのは、どちらも隣近釈である。ただし、前に見たように、隣近釈は、副詞になるもので、この声・字・実相に適用すべきとは思えない。それこそ漢訳の字相による解釈に過ぎないであろう。そこに密教の融通無礙な言語理解があるのかもしれないが。

**若し導まく、声字は仮にして理に及ばず、実相は幽寂にして名を絶すれば、声字と実相と異なり。声は空響にして詮無し。字は上下長短にして文を為す。声と字と異なれば丼びに相違に名を立つ。**

次に、声字（声に基づく字、つまり音に基づく母音・子音）は、不相応法として仮法であり、実相の世界にある真如・法性等は平等無差別で言語道が断たれている。この立場から見れば、声字と実相とは相違している。また声は音として響きをあげてもそれだけでは言語にならない。そこに上下長短等のあやをとらえて母音・子音（文）として認識する時、言語としての機能を発揮する。このように、声と字（音と母音・子音）とは異なっている。こうして、声字の複合語も、声字実相の複合語も、相違釈において解することができるという。本来の相違釈は、ただ並列の意であるが、並列させるには、違うものであることを言う必要があったのかもしれない。

**帯数は闕けて無し。**

数詞を伴う複合語ではないので、帯数釈によることはないわけである。

**上の如くの五種の名の中に、相違は浅略に約して釈す。持業・隣近は深秘に拠って釈す。余の二は二の釈に通ず。**

以上の中、相違釈の立場は、浅略な立場であるという。持業釈と隣近釈は、深秘の立場だという。その他の、依主釈と有財釈とは、浅略の立場もありえれば、深秘の立場もあるという。声と字の一致（声即字）、声字と実相の一致（声字即実相）の立場、すなわち持業釈による見方こそが、その解釈も一義的ではなさそうであるが、顕教の表面的な理解を超える立場であると言いたいのであろう。隣近釈は、それこそ限りなく持業釈に近い立場と解されていて、持業釈に同じると思われる。

依主釈において、たとえば声による字であっても、そこに体の同一を見れば深秘釈になりうるのであろう。有財釈も、同様である。

なお、声と字とが全同だとすると、字を立てる意味がなくなってしまう。それでは声字実相を説く意味がなくなってしまうであろう。そこで、強いて言えば、声は体、字は相ないし用としてそこに区別と一体性との両面を見ていくことが、やはり求められるであろう。『声字実相義』の「声字実相頌」（と私が呼ぶ頌）の中の「六塵悉文字」の句については、「此の六塵に各の文字の相有り」とある。一方、その「叙意」においては、「文字の所在は、六塵、其の体なり」とある。これらに、体と相の区別を見ることができる。そこでは、声塵が六塵に広げられて語られているが、声塵に限っても、構造的には同じであるに違いない。

また声字と実相とは、声字が現象、法身はいわば実在（法界体性。ただし空性を本性とする）として、矛盾的自己同一的に即であることは間違いない。あるいはこの法身は、三密の活動そのものとして、声字はその三密においてあるがゆえに、声字即実相であることも理解しやすいところである。『声字実相義』の冒頭、「叙意」の初めに、「文字の所在は、六塵、其の体なり。六塵の本は、法仏の三密即ち是れなり」とあった。もちろん、声塵に限っても、構造的には同じであるに違いない。

むしろ声と字との即について、ややすんなりと了解しにくいものもあるが、たとえば唯識説の五位（心王・心所有法・色法・心不相応法・無為法）と唯識ということとの関係において、無為法（真如）

は他の四位（有為法）の本性であり、心不相応法は、色法と心王・心所有法の上の仮立として色・心に帰せられ、その色法は心王・心所有法の相分にほかならない。こうして、唯識とは唯だ心王・心所有法のみということと説明される。そのように、心不相応法は、唯識ということと矛盾せず、それに摂せられることになる。同様に、字（心不相応法）は声（色法の一つ。識もしくは智の相分そのもの）に帰せられるのであって、そこに声即字を読むことができよう。つまり、まったく一つというのでもなく、区別されつつ一つであるということである。なお、説一切有部では心不相応法もそれぞれ常住の実体で、色法とはまったく別のものである。

ともあれ、この段は、一般のサンスクリット語文法からすれば、隣近釈や有財釈の解説は、いくぶんあやしげである。六合釈と言っても、空海独自の解釈と言わなければならないであろう。要は、声と字、また声字と実相が確かに即で結ばれている地平をもけっして見失わない立場が、密教の立場であるということを押さえておけばよいのだと思われるのである。

## 声字実相義の教証について

次に、第二の釈名体義の体義についてである。前の釈名に、「名は必ず体を招く、之を実相と名づく」とあった。声・字・実相という名が招く（明かす）体とは、どのようなものか、その内容を明かしていくのである。その体義を釈するに、まずは「声字実相」の教証（聖教における証拠）を示す箇所がある。次のようである。

【原文】

二に体義を釈するに、又た二あり。初には証を引き、後には之を釈す。

初に証を引くとは、問うて曰く、今、何《いず》れの経に依ってか此の義を成立《じょうりゅう》する。

答う。大日経に拠るに明鑑《みょうかん》有り。彼の経に何《いか》んが説く。其の経に法身の如来、偈頌を説いて曰く、

等正覚《とうしょうがく》の真言の、言《ごん》と名《みょう》と成立《じょうりゅう》との相は、
因陀羅の宗の如くして、諸の義利成就せり。
増加の法句有り、本の名と行と相応す。

問う。此の頌は何の義をか顕わす。

答う。此れに顕密二の意有り。顕の句義とは、疏家《しょけ》の釈の如し。密の義の中に、又た重重の横竪《おうじゅ》の深意《じんい》有り。故に頌の中に喩を引きて、如因陀羅宗、諸義利成就、と説く。因陀羅とは亦た顕密の義を具す。顕の義に云く、帝釈《たいしゃく》の異名なり。諸義利成就とは、天帝自ら声論《しょうろん》を造れり、能く一言に於いて具《つぶさ》に衆義を含ず。故に引きて以って証と為《な》す。世間の智恵すら猶尚《なお》し此の如し。何《いか》に況《いわん》や如来、法に於いて自在なるをや。

若し秘密の釈を作《な》さば、一一の言、一一の名、一一の成立に、各《おのお》の能く無辺の義理を具す。諸仏菩薩、無量の身雲《しんうん》を起こして、三世に常に一一の字義を説くとも、猶尚《なお》し尽くすこと能わず。何に況や凡夫をや。今、且《しばら》く一隅を示すのみ。

頌の初に、等正覚とは、平等法仏の身密是れなり。此れ是の身密、その数無量なり。即身義の中に釈するが如し。此の身密は即ち実相なり。

次に真言とは、則ち是れ声なり。声は則ち語密なり。

次に言名とは、即ち是れ字なり。言に因って名顕わる、名は即ち字なるが故に。

是れ則ち一偈の中に声字実相有りまくのみ。

若し一部の中に約して此の義を顕わさば、且く大日経に就いて釈す。

此の経の中に説く所の諸尊の真言は、即ち是れ声なり。

a（阿）字門等の諸字門及び字輪品《じりんぼん》等は即ち是れ字なり。

無相品《むそうぼん》及び諸尊の相を説く文は、並びに是れ実相なり。

復た次に、一字の中に約して此の義を釈せば、且く梵本の初の阿字は、口を開きて呼ぶ時に阿の声有り、即ち是れ声なり。阿の声、a（阿）の名を呼びて、法身の名字を表わす。即ち是れ声字なり。

法身にa（阿）の義有り、謂わ所る法身とは、諸法本不生《ほんぶしょう》の義、即ち是れ実相なり。

（『定本』第三巻、三七～三八頁）


【現代語訳】

第二に、声・字・実相のそれぞれの内容を説明するにあたって、また二つの部分を設ける。初には、声字実相の教証を引用し、その後には声字実相の内容について説明していく。

初に教証を引用するに関して、問うて言うには、いずれの経典によってこの声字実相の説を証明するのか。答える。『大日経』に明らかな証文がある。では、その経典には、どのように説いているのか。その経典には、法身の如来が、次のような詩（偈頌）を説いている。すなわち、

等正覚者である仏の真実の説法（真言）の中の、言（字）と名と成立（句）とのありようは、帝釈天の言語論に説くところのように、諸の意味と価値を示している。

儀礼によっては、加える真言もあるが、その際には、その本尊の特質に従って加えるべきである。

問う、この詩（頌）は、どんなことを言おうとしたものなのか。

答える。この詩の解釈に、顕教と密教との二つの立場がある。顕教の立場によった場合のこの詩の句の意味は、『大日経疏』の著者、善無畏三蔵の説明のとおりである。密教の立場の理解の中には、また重々にして平等（横）・差別（竪）多彩な深い理解がありえる。その立場をふまえて、この詩の中に、「因陀羅の宗のように、もろもろの意味や価値が示される」と、譬喩を用いて説いたのである。この「因陀羅」にも、また顕・密双方の意味がある。顕教では、帝釈天の別名である。「諸義利成就」とは、帝釈天が自ら『声論』を著しているが、そこに、一字であっても多くの意味を有していると言っている。そこで、密教の立場を明かすために、これを引いてそのことの証しとしたのである。世間の言語に関する見方ですら、このようである。ましてすべての事柄を知り尽くしている如来における

言語は、そのようなものでないはずがないであろう。

もしも秘密の立場で解釈すれば、一々の字、一々の名、一々の句に、それぞれ無辺の意味・意義を具えているのである。その無辺の量であるが、諸仏・諸菩薩が、無数の分身を現わしてそれぞれの分身が三世（過去世・未来世・現在世）に常にその一々の字の意味を説くとして、それでも尽くすことはできないほどである。まして凡夫にそのことができようか。今は、一々の字のみについて言及したが、言語の世界はもっともっと奥深いものである。

また、密教の立場から見れば、前の頌にあった、「等正覚」とは、平等法仏の身密のことである。この身密の数は、無量である。そのことは『即身成仏義』の中に説明しておいたようである。また、この身密が実相である。

次に、真言とあるのは、声のことを意味していて、それは語密のことにもなる。

次に、言名とあったのは、字のことであり、字によって名も成立する。名というものは字によって構成されるものだからである。（成立はその名等の集まりである。）

こうして、この一頌の中に、声・字・実相があったわけで、声字実相の教証となるものである。

もし一書全体において声字実相のことが説かれていることを明かすとするなら、『大日経』を例に説明しよう。この経典の中に説かれている諸尊の真言は、声に相当する。阿字門等の諸字門、および「字輪品」に説かれるところは、字を明かしている。「無相品」および経典中、諸尊の姿を説いている文は、いずれも実相のことを明かしたものである。こうして『大日経』全体の中に、声・字・実相を見ることができる。

また次に、一字の中において声字実相があることを説明すると、たとえばサンスクリット語のアルファベットの最初の阿字は、口を開いて発音する時に阿の声（音）がある。それがすなわち声である。阿の声は阿の名を呼ぶことになる。この名は、法身の名前である。このように声と字が一体となったところ、これが声字である。その法身には阿の意味がある。つまり法身には、諸法は本来、不生であるとの意味がある、このことが実相である。こうして阿という一字に、声・字・実相の三義があるのである。

【解説】

**二に体義を釈するに、又た二あり。初には証を引き、後には之を釈す。**

釈名体義の二番目に、体義を解説するが、それには、二つの部分がある。初には、声字実相の名の教証（仏説の証拠）を掲げ、後にはその声・字・実相の内容について解説する。仏教では、真理の基準として、現量・比量・聖教量の三つが言われるのであった。順に、直接経験、論理的正当性、仏の説法であって、仏が説いたことは真理であるとされた。したがって、ふつう仏説でない論書などは、聖教量すなわち教証にはなりえない。それにはもっぱら経典が用いられる。逆に経典にその文言が存在していれば、その文言の表わす内容は真理とされるのである。

**初に証を引くとは、問うて曰く、今、何れの経に依ってか此の義を成立する。**

**答う。大日経に拠るに明鑑有り。彼の経に何んが説く。其の経に法身の如来、偈頌を説いて曰く、**

**等正覚の真言の、言と名と成立との相は、**
**因陀羅の宗の如くして、諸の義利成就せり。**
**増加の法句有り、本の名と行と相応す。**

教証のことであるが、いったいどの経典にこの義は説かれているのであろうか。それは、『大日経』「具縁品」（大正一八巻、九頁下）に、明らかな証拠となる文章がある。では、そこにどのように説かれているかというと、教主の法身仏である大日如来は、次のような偈頌を説いている。密教経典は、法身の説法なのであった。

その偈頌の一部はここにあるとおりであるが、空海がここで用いるのは上四句二十字のみであって、「増加の〜」の二句十字はここでの論旨に関わるものではない。それなのに、なぜここにその二句をも引いたのかは、真言を誦する時の具体的な方法について述べたもの（その詳細は他にゆずる）なので、何か参考になるであろう、ということであったのかもしれない。ともあれ、今は上の四句、すなわち「等正覚の真言の、言と名と成立との相は、因陀羅の宗の如くして、諸の義利成就せり」を教証として用いるのである。以下、この頌の意旨が明かされていく。

**問う。此の頌は何の義をか顕わす。**
**答う。此れに顕密二の意有り。顕の句義とは、疏家の釈の如し。密の義の中に、又た重重の横竪の深意有り。**

この頌は、顕すなわち浅略の解釈と、密すなわち深秘の解釈と、二通りの解釈がありえる。そのうち、顕の立場での意味は、疏家の釈、つまり『大日経』の注釈書、『大日経疏』の説明にあるようである、という。『大日経疏』は、善無畏の口述を一行が筆記したもので、そこでここにいう疏家とは善無畏のことになる。

では、この頌に対する『大日経疏』の解説は、どのようなものなのであろうか。その本文はこの章末に【参考】として掲げておくので、関心のある方は参照されたい。ここではその所論に基づいて、解説していくこととする。

そこではまず、『大日経』が諸々の真言の相を説く中、「正等覚真言、言名成立相、如因陀羅宗、諸義利成就」とは、如来真言の通相を明かすものだとある。その「通相」とは、およそ真言に共通の本質のことであり、それは、息災《そくさい》・増益《ぞうやく》・調伏《ちょうぶく》・敬愛《けいあい》等の諸法に通用することともいう（小田、一八〇頁）。

次に、「言名成立相」に関して、「阿三迷底哩三迷三昧曳莎呵」（アサンメイチリサンメイサンマエイソワカ。「無等三等三昧耶莎呵」）という真言を例に説明していく。この真言は、「入仏三昧耶の真言」（「三昧耶真言」）と言われ、『大日経』第二「具縁品」、第四「密印品」に見られるもの（大正一八巻、一二頁下、二四頁中）である。『即身成仏義』は、この真言を「重重帝網のごとくなるを即身と名づく」の説明（『定本』第三巻、二八～二九頁）に用いていた。

「言名成立相」の「言」とは一々の字のことであり、「三昧耶真言」の場合そのどの一字も入法界門の意味を表わしているという。たとえば、「阿三迷者と言うが如きは、阿字は是れ無生門、娑字は是れ無諦門、麼字は是れ大空門なり」という。

「言名成立相」の「名」とはその字の集まったものであり、阿は無の名、三迷は等の名であって、合わせて無等という名にもなるという。

こうした名を多く集めて一つの意味を表わすにいたったものが、「言名成立相」の「成立」であることが説明されている。

また、名が集まって句を構成し、その句を多く集めて、たとえば一偈がなる。「諸行は無常なり、是れ生滅の法なり、生滅も滅し已りて、寂滅を楽と為す」とあるのは、句の集まりであるわけで、これも「成立」である。

おそらく、以上が顕の浅略の立場の解釈であろう。それは「多字釈一」、つまり複数の字から成る単語や文章に基づいて、その意味を一義的に受け止める立場である。

空海がここで、「顕の句義とは、疏家の釈の如し」といったのは、『大日経疏』の以上の説明を参照せよというのであろう。ここには、一名、一句はもちろん、一字にも多くの意味があるとはまだ説かれてはいない。


**故に頌の中に喩を引きて、如因陀羅宗、諸義利成就、と説く。因陀羅とは亦た顕密の義を具す。顕の義に云く、帝釈の異名なり。**

この「故に」とは、密の立場では、重々横竪の深意があるので、ということになろう。そこで『大日経』は、「因陀羅の宗の如くして、諸の義利成就せり」と、因陀羅宗のことを譬喩として持ち出しているのだというのである。空海はこの句に関して、まず因陀羅には、顕・密双方の意味があるという。顕の立場では、『大日経疏』も説くように、因陀羅は、インドラ（Indra）のことで、帝釈天の別名である。宗とは、次の文に「声論を造れり」とあるが、その『声論』すなわちサンスクリット語の文法書のような書物の思想的立場ということであろう。

では、因陀羅の密の立場での解釈はどうなのであろうか。ここにはそのことは示されていない。しかし、因・陀・羅おのおのに無辺の意味があり、また因陀羅の一名に無辺の意味があり、よって因陀羅は帝釈天にして仏でもあり菩薩でもあり縁覚でもあり、等々、多彩な解釈がありえるであろう。

**諸義利成就とは、天帝自ら声論を造れり、能く一言に於いて具に衆義を含ず。故に引きて以って証と為す。世間の智恵すら猶尚し此の如し。何に況や如来、法に於いて自在なるをや。**

「諸義利成就」について、前の『大日経疏』では、如来の真言は、「一一の言（字）に於いて、皆な具に能く一切の義利を成就す。一一の名中、亦た具に能く一切の義利を成就す。一一の成立相の中、亦た具に能く一切の義利を成就す」等とあって、名や句のみでなく文（母音・子音）の一つひとつにおいても、すべてつぶさに一切の義利を成就すると言っている。こうして、因陀羅の文法書という、いわば世間の言語においてすら、一字に多義を含むということが言われている。まして言語に関して自在な能力を有している如来の説法が、そうでないことはありえようか、というのである。そうすると、上述の浅略の立場の一義的な解釈は超えられなければならないことになる。義利は、義理のことでよいであろう。利の意味を軽視せず取るなら、意味として理解されて人を利するものということでいかがであろうか。

**若し秘密の釈を作さば、一一の言、一一の名、一一の成立に、各の能く無辺の義理を具す。諸仏菩薩、無量の身雲を起こして、三世に常に一一の字義を説くとも、猶尚し尽くすこと能わず。何に況や凡夫をや。今、且く一隅を示すのみ。**

このことは、すでに上に述べた。『大日経疏』の「諸義利成就」の説明の立場そのものである。その一字等が表わす意味の無辺さについて空海は、諸仏菩薩が一々の字の意味について、三世に常に説いても説き尽くせない、まして凡夫が説けるものではない、と補っている。こうして、今の「疏家の釈」は、密の立場なのであろう。

以上の言語観は、空海の『金剛頂経開題』にも示され、『秘蔵宝鑰』にも説かれている。それらの説は、参考までに、次のようである。

一字を言と曰い、二字を名と曰う。多字は成立、亦たは句と名づくるなり。

（『金剛頂経開題』、『定本』第四巻、七五頁）

真言教法は一一の声字、一一の言名、一一の句義、一一の成立に、各《おのおの》の無辺の義を具せり。劫を歴《ふ》とも窮尽し難し。

（『秘蔵宝鑰』、『定本』第三巻、一七四頁）

ちなみに、『大日経疏』にはこのあと、たとえば阿は本不生であるが故に、息災、増益、降伏、摂召、成弁等一切の用があり、つまりそれらの意味がある、と説明している。他の字も、名も句も、同様なのである。真言とはこのような言語なのである。この密の立場での解釈は、「一字釈多」、つまり母音・子音（子音＋母音）の一つひとつに多くの意味があることを読み込む立場である。「多字釈一」を句義釈といい、この「一字釈多」を字義釈というとのことである（小田、一七九頁）。したがって、顕の句義とは、文章に基づき一義的な意味を読む立場ということである。一方、密の立場の、しかも重々の横竪の深意とは、どうも横は一字ずつのその意味、竪はその一字がいくつか集まって単語になった時のその意味、さらには句ないし文章となった時のその意味ということらしい。空海は言語の世界では、単に一字に多くの意味があるというだけでなく、横竪重々の、いわば無限に多彩な意味があると言うわけである。

**頌の初に、等正覚とは、平等法仏の身密是れなり。此れ是の身密、その数無量なり。即身義の中に釈するが如し。此の身密は即ち実相なり。**

空海はさらに、密の立場、つまり字義釈に基づいて、もう一度この四句二十字の前半、「等正覚の真言の、言と名と成立との相は」に関して、独特の解釈を施していく。

この句の初の「等正覚」とは、仏の十号の一つで、如来というのとも変わらない。覚りそのものより、仏・如来ということである。ただし、空海はこれを「平等法仏の身密是れなり」と示している。仏に三密があることは言うまでもないことであろう。法仏と言うとき、それは本来的な仏であり、衆生にひそむ仏でもあるのである。すでにもとより成就している仏には、一切智が具有されている（法然に薩般若を具足して）。そうであれば三密を発揮していることは言うまでもないであろう。その中に、身密もあるであろう。

さらに、平等とあるのは、法仏の本体は法界体性で平等無差別であることと、各法仏間で平等ということと、衆生との間で平等ということ等が考えられる。諸仏諸尊のみでなく、衆生のおのおのにも法仏がいるのである。いずれにしても、その各法仏の三密の中の特に身密を、等正覚に読むというのである。その身密の内容は、個体（正報）の活動と環境（依報）の活動の双方に見出されるべきである。

この身密が無量であるということは、すでに今の説明からも知られるであろう。個々にあってその数が無量ということと、そのことのみでなく、それらの三密は「互相に加入し、彼れ此れ摂持」しているのであるから、自の身密に他者の身密を擁していることにもなる。さらに、各法仏は、四種曼荼羅を有しているはずで、そこに大曼荼羅すなわち身の無量なる輪円具足を有しているはずである。こうして、「此れ是の身密、その数無量なり」ということにもなるわけである。

このことは、『即身成仏義』に説かれているという。小田は、『即身成仏義』の「……是の如く等の身、縦横重重にして鏡中の影像と灯火の渉入との如し、彼の身即ち是れ此の身、此の身即ち是れ彼の身、仏身即ち是れ衆生の身、衆生の身即ち是れ仏身なり。不同にして同、不異にして異なり」の箇所を挙げている（小田、一八六頁）。ちなみに、この箇所は、「重重帝網のごとくなるを即身と名づく」の箇所に対する解説の中に出て来る「阿三迷底哩三迷三昧曳莎呵」の真言につながる箇所の文（『定本』第三巻、二八頁）である。

この身密は、実相であるという。この実相は、真実の姿であるということでよいであろう。『即身成仏義』には、「是の如くの六大の法界体性所成の身は、無障無礙にして、互相に渉入し相応せり。常住不変にして、同じく実際に住す。故に頌に、六大無礙常瑜伽、と曰う。解して曰く、無礙とは渉入自在の義なり。常とは不動、不壊等の義なり。瑜伽とは翻じて相応と云う。相応渉入は即ち是れ即の義なり」(同前、二三〜二四頁)ともあった。ここに、その実相の内容があると思われる。

**次に真言とは、則ち是れ声なり。声は則ち語密なり。**

次に、「等正覚の真言の、言と名と成立との相は」の、「真言」は、声すなわち音に拠るものであるという。もちろん、音にとどまらず、字・名等として成立しているであろう。しかし、この後に、言・名・成立が出てくるので、音にとどめて区別したものと思われる。とはいえ、この声すなわち音響について、語密であるという。だとすれば、それはやはり、法仏の説法のすべて、言語活動のすべてを意味するはずである。その言語活動も、前にならって、その数、無量であろう。

**次に言名とは、即ち是れ字なり。言に因って名顕わる、名は即ち字なるが故に。**

次に、「等正覚の真言の、言と名と成立との相は」の、言と名についての説明である。ここの言とは、字(母音・子音)のことである。それが時に一字において、またはいくつか組み合わさって、名が成立する。そこが、「言(字)に因って名顕わる」である。とすれば、名は字(言)なしにありえず、その意味で名は即ち字である。そうだとして、初めの「言名とは、即ち是れ字なり」とは、「言名とは、即ち是れ字に基づくものなり」と読むか、そのまま「言に基づく名は字を構成要素としている」と読むか、であろう。

**是れ則ち一偈の中に声字実相有りまくのみ。**

こうして、「等正覚の真言の、言と名と成立との相は」の中に、等正覚＝実相、真言＝声、言・名・成立＝字と、声字実相が謳いこまれていると説明している。

なお、等正覚＝身密、真言＝語密ともされるのであった。実際のところ、真言は字（文）・名・句によって構成されていようが、ここで真言と分けて説かれた言・名・成立には、当然、意密を読みたいところである。意味を表す言語は、その意味は発語者の心に基づくものであり、それを伝えようとしているであろう。とすれば、言・名・成立＝意密と言って差し支えないことになる。こう見た時、真言は語密、言・名・成立は意密として、すみわけができることになる。その意密もまた、前にならって、その数、無量であろう。

このとき、声・字・実相は、実は三密を表わしているのだ、ということになる。身密＝実相とは、まさに姿・形（相）に関わる真実のあり方であろう。この実相は、ある意味で限定的である。一方、声字実相＝三密はまさに我々の世界全体（諸法）の真実のあり方を明かしているであろう。故に声（語密）・字（意密）・実相（身密）＝実相（三密）なのである。

**若し一部の中に約して此の義を顕わさば、且く大日経に就いて釈す。**

**此の経の中に説く所の諸尊の真言は、即ち是れ声なり。a（阿）字門等の諸字門及び字輪品等は即ち是れ字なり。無相品及び諸尊の相を説く文は、並びに是れ実相なり。**

前には一偈の中に声字実相が具わっていることを見た。ここでは一偈のみならず、文章の集合体としての一書全体にも、一義的でない、多重の意味がありえ、あるいはそこに声字実相の意味があることを述べる。それを『大日経』に基づいて説明すると、そのいくつもの品（「具縁品」、「普通真言蔵品」、「密印品」、「秘密八印品」、「嘱累品」等）に説かれる諸尊の真言は声に相当する。これは、語密とも言えようか。次に「具縁品」に説かれている阿字等の三十四字の説明や、「字輪品」、「布字品」、「百字成就持誦品」等における諸字の説明は字である。これには、字の組み合わせの名や句、文等も含むであろう。前の説明に照らせば、意密に相当する。さらに、「無相品」の説および各品の中で諸仏諸尊のお姿を説く文は、実相を表わしている。無相も一つの相ともいえるが、密教では無相は無相不具で、具せざる相は無いということでもあるらしい。いずれにせよ諸仏諸尊の相と実相とは、相の語において通じ合うことを見るのであろう、身密に相当すると思われる。

こうして、『大日経』全体においても、声・字・実相が説かれているのである。またこのことは、すなわち三密が説かれていると見ることができる。その三密が実相だと見るべきなのである。

**復た次に、一字の中に約して此の義を釈せば、且く梵本の初の阿字は、口を開きて呼ぶ時に阿の声有り、即ち是れ声なり。阿の声、a（阿）の名を呼びて、法身の名字を表わす。即ち是れ声字なり。法**

**身にa（阿）の義有り、謂わ所る法身とは、諸法本不生の義、即ち是れ実相なり。**

今度は、一字の上に声・字・実相を見るという。ここの「梵本」とは、サンスクリット語のアルファベットの根本と言う意味である。その阿字において、阿と発音するときは、そこに声（音）がある。阿はまた法身のことを表わすので、一字で名ともなっている。一つの母音（声字）が名でもあるのである。法身を表わすとなると、その法身のあり方や意味等をも表わすことになる。法身の意味とは、「諸法本不生」の義である。この本不生のあり方が実相である。こうして、阿の一字に、声と字と実相とが具わっているのである。

こうした解釈は、一字が多重の意味を持つということだけでなく、言語というものの本来の構造・本質を明かすものであろう。

なお、小田が「いま法身を本不生の義といえば顕教の説に似ていると思われようが、真言密教では阿字本不生の上に身語意三密の性相がそなわり、法身に相好説法を認めるので、いま本不生の義であり実相であると説いても、顕教の説と同じではない」（小田、一八九〜一九〇頁）とあるのは重要である。同様に、その少し前に、「三密は浄菩提心である。顕教には無相真如の理とするも、真言密教では浄菩提心の無相を以って直に有相の三密とし、無相に即して有相を見、有相即無相・無相即有相という。大日経は初の住心品に無相の理を説き、第二の具縁品以下に有相の三密の事作法を明かす。この事理有相無相は一法の上の両義であって相離れず、大日経一部一品総じて声字則実相の義を説くのである」（小田、一八八頁）と説いている。銘記すべきことである。

【参考】

復次経中、自説諸真言相。初偈云、正等覚真言、言名成立相、如因陀羅宗、諸義利成就者、此明如来真言通相也。今但約最初三昧耶真言説之、言謂一一字、皆是一種入法界門。如言阿三迷者、阿字是無生門、娑字是無諦門、麼字是大空門也。名謂此一一字門、共成一名。阿名為無、三迷名為等。若更合之、即是無等也。成立為籍此衆名、始終共成一義。如初句云無等、次云三等、次云三昧耶、共相成立。即是無等三平等三昧耶也。

復次如以多名、共成一句。所謂諸行無常等。乃至綜此多句、共為一偈、然後義円。即是諸行無常、是生滅法、生滅滅已、寂滅為楽等、皆是真言所成立相。余皆放此。

如因陀羅宗者、因陀羅是天帝釈異名。帝釈自造声論、能於一言具含衆義、故引以為証。世間智慧猶尚如此、何況如来於法自在耶。

諸義利成就者、謂如来真言、於一一言、皆具能成就一切義利。一一名中、亦具能成就一切義利。一一成立相中、亦具能成就一切義利。且挙三昧耶真言、最初阿字、以本不生義故、即有息災用。以本不生故、一切功徳具足無欠、即有増益用。以本不生故、無量過失殄滅無余、即有降伏用。更無一法出此本不生者、即有摂召用。如是本不生中、無所有功、即能成弁一切諸事。

如阿字者、余一一字亦如是。如一一字者、一一名句及成立相、皆亦如是。是故当知、即此真言中、具足一切功用也。已説真言通相竟。

（大正三九巻、六四九頁下〜六五〇頁上）

## 声字実相の体義を釈す

体義を説明するに際し、その最初に、「又た二あり。初には証を引き、後には之を釈す」とあった。その中、証を引く（教証）の部分が終わり、次にまさにその体義を解説する部分に入っていく。事実上、ここからが『声字実相義』の本論編と言って差し支えないであろう。

【原文】

已に経証を聞きつ。請う、其の体義を釈せよ。頌に曰く、

五大に皆な響き有り、十界に言語を具す、
六塵に悉く文字あり、法身は是れ実相なり。

釈して曰く、頌の文を四つに分かつ。初の一句は、声の体を竭《つ》くす。次の頌は、真妄の文字を極む。三は、内外《ないげ》の文字を尽くす。四は、実相を窮む。

初に、五大と謂うは、一は地大、二は水大、三は火大、四は風大、五は空大なり。此の五大に顕密の二義を具す。顕の五大とは、常の釈の如し。密の五大とは、五字五仏及び海会《かいえ》の諸尊是れなり。五大の義とは、即身義の中に釈するが如し。

**此の内外の五大に、悉く声響《しょうこう》を具す。一切の音声《おんじょう》、五大を離れず。五大は即ち是れ声の本体なり。音響《おんこう》は則ち用《ゆう》なり。故に五大皆有響と曰う。**

（『定本』第三巻、三八〜三九頁）

【現代語訳】

すでに経典に声字実相の語についての証拠があることを聞いた。では、それぞれは何を意味しているのか、説明していただきたい。

では、そうしよう。まず、その要点を頌（詩）にまとめてある。次のようである。


五大（地大・水大・火大・風大・空大）にはみな音響がある。

十界（地獄・餓鬼・畜生・修羅・人間・天上・声聞・縁覚・菩薩・仏）には言語が具わっている。

六塵（色・声・香・味・触・法）にはことごとく文字がある。

法身が実相である。


この頌の意味するところを説明していこう。この頌の文は、四つに分かれる。

最初の一句は、声（音）の本体を究めたものである。

次の句は、真・妄の文字（言語）を明かしたものである。

第三句は、内（個体）・外（環境）の文字についてすべて挙げたものである。

第四句は、実相について最終的に明かしたものである。

初句に、五大というのは、一は地大、二は水大、三は火大、四は風大、五は空大である。この五大には、顕・密双方の意味がある。顕教にいう五大とは、通常、説かれているところのようである。密教にいう五大とは、五字（阿・嚩・囉・訶・佉）のことでもあり、その五字が現わす五仏（大日如来・阿閦如来・宝生如来・阿弥陀如来・不空成就如来）および無数の諸仏・諸尊である。また、五大の意味については、『即身成仏義』に説明しているようである。

この内外（個体と環境）の五大のすべてに音響がありえる。逆に一切の音響は五大を離れない。とすれば、五大が声の本体（体）である。音響というのは、その声の作用（用）である。したがって、「五大には皆な音響がある」と言ったのである。

【解説】

**已に経証を聞きつ。請う、其の体義を釈せよ。頌に曰く、**

**五大に皆な響き有り、十界に言語を具す、**

**六塵に悉く文字あり、法身は是れ実相なり。**

体義、すなわち声字実相の名が表わすものの内容・意味についてこれから解説していく。その初めに、『声字実相義』の根本命題となる頌が置かれている。私はこれを「声字実相頌」と呼ぶことにする。

最初の五大とは、地大・水大・火大・風大・空大のことである。十界は、地獄・餓鬼・畜生・修羅・人間・天上・声聞・縁覚・菩薩・仏の十の世界のことである。六塵は、色塵・声塵・香塵・味塵・触塵・法塵という、六識の対象（六境）のことである。この頌の各句の意味はこの後、説明されていくが、その前に、この四句それぞれの意義が、次のように示されている。

**釈して曰く、頌の文を四つに分かつ。初の一句は、声の体を竭くす。次の頌は、真妄の文字を極む。三は、内外の文字を尽くす。四は、実相を窮む。**

すなわち、第一句「五大に皆な響き有り」は、声（音）の本体をすべて明かしたものである。第二句「十界に言語を具す」は、真実の言葉か、虚妄の言葉かを見究めるものである。第三句「六塵に悉く文字あり」は、内（正報）・外（依報）の言語のすべてを挙げたものである。第四句「法身は是れ実相なり」は、実相とは何かを究明したものである。

ここで文字が二回出てくるが、それは声の地平から、その「あや」に基づいて言語を構成する母音・子音になったものを指す。ただしその組み合わせで名や句等ができるのであって、それらも含むと見るとき、文字（字）は言語のすべてを代表していると見てよいであろう。

ここでも、声・字・実相を四句において説明していることがわかる。第一句は声、第二句・第三句は文字（言語）、第四句は実相について明かしたものである。なお、第三句は、六塵を説くことによって、文字のことよりも世界の実相へと主題を移していると見るべきとも言いえる。以下、各句の意味等が説明されていく。

**初に、五大と謂うは、一は地大、二は水大、三は火大、四は風大、五は空大なり。此の五大に顕密の**

**二義を具す。顕の五大とは、常の釈の如し。**

まず、第一句「五大に皆な響き有り」の五大とは、地大・水大・火大・風大・空大である。この理解に、顕教と密教とで違いがあり、その両者の意味がある。その中、顕教において五大は何かについては、説一切有部と大乗唯識とで、けっこう異なっている。このことについては前に見たが（一一〇〜一一一頁）、説一切有部では、本当の四大は極微《ごくみ》（原子）からなっていて、順に、堅・煖・湿・動の性質を有し、それらが色・香・味・触の四境（四塵）を構成する。このとき、空大は五境の構成要素ではない。それらが存在しうる空間のことであろう。一方、唯識思想によれば、空大を除く四大は四境の性質を構成する要素であって、説一切有部と同じく順に、堅・煖・湿・動の性質を意味するが、極微等の内実のあるものではない。そういった細かい議論があるが、どうも『声字実相義』で五大とか四大とかと言っているものは、いわゆるふつうの地・水・火・風・空の物質（仮の四大等）を意味するものを考えているようである。それらは、本当の四大（ないし五大）による五塵（五境）の上に、さらにそれぞれ仮構されたものなのである。

いずれにせよ、この第一句は、「声の体を竭くす」ものであった。そうであれば、響きをあげる声塵の体は、五大である、ということを言っているのであろう。しかし、たとえば唯識思想に立った場合、実の五大（堅・湿・煖・動等）そのものに音の作用＝響きがあるとはとうてい思えない。結局、その五大で構成される五境の上に考えられた物が発する声（音）のすべてに響きがある（五大所造の色法の声境に皆な響き有り）という意味に受け取るのがもっとも整合的であろうが、声境が最終的に五大によって造られると言えるのかも、実は微妙なのが実情である。

ともあれ、この第一句の限り、あくまでも聴覚の対象の声塵（声境）をめぐっての議論であることには留意しておくべきである。

**密の五大とは、五字五仏及び海会の諸尊是れなり。五大の義とは、即身義の中に釈するが如し。**

一方、この五大を密教の立場でいうと、実は五字であり五仏であり、さらには曼荼羅を構成している無数の諸仏諸尊であるという。この中、五字とは、五大を表わす、阿（a）・嚩（va）・囉（ra）・訶（ha）・佉（kha）のことで、その五字は五仏を意味するともされている。この五字と五仏との対応関係については、善無畏の説と不空の説とがあり、順序が異なっている。

善無畏伝
地大＝阿＝阿閦仏《あしゅくぶつ》＝東
水大＝嚩＝弥陀仏＝西
火大＝囉＝宝生仏《ほうしょうぶつ》＝南
風大＝訶＝不空成就仏＝北
空大＝佉＝大日如来＝中央

不空伝
地大＝阿＝大日如来＝中央
水大＝嚩＝不空成就仏＝北
火大＝囉＝宝生仏＝南
風大＝訶＝弥陀仏＝西
空大＝佉＝阿閦仏＝東　（小田、一九八頁、二〇一〜二〇二頁）

こうして、五大＝五字＝五仏という理解に基づき、要は五大＝五仏なのだというのである。なお、五仏の名称として、胎蔵曼荼羅では大日・宝幢・開敷華・無量寿・天鼓雷音、金剛界曼荼羅では大日・阿閦・宝生・阿弥陀・不空成就で、両者、名を異にするが、同体であるとされている。

さらに、五仏のみに限られず、多くの諸仏諸尊をも意味しているという。大日如来は、他の四仏を離れては存在しない。四仏だけでなく、他のあらゆる諸仏諸尊を離れても存在しない。大日如来とは、曼荼羅を自己としている存在であるからである。このことは、大日如来のみでなく、すべての個体はそれぞれが曼荼羅全体なのである。そのことを考えれば、五大＝五仏はおのずから曼荼羅の全体を意味するということになるであろう。

なお、五大と五仏の関係は、必ずしもこの一対一対応の見方だけでもない。各仏が五大を内容としているとも考えられ、またその場合の五大とは、『即身成仏義』にいう、「本不生・離言説・自性清浄・不生不滅」といった、法界体性の諸徳性であり、要は法界体性であるとも考えられる。これを能生として、所生には三種世間等が考えられる。しかもこの能所は、発出論的に見るべきでなく、不一不二と見るべきである。そこでは、五大と三種世間（智正覚世間・器世間・衆生世間）を別ものと見るべきではないことになる。このように五大を法界体性のことと見るときは、各尊の曼荼羅のみでなく、三種世間（特に器世間＝国土もそこにある）が含意されていると見ることができよう。

ちなみに、『秘密曼荼羅十住心論』第十・秘密荘厳心の説明の中に、「是の如くの五仏、其の数無量なり。五仏は即ち心王なり、余尊は即ち心数《しんず》なり」（『定本』第二巻、三一〇頁）とある。すなわち、空海においては、心王は五仏のこと、心数（＝心所有法）は、五仏以外の諸仏と諸尊のことなのである。したがって、『即身成仏義』の「即身成仏頌」にある「心数心王刹塵《せつじん》に過ぎたり」（『定本』第三巻、一九頁）の句も、実は心王の五仏と、心数の諸仏諸尊の数が、無量であることを表わしているということになる。このことをふまえて、ここに五大とのみあっても、五仏と五仏以外の諸仏及び諸尊との総体を意味しているという解説は不思議ではない。

いずれにせよ、顕教に説く地大・水大・火大・風大・空大に皆な響きがあるということは、仮の五大以外に考えにくいことであるが、密の五大であればそれらに問題なく響きはあるであろう。

**此の内外の五大に、悉く声響を具す。一切の音声、五大を離れず。五大は即ち是れ声の本体なり。音響は則ち用なり。故に五大皆有響と曰う。**

「此の内外の五大」の内外のとは、どのような意味であろうか。音を出すことは、個体と環境の双方にありえる。声境（音）は、正報としての身・心と、依報としての器世間（物質的環境）の双方にありえるということである。それらを内・外と言ったと見ることは十分、可能である。顕教の立場での五大はそれら双方を構成しており、その個体と環境において音の響きが起こることがある。密教の立場での五大、すなわち五仏を中心とする諸仏諸尊も、それぞれの国土に住んでおり、そこに内・外はある。その国土のことは表面的には現われていないものの、個体は環境に住し、環境を含めて一箇の身であることは当然のことである。唯識思想では、阿頼耶識に有根身《うこんじん》（身体）と器世間（環境）があるのであり、人人唯識（それぞれの人が八識から成り立っている）である。仏は大円鏡智の中に仏の妙色身と仏国土を持つ。

とすると、「此の」に、顕教・密教双方の、という意味を読み、「内・外」に依報と正報とを読むことで、十分、意味が通じることである。あるいはもちろん、「此の」には密教の立場だけを読むということもありであろう。

他に、内外を密教の内及び外（顕教）と読むこともありえるかと思われる。しかし、ここですでに、環境（依報・器世間・外）と個体（正報・身心・内）を読むことによって、以下の説明につながっていくことは事実である。

ともあれ、聴覚の対象としての音声は、上述のような五大を離れたものではない。そこで、五大が音の本体であり、音の響きはその用である。そこで、「五大皆有響」というのだとある。実際には、顕教的には五大（実は四大か）が構成する色法（これは物質的存在全般のこと。視覚の対象のことではない）としての身・土に、声すなわち音響があるということである。密教的には五大すなわち五仏および諸尊とその国土に、声すなわち音響があるということである。


【原文】


次に、十界具言語とは、謂く、十界とは、一は一切仏界、二は一切菩薩界、三は一切縁覚《えんがく》界、四は一切声聞《しょうもん》界、五は一切天界、六は一切人界、七は一切阿修羅界、八は一切傍生界、九は一切餓鬼界、十は一切捺落迦《ならくか》界なり。自外《じげ》の種種の界等は、天鬼及び傍生趣の中に摂し尽くす。花厳《けごん》及び金剛頂理趣釈経に、十界の文有り。

此の十界所有の言語、皆な声に由って起こる。声に長短高下音韻屈曲有り。此れを文と名づく。文は名字に由る。名字は文を待つ。故に諸の訓釈者、文即字と云うは、蓋し其の不離相待を取るのみ。此れ即ち内声《ないしょう》の文字なり。此の文字に且く十の別有り。上の文の十界の差別是れなり。

（『定本』第三巻、三九〜四〇頁）

【現代語訳】

次の第二句に、「十界に言語を具す」とは、その中、十界とは、一は一切の仏界、二は一切の菩薩界、三は一切の縁覚界、四は一切の声聞界、五は一切の天界、六は一切の人界、七は一切の阿修羅界、八は一切の傍生界、九は一切の餓鬼界、十は一切の捺落迦（地獄）界である。このほかの種々の界（天龍、夜叉等の八部衆等の世界）等は、天上・餓鬼および傍生の趣（世界）の中に摂め尽くす。『華厳経』および『金剛頂理趣釈経』に、この十界の文がある。

この十界にある、ありとあらゆる言語は、すべて声（音）によって起こるものである。音に、長短高下の音韻屈曲がある。これを文と名づける。文は名を構成する字に由るものである。逆に名を構成する字は音そのものではなく、その文によるのである。故に諸の仏教論書の注釈者は、文即字と言っているが、それは文と字とが離れることなく相互に結びついているからにほかならない。ここにいう文字とは、すなわち個体が発する文字（母音・子音の音素）のことである。この文字に、およそ十の区別がある。その十とは、前に説いた十界の差別のことである。

【解説】

次に、第二句、「十界に言語を具す」の解説である。

**次に、十界具言語とは、謂く、十界とは、一は一切仏界、二は一切菩薩界、三は一切縁覚界、四は一切声聞界、五は一切天界、六は一切人界、七は一切阿修羅界、八は一切傍生界、九は一切餓鬼界、十は一切捺落迦界なり。自外の種種の界等は、天鬼及び傍生趣の中に摂し尽くす。花厳及び金剛頂理趣釈経に、十界の文有り。**

まず、十界についての説明である。もちろん十界とは、地獄・餓鬼・畜生・修羅・人間・天上・声聞・縁覚・菩薩・仏の十の世界のことである。ここでは、一切のという形容詞がついていることと、説明の順序が仏の方から地獄の方へとなっていることが、特徴的である。捺落迦とは、サンスクリット語の naraka の音写で、地獄のことである。奈落の底というときの奈落は、ここから来ている。

これらよりほかの（自外の）種々の界とは、天・龍・夜叉等の八部衆等の世界を指すのであろう。それらは、天上や餓鬼、また畜生（又は阿修羅）等の世界に収め尽くすという。ともかく、世界はこの十界から成り立っていると見ることは、密教でも同じことなのであろう。

この十界についての文章が、『華厳経』および『金剛頂理趣釈経』にあるという。北尾によると、八十巻『華厳経』の大正一〇巻二〇五頁下が指摘されている（北尾、一六一頁）。福田も、同じ個所を指摘し、多少、その様子を伝えている（福田、五二～五三頁）。松長は、十界は『華厳経』と『理趣釈経』の「いずれにも十界については記されていない」とし、八十巻『華厳経』の上記指摘の箇所は、もと栂尾にあったことを明かしつつ、「ここで記されている十界ではない」としている（松長、八一頁）。確かに『華厳経』のその箇所には、餓鬼がなく、閻羅王界があって、少々異なるが、ほぼ同等のものである。

一方、『金剛頂理趣釈経』、詳しくは、不空訳『大楽金剛不空真実三昧耶経般若波羅蜜多理趣釈』というものの、その巻上に「金剛加持とは、如来の十真如・十法界・十如来地を表わす」（大正一九巻、六〇七頁上）とある文がそれと目されている。確かにこちらは、上記のいわゆる十界のこととは思えない。そこで、種々議論を呼んでいるようである。十真如は、顕教では十地の修行に関わるもので、そこでは、十地の各地に対応して真如に名前が付けられているものがある。十界は、顕教では地獄ないし仏の世界のことであるが、密教から見れば、そのいずれも真如・法界だと言いたいのであれば、これにも矛盾はないであろう。

**此の十界所有の言語、皆な声に由って起こる。声に長短高下音韻屈曲有り。此れを文と名づく。文は名字に由る。名字は文を待つ。故に諸の訓釈者、文即字と云うは、蓋し其の不離相待を取るのみ。**

この十界にあるすべての言語は、みな音声に基づいて起こるものである。その限り、やはりもっぱら音声言語を考えているわけである。しかし音声はただちに言語ではない。その音声に見られる「長短、高下」等の、「音韻屈曲」、いわゆる「あや」に、母音・子音等が見出される。たとえばソプラノでアと言っても、バスでアと言っても、我々は同じくアを聞き取るのであって、それは音声の高低に関わりのないものである（今の高下とは、いわばイントネーションなのであろう）。ゆえに音声そのものが言語を構成するわけではない。その音韻屈曲を、名・句・文の文という。この文は、母音・子音のことである。

文は名字に由るとあるが、音素は単語を構成するものとして考えられるものということであろう。

名字は文を待つとは、当然、単語を構成する音素は、音そのものでなく、その上のあやが母音・子音として共有されているもので、名はそれによって構成されるということである。このように、繰り返すことになるが、ここではあくまでも音声言語を主題として論じられている。

諸の訓釈者であるが、素朴には「文即字」と説く者のことになる。この「文即字」は、『成唯識論』に出るものである。『成唯識論』は、世親《せしん》の『唯識三十頌』に対し、護法《ごほう》・戒賢《かいげん》の立場を正義として他の十大論師の説を巧みに織り込みまとめたものである。名・句・文を心不相応法に見ることは、『瑜伽師地論』等以降、変わらないであろうから、世親の後の十大論師のいずれも、ほぼこの立場に立っていたと思われる。つまり諸の訓釈者とは唯識に言う十大論師でよいと思われるが、絞れば特に正義の立場となる護法・戒賢、およびその立場に準じる者ということになろう。

参考までに、『成唯識論』には、心不相応法である名・句・文について、次のように説いている。

不相応行も、亦た実有に非ず。所以は何ん。得と非得との等《ごと》きは色と心と及び諸の心所との如く体相、得べきものに非ざるをもって、色と心と及び諸の心所とに異にして作用、得べきものに非ず。此れに由って故に知る、定めて実有に非ざるべし、但だ色等の分位に依りてのみ仮立せりということを。……

（『新導本』巻第一、二五～二六頁）

復た如何ぞ知る、色・心等に異にして実の詮表する名・句・文身有りということを。契経に説くが故に。契経に説くが如し、仏は稀有なる名・句・文身を得たまえり、という。

此の経には、色・心等に異にして実の名等有りとは説かず。証と為ること成ぜず。若し名・句・文は声に異にして実に有りといわば、応に色等の如く、実の能詮に非ざるべし。謂く、声が能く名・句・文を生ぜば、此の声は必ず音韻屈曲有りといわば、此れいい能く詮するに足んぬ。何ぞ名等をしも用うる。

若し謂わまく、声が上の音韻屈曲は即ち名・句・文なり、声に異にして実に有りといわば、所見の色が上の形量屈曲も、応に色処に異にして別に実の体有るべし。

若し謂わまく、声が上の音韻屈曲は、絃・管声の如く、能く詮するものに非ずといわば、此れも応に彼れが声の如く、別に名等を生ぜざるべし。

又た誰か説く、彼れは定めて能詮に非ずと。

声としあるいい、若し能く詮すといわば、風・鈴声の等きにも応に詮する用有るべし。此れも応に彼れが別に実の名・句・文身を生ぜずというが如くなるべし。

若し唯だ語声のみ能く名等を生ずといわば、如何が唯だ語のみ能詮なりということを許さざりぬ。

何の理をもってか定めて知る、能詮は即ち語なりということを。

寧ぞ知る、語に異にして別に能詮有りということを。語いい、能詮に異ならずということは、人も天も共に了せり。能詮いい語に異なりと執するは、天愛（愚人）のみなり、余には非ず。

然も語声の分位の差別に依りて而も仮りて名・句・文身を建立す。名は自性を詮す、句は差別を詮す、文は即ち是れ字なり、二が所依と為る。此の三は声に離れて別の体無しと雖も、而も仮と実と異なり、亦た声には即せず。此れに由って法と詞と二の無礙解いい境、差別なること有り。声と名等とは、蘊・処・界に摂むることも、亦た各々異なること有り。

且く此の土に依って名・句・文をば声に依って仮立すと説く。一切を謂わんとには非ず。諸余の仏土には、亦た光明と妙の香と味との等きに依って三を仮立すというが故に。

（『新導本』巻第二、三〜四頁）

ここの議論によって、仏教の言語分析がよく理解されるであろう。その一端は、すでに「第一章 仏教の言語哲学」において解説しておいた。

要は、心不相応法は、実体として存在するのではなく、声の上の仮立であり、さらに、言語としての音声の種々相（分位差別）によって、名・句・文を立てるというものである。この中、名は自性を表わす。つまりあるものが何であるかを表わすものである。句は差別を表わす。すなわち、松は青いというように、主語に対して述語することによって、他から区別されたもの（こと）を表わすものである。文は字である、というのは、母音・子音のことであると言っているもので、あくまでも声において考えられているものである。その母音・子音が名や句を構成するわけで、それらの所依となるわけである。これら名・句・文の三つとも、実法とされる声境とは異なって、心不相応法の仮法なのである。

こうして、五蘊の中では、声は色蘊、字等（名・句・文）は行蘊、十二処の中では、声は声境＝耳根の対象、字等は法境＝意根の対象、十八界の中では、声は声境＝耳根・耳識の対象、字等は法境＝

意根・意識の対象と、それぞれ所属領域が異なることになる。

この中の「文即字」とは、文と字とが不離相待するものだという。音声上のあやがあって母音・子音となり、母音・子音が定められることによってそのあやも限定されるということであろうか。いずれにしても、文と字とは同じものと見てよい。少くともすでに字である以上、そのすべては文である。それは声（音）とは切り離せないが区別されるのである。なお、『成唯識論述記』は、「字とは無改転の義」とし、字は体で文は功能であり、「功能即体」の故に文即字と言ったと説明している（大正四三巻、二八七頁下）。

**此れ即ち内声の文字なり。此の文字に且く十の別有り。上の文の十界の差別是れなり。**

内声とは、環境における音声によるのではない、人間等が意図的に言語として発する音による母音・子音のことである。ないし名・句も含むと見てよいであろう。

十界それぞれの生き物（個体）は、それぞれ音声による言葉を発することがある。そこで、音素の体系も、それぞれの界で異なっていて、それぞれの界に固有の言語があるであろう。ただし、音響は個体（正報）が発するのみでなく、環境（依報）も発することもあるはずで、その可能性も排除すべきではないと思われる。しかしここでは、音そのものではない文字を発するのは、内に限ると見たのであろう。

なお、言語体系の違いは、人間界においても、すでに各国語ごとに異なっている。さらに界ごとに異なっているとは、どのような事態なのか、私には想像すらできないものがある。

【原文】

此の十種の文字の真妄云何《いかん》ぞ。若し竪《しゅ》の浅深に約して釈せば、則ち九界は妄なり。仏界の文字は真実なり。故に経に、真語者・実語者・如語者・不誑《ふおうご》語者・不異語者と云う。此の五種の言、梵には曼荼羅と云う。此の一言の中に、五種の差別を具す。故に龍樹は、秘密語と名づく。此の秘密語を則ち真言と名づくるなり。訳者、五の中の一種の翻を取るのみ。

此の真言は、何物《なにもの》をか詮する。能く諸法の実相を呼びて謬《あやま》らず妄せず。故に真言と名づく。其の真言、云何が諸法の名を呼ぶ。真言無量差別なりと云うと雖も、彼の根源を極むるに大日尊の海印《かいいん》三昧王真言を出でず。彼の真言王、云何ぞ。金剛頂及び大日経に説く所の字輪・字母《じも》等是れなり。彼の字母とは、梵書の阿字等乃至呵《か》字等是れなり。此の阿字等は則ち法身如来の一一の名字密号なり。乃至、天龍鬼等に亦た此の名を具す。名の根本は法身を源と為す。彼れ従り流出《るしゅつ》して稍《よう》く転じて世流布の言と為るのみ。若し実義を知らば則ち真言と名づく。根源を知らざるをば妄語と名づく。妄語は則ち長夜《じょうや》に苦を受く。真言は則ち苦を抜き楽を与う。譬えば薬・毒の迷・悟、損・益不同《やく》なるが如し。

問うて曰く、龍猛《りゅうみょう》所説の五種の言説と今の所説の二種の言説と、如何《いかん》が相摂《そうしょう》するや。答う、相と夢と妄と無始とは妄に属して摂す。如義は則ち真実に属して摂す。

已に真妄の文字を説き竟んぬ。

（『定本』第三巻、四〇～四一頁）

【現代語訳】

この十種の文字が、真か妄かに関しては、どのようであるのか。

それは、もしも縦に浅深の差別があるという立場によって説明すれば、仏界以外の九界の文字は虚妄の言語である。仏界の文字は真実の言語である。このことをふまえて、経（『金剛般若経』）に、「真語者・実語者・如語者・不誑語者・不異語者」と言っている。この五種の語を、梵（サンスクリット語）では曼荼羅という。この曼荼羅という一言の中に、五種の差別を有しているのである。故に龍樹は、それを秘密語と名づけている。この秘密語を、真言と名づけるのである。不空や善無畏三蔵らの訳者は、前の五つの語の中の一つ、たとえば真語のみを取って、その翻訳としている。

この真言（真語、秘密語）は、何ものを表わすのであろうか。

それは、諸法の実相を招き寄せて、たがうことなく、不実なることもない。したがって真言と名づけるのである。

その真言は、ではどのように諸法の名を呼ぶのか。

真言には無量の差別があるが、その根源をつきとめると、大日如来の海印三昧に基づく真言を出るものではない。

では、その真言王とはどんなものなのか。

それは、『金剛頂経』および『大日経』に説かれている字輪・字母にほかならない。この字母とは、サンスクリット語に用いられる阿（a）字等から、ないし呵（ha）字までのことである。この阿字等は、そのまま法身如来の一々の名字密号なのである。さらには天・龍・鬼等もまたこの一字の名を有している。これらの名の根本は、法身を源としているわけである。法身より流出して、ようやく転じて、世間に流布している言語となるのみである。

もしそれぞれの字の実義を知るなら、その言葉は真言と名づけるものとなる。その根源を知らないで用いている場合、妄語と名づける。妄語の中に生きている場合は、長い間、暗い世界にあって苦を受けることになる。真言を了解すれば、その言葉は苦を抜き楽を与えることになる。あたかも、薬か・毒かで、迷うか・悟るかの違いと、損となる・益となるの違いがあるようである。

質問する。龍猛が『釈摩訶衍論』に説く五種の言説（相言説・夢言説・妄執言説・無始言説・如義言説）と、今、説かれた二種の言説（真語・妄語）と、どのような関係になるのか。

答えよう。龍猛が『釈摩訶衍論』に説く五種の言説中の、相言説・夢言説・妄執言説・無始言説は、妄語に摂める。如義言説は、真実語に摂めるのである。

以上で、真・妄の文字について説明し終わった。


【解説】

**此の十種の文字の真妄云何ぞ。若し竪の浅深に約して釈せば、則ち九界は妄なり。仏界の文字は真実なり。故に経に、真語者・実語者・如語者・不誑語者・不異語者と云う。**

では、十界のおのおのにあるという文字すなわち言語に関して、真実の言語か虚妄の言語かという観点から見た時、どのようなことになるのであろうか。

これには、横と竪の両面から見るべきであり、横の立場で言えば、同じ意義を持つものとして並列することになる。このときは、すべてが仏の説法同様、真実の言語だという見方となる。ではそれはどうしてであろうか。空海はそのことを解説していないが、推測するに、それぞれ法界体性に基づくもので、即事而真の意義はあるからかもしれない。あるいは、法身仏は十界に遍く、実はそこに仏の語密もあって、それに着目すれば、すべて平等ということになる。さらに、十界のすべてに真妄共存しているという解釈もある。その場合、天台で仏には性悪があるが修悪はないと見る説も参考になろう。つまり、真の言語は本性的にはあるが、九界では実際には発揮されないという見方である。しかし本性上、十界に真語はあるということになる。しかしながら、空海の密教の場合は、やはり九界においても法仏が実際にも説法していると見ていることであろう。それは、衆生の内から衆生にひそかにはたらきかけている（内熏・性熏）のであろう。

もっとも、ここには竪の見方しか説かれていないので、その見方を学べばよいに違いない。このとき、仏界の文字ないし言語は真実だが、菩薩界以下の各界の文字ないし言語は虚妄であるという。真実と虚妄とをどこで分けるのかは、後に出て来る、「能く諸法の実相を呼びて謬らず妄せず」か否かに見るべきである。すなわち、諸法の実相を正しく表わすものが真実の言葉、そうでないものが虚妄の言葉ということである。そのとき、仏界の言葉しか、その機能を全うしえないという。

このことについて、鳩摩羅什《くまらじゅう》訳の『金剛般若経』に、「如来は是れ真語者なり、実語者なり、如語者なり、不誑語者なり、不異語者なり」とある（大正八巻、五〇頁中）。ここに、如来は、とあることが重要であろう。いずれの語も、つまり如来は真実を語る者であることを意味している。ここに出る真語等についてあえて細かく言えば、真語は真理を語る言葉。他の四語の総体であるともいう。実語は内実を有した言葉、如語は事実と一致した言葉、不誑語は騙さない言葉、不異語はいつでもだれに対しても一貫した言葉、ということでいかがであろうか。以上は、私の勝手な解釈であるが。

**此の五種の言、梵には曼荼羅と云う。此の一言の中に、五種の差別を具す。故に龍樹は、秘密語と名づく。此の秘密語を則ち真言と名づくるなり。訳者、五の中の一種の翻を取るのみ。**

この五種の言葉、すなわち如来の言葉を、サンスクリット語では曼荼羅というのである。曼荼羅という一語の中に、上述の五種の意味すべてを具えている。一語が多様の意味を荷っている。そこで龍樹はこの曼荼羅を秘密語と言っている。これは、『大日経疏』「住心品」に、「真言とは梵に漫怛攞と曰う、即ち是れ真語、如語、不忘、不異の音なり。龍樹の釈論には之を秘密号と謂う。旧訳に呪という、正翻に非ず」（大正三九巻、五七九頁中）とあるのに拠ったものである。龍樹の釈論とは、ここでは『大般若経』の注釈の論書である『大智度論』のことで、その巻三十八に、「復た二種有り、名字の相を知る有り、名字の相を知らざる有り、譬えば軍に密号を立つるに知る者有り、知らざる者有るが如し」（大正二五巻、三三六頁下）とあるものを指すという。この軍の密号にも相当する言葉を、秘密語すなわち真言と名づけるのである。

『大日経疏』では、真言＝漫怛攞＝五種語＝秘密語という順序で説明されていたが、空海はここで、仏界語（如来語）＝五種語＝曼荼羅＝秘密語＝真言という順序で解説している。こうして、真言とは、いわゆる呪文のようなものだけでなく、仏の真の説法を意味するのだというわけである。

「訳者、五の中の一種の翻を取るのみ」とは、小田に拠れば、「この秘密語を真言と云うは、金剛智・不空等の三蔵が五種の中の一種の真語によって名づけた」（小田、二一八頁）の意であるという。

こうして真言とは如来の説法の真語のことにもほかならないということになろう。

なお、『大日経疏』には、漫怛攞とあった。それは、マントラ（mantra）のことである。しかし空海はここで曼荼羅（maṇḍala）と言っている。そこで、この曼荼羅は誤りなのか、後世の誤写なのか、むしろ空海が意図的に曼荼羅としたのかが問題になってくる。『大日経開題』「衆生狂迷」には、かの『大日経疏』の文をそのままに（つまり漫怛攞＝マントラのままに）引用している（『定本』第四巻、二一頁）。しかし一方、『秘密曼荼羅十住心論』では、「真言とは、且く語密に就いて名を得。若し具に梵語に拠らば曼荼羅と名づく。龍猛菩薩は秘密語と名づく。且く語密の真言法教に就いて、法曼荼羅心を顕示せば、……」（『定本』第二巻、三〇八頁）とある。とすれば、真言＝語密＝法曼荼羅のことを念頭においてここに曼荼羅の語を用いたことも十分、考えられよう。特に如来の説法は語密であるとき、それは法曼荼羅にもほかならず、ゆえに曼荼羅であるということも十分できると思われる。

なおこの箇所、『定本』の訓み方は上述のとおりであるが、那須は、「……差別を具するが故に。龍樹は……」と読んでいる（那須、五三頁）。この読み方を取れば、一語に多義を具えたものなので曼荼羅（輪円具足）というと明かしたことになろう。私もこの読み方には賛成である。

**此の真言は、何物をか詮する。能く諸法の実相を呼びて謬らず妄せず。故に真言と名づく。**

この真言とは、この如来の真語ということ、密教の仏の説法のことになるが、それは何を表わしているのであろうか。それは、前にもすでに引いたが、「能く諸法の実相を呼びて謬らず妄せず」であって、諸法の実相ということになる。それが声字実相の実相のことでもある。この実相を別の言い方をすれば、仏の自内証の世界そのもののことである。もちろん実相と言っても、それには、相（現象面）のみでなく、性（本性面）も含んでのことであろう。その実相として、前にはまた、法界体性に基づく三密ないし三種世間のことが言われていた。

**其の真言、云何が諸法の名を呼ぶ。真言無量差別なりと云うと雖も、彼の根源を極むるに大日尊の海印三昧王真言を出でず。**

その説法は、どのように諸法（の実相）を表わすのであろうか。答えとして、説法には多種多彩、無量のものがあるが、その根源を極めれば、大日如来の海印三昧に基づく真言のほかにないという。海印三昧は、華厳思想において、風がすっかりないで、海面が鏡のようになって、宇宙の森羅を映し出している（印せられている）ような三昧を言うものであり、毘盧遮那仏が入っている禅定の世界である。古注（宥快・研心）によると、『大般若経』「第二分三摩地品」に海印三摩地、『華厳経』「賢首品」に海印三昧の語があるという（松長、九三頁）。『守護国界主陀羅尼経』「陀羅尼品」には、「何等をか名づけて海印陀羅尼門と為すや。善男子、大海の水に一切が印現する如く、謂く、四天下の有《あ》所《ゆ》る色相、あるいは衆生の色相、あるいは非衆生の色相、山沢・原阜、樹木・叢林、薬草・百穀、日月・星辰、摩尼・雲電、村営・聚落、城邑・王都、及び諸天男女の宮殿……是の如き等の類の上中下品一切の色相は、大海中において平等に印現す。故に大海を説いて第一印と為す……」（大正一九巻、五三四頁下。福田、五九頁）とあるという。ただし、『華厳五教章』の十玄門では、事事無礙法界のあり方の総称として、同時具足相応門（総門。異体・同体における相入・相即のすべてに通ず。他の九門もすべて具足する）が説かれ、そこに「此は海印三昧に依りて、炳然《へいねん》として同時に顕現して成ず」（大正四五巻、五〇五頁上）とある。これに拠れば、単に万物がそこに映っているというのみならず、事事無礙法界の論理構造のすべてを現わし出しているのが海印三昧なのである。さらに空海は、そこに波が永劫に寄せては返して止まない姿を見ているようである。そこに、果分不可説ではない、果分可説の世界があるのである。王は、その三昧は至高至大の三昧ということで、付したものであろう。要は、密教の教え、言葉は、すべて大日如来の海印三昧に基づくもの以外にない、それに裏づけられているものだというのである。そうであれば真実以外の何ものでもないであろう。

『華厳経』の毘盧遮那仏も、海印三昧に入っている。しかし自らは説法しない。普賢菩薩らに威神力を注いで、説法させるのである。このことも、「果分不可説」の意味の一つであろう。密教は、大日如来の説法であり、海印三昧にある大日如来が自ら説法するのであろう。

なお、次の箇所に真言王と出て来る。あるいは王は、三昧に（三昧王）ではなく、真言に（王真言）付すべきかもしれない。

**彼の真言王、云何ぞ。金剛頂及び大日経に説く所の字輪・字母等是れなり。彼の字母とは、梵書の阿字等乃至呵字等是れなり。此の阿字等は則ち法身如来の一一の名字密号なり。乃至、天龍鬼等に亦た此の名を具す。名の根本は法身を源と為す。**

では、大日如来のすばらしい最高の説法とは、どのようなものであろうか。ここの真言王の王とは、如来の説法の中でも一番中心になるものと受け止めると、以下とのつながりが円滑である。それは、

『瑜伽金剛頂経釈字母品』（大正一八巻、三三八頁中〜三三九頁上）および『大日経』「具縁品」（大正一八巻、一〇頁上〜中）の説や「字輪品」（同前、三〇頁中以下）に説かれている、字輪・字母等であるという。字母とは、サンスクリット語の母音・子音のすべて、字輪はそれらの展開したものである。ちなみに、字母に関して母音（摩多、mātā）は十六字、子音（体文、vyañjana）は三十五字で計五十一字あり、この中、子音の llaṃ を除くと五十字になる。さらに kṣa 字を除くと四十九字になるという。それらは、法身如来の一々、すなわち、個々の諸仏諸尊の象徴としての種字であり、ひいては天・龍・鬼等を表わす字もあるのである。のみならず、その種字としての字がしかも他に多彩な意味を有している。そのように、一字に無辺の意味を荷っているのが、如来の説法を構成するよりどころとしての文字なのである。

小田はここに対し、「法身如来というはその中台の自性法身大日を指し、天龍鬼等とあるは、胎蔵曼荼羅の外部の諸尊をさし、〔その間の〕乃至は、胎蔵曼荼羅の初二三重の諸尊をさす」（小田、二一九頁）と言っている。そうすると、「法身如来の一一の」とは、結局、五仏および海会の諸尊等の一々の、ということになろう。

なお、小田はここに、『吽字義』の、麼字の説明に、「若し麼《ま》字の吾我門に入りぬれば之に諸法を摂すること、一一の法として該《か》ねざること無し。経に云く、我則ち法界なり、我則ち法身なり、我則ち大日如来なり、我則ち金剛薩埵なり、我則ち一切仏なり、我則ち一切菩薩なり、我則ち縁覚なり、我則ち声聞なり、我則ち大自在天なり、我則ち梵天なり、我則ち帝釈なり、乃至、我則ち天龍鬼神八部衆等なり。一切の有情非情、麼字にあらざること無し。是れ則ち一にして能く多なり、小にして大を含ず。故に円融の実義と名づく」(『定本』第三巻、六六〜六七頁)とあることを指摘し、麼字だけでなく、あらゆる字がすべて諸尊の名となると明かしている(小田、二一九頁)。

その上で、「名の根本は法身を源と為す」とある。この法身とは、何のことであろうか。松長は、「これらの名も同じく法身(大日如来)より出ている」(松長、九一頁)という。福田は、「法身大日如来の世界を根源としており」(福田、六二頁)という。北尾は、「この名の根本は、さとりの当体である仏(法身)を源として」(北尾、一六六頁)という。名の根本という名とは、一字が諸仏諸尊の名となっているところ、要は多義的な字のことであろう。それは、大日如来の説法によるのであるから、その根源は法身(大日如来の当体)にあると言ってよいわけである。しかし小田は、「法身如来の五十字門を根本とする」(小田、二一九頁)と言っている。大日如来の説法が基づく字輪・字母に基づいて、名が作られるということを読むべきだというのである。この理解の方が、さらに解りやすいように思われる。

**彼れ従り流出して稍く転じて世流布の言と為るのみ。**

この如来の説法において述べられた文字・名・句が基となって、それが次第に転じて、世間に流布する言語となったのである。小田はここに、法身から諸仏へ、諸仏から梵天へ、梵天が梵語を作ったという展転の次第を述べている(小田、二二〇頁)。

**若し実義を知らば則ち真言と名づく。根源を知らざるをば妄語と名づく。妄語は則ち長夜に苦を受く。**

**真言は則ち苦を抜き楽を与う。譬えば薬・毒の迷・悟、損・益不同なるが如し。**

実義とは、真実でもよいと思われる。密教の説法が大日如来の海印三昧に基づいた、世界の実相を表わす言語であることを知るなら、それが真言であることがわかるであろう。しかし、そのことが知られないで自分たちの立場で適宜用いている言葉は、妄語なのである。言い換えれば、言葉の根源、ひいては現象の根源すなわち「法仏の三密」を明かさない言葉が妄語である。真実を示しえない空しい虚妄な言葉と言ってよいであろう。その妄語に拠るかぎり、解脱を果たせず、長遠に生死輪廻してやまないことになる。妄語に関わって長夜に苦をうける者は、仏界以外の九界の者ということにならざるをえないであろう。大日如来の真実の説法は、衆生に対し、抜苦与楽の作用を及ぼす。それは、薬と毒とには、正気を失うか覚醒をもたらすか、損失を与えるか利益をもたらすかの違いがあるようである。

もっとも、この「譬えば」以下の文には、種々の解釈がある。何が薬で何が毒かについて迷うのと悟るのとの違い、それゆえの損・得の違いという読み方もある。

ここで、真語と妄語の本質的な違いが指摘された。我々が用いる言語の母音・子音等は、もと法身に基づくものであるのかもしれない。しかしそれを用いながら、我々は世俗言語体制によって認識や理解が拘束され、実体的存在を想定してそれにしがみついている。そのあり方を根本的に転開させるために、真実を明かす真語が如来によって我々に説かれるのである。『声字実相義』の最初の方の「叙意」に、「故に大日如来、此の声字実相の義を説いて、彼の衆生長眠の耳を驚かす。若しは顕、若しは密、或は内、或は外、所有の教法、誰か此の門戸に由らざらん」(『定本』第三巻、三五頁)とあったことが想起される。

**問うて曰く、龍猛所説の五種の言説と今の所説の二種の言説と、如何が相摂するや。答う、相と夢と妄と無始とは妄に属して摂す。如義は則ち真実に属して摂す。已に真妄の文字を説き竟んぬ。**

ここで、質問が置かれている。問答の形で、さらに事柄を明らかにしようとするのである。龍猛所説の五種の言説とは、『釈摩訶衍論』巻二の「真如広説段」に出る、「相言説・夢言説・妄執言説・無始言説・如義言説」（大正三二巻、六〇五頁下〜六〇六頁上）のことである。ここは、『弁顕密二教論』にも、それに続く『楞伽経』等の文とともども引用されている（『定本』第三巻、九一〜九二頁）。『釈摩訶衍論』の実際によると、次のようである。まず、前の四種言説についての『楞伽経』の所説の引用である。

楞伽契経《かいぎょう》の中、是の如くの説を作す。大慧よ、相言説とは謂わ所る、色等の諸相に執著して而も生ず。大慧よ、夢言説とは、本と受用せし虚妄の境界を念じ、境界に依って夢む。覚め已って、虚妄《こもう》の境界に依りて、不実にして而も生ずと知る。大慧よ、執著言説とは、本と所聞所作の業を念じて而も生ず。大慧よ、無始言説とは、無始従り来た戯論《このか》に執著して煩悩の種子熏習して而も生ず。

（大正三二巻、六〇五頁下〜六〇六頁上。菩提流支訳『入楞伽経』巻三。大正一六巻、五三〇頁

下～五三一頁上）

経文では、この後、「大慧よ、我の言う、四種言説虚妄執著とは、我已に説き竟れり」とある。次に、如義言説についての、『金剛三昧経』「真性空品」の所説の引用である。

金剛三昧契経の中に是の如くの説を作す。舎利弗の言さく、一切の万法は皆な悉く言文なり。言文の相は、即ち義と為るに非ず。如実の義は、言説すべからず。今、如来、云何が説法したもう。仏の言わく、我が説法とは、汝ら衆生は生に在って説くを以っての故に、不可説と説く。是の故に之を説く。我が所説とは、義語にして文に非ず。衆生の説とは、文語にして義に非ず。義語に非ざる者は、皆な悉く空無なり。空無の言は、義を言うこと無し。義を言わざる者は、皆な是れ妄語なり。如義語とは、実空にして不空なり、空実にして不実なり。二相を離れて中間にも中らず。不中の法は三相を離れたり。処所を見ず。如如如説の故に。

（大正三二巻、六〇六頁上。大正九巻、三七一頁上）

如義語とは、空にして不空のような諸法の実相を表わす言葉のようである。『釈摩訶衍論』は、この『楞伽経』と『金剛三昧経』の二つの説を合わせて五種の言説の説を設定したのであろう。『釈摩訶衍論』はこの後で、次のように言っている。

是の如き五の中、前の四言説は虚妄の説なるが故に真を談ずること能わず。後の一の言説は如実の説なるが故に、真理を談ずることを得。馬鳴《めみょう》菩薩、前の四に拠るが故に是の如くの説を作して、離言説相《りごんせっそう》という。（大正三二巻、六〇六頁上）

ここは、『大乗起信論』が、真如に関して「離言説相」と言っているのは、前の四種言説に基づいて、それを離れていると言ったのだというのである。逆に言えば、如義語である独特の言葉は、真如等についても語りうるのだ、そういう言葉があるのだという含意であろう。

以上で、「十界に言語を具す」の解説が終わった。

『声字実相義』は、「声字実相」の体義を本格的に論じるに当たって、まず、「五大に皆な響き有り、十界に言語を具す、六塵に悉く文字あり、法身は是れ実相なり」の頌（声字実相頌。『定本』第三巻、三八頁）を示すのであった。これに対し、「釈して曰く、頌の文を四つに分かつ。初の一句は、声の体を竭くす。次の頌は、真妄の文字を極む。三は、内外の文字を尽くす。四は、実相を窮む」（同前、三九頁）と説明するのであった。第二句、「十界に言語を具す」の主眼は、「真妄の文字を極む」ことにあったのである。そこでこの段の結びも、「已に真妄の文字を説き竟んぬ」とあるわけである。

## 六塵の言語

ここからは、「声字実相頌」の第三句、「六塵に悉く文字あり」の説明である。従来、声（音響）に基づく文・字ないし名等のみが論じられていたのに対し、ここで急に六塵にそれらがあることが示されている。大日如来の説法では、各字（母音・子音）が多重的な意味を有しているのであり、そのことをふまえて名・句の地平でもそれぞれが無辺の意義を湛えているのであった。そのこと自体が、諸仏諸尊の平等な三密の世界そのものを表現しているのである。しかしこのことはあくまでも声境（声塵）に基づく言語活動においてであった。

それがここでいきなり六塵に言語があると展開されている。これは極めて大きな、軽く考えることはできない立場の変化である。いったいその背景や理路はどのようなものなのであろうか。

名・句・文の言語は、音声においてだけでなく、文字において写されることがある。あるいは手話というものもある。これらは名・句・文が、視覚的に表現されたものであり、そうであれば言語は声塵（声境）に限るということにはならないであろう。さらに名・句・文にとらわれず、絵やジェスチャーで意味を伝達し、授受することもある。これはいわば広義の言語と言ってよいと思われるが、そのような言語もありえるわけである。とすれば、このような意味の表現・伝達等は、他の感覚対象、嗅覚・味覚・触覚においてもありえてよいであろう。その色法としての五境の上に認められた意味の認識は、意識の対象としての法境である。こうして、六塵に悉く文字があることは、おかしいことではないであろう。

おそらくはこうした考え方の背景に、一つは前（本書、一五五頁）に見た『成唯識論』の「文即是字」に続く、次の記述があったと考えられる。

且く此の土に依って名・句・文をば声に依って仮立《けりゅう》すと説く。一切を謂わんとには非ず。諸余の仏土には、亦た光明と妙の香と味との等《ごと》きに依って三を仮立すというが故に。

（『新導本』巻第二、四頁）

人間の娑婆世界は、釈迦牟尼仏の教化の範囲の国土であり、ここでは耳識（及び意識）の対象の言語を用いて説法しあるいは言語を確立する。釈尊の出現以前に、口伝で伝授されたヴェーダやウパニシャッドなどもあったろうから、釈尊が言語を確立したとは言えないであろうが、釈尊の説法は、世間の言語にも大きな影響を与えたことであろう。インドにおいては、実際にはヴェーダが先に有り、そこからさまざまな言語が語られていって、釈尊もその一つを用いて説法したことであろう。しかし密教の立場では、どこまでも大日如来の海印三昧に基づく説法（字母・字輪）が根源的な言語であり、それがもっとも先にあって、やがて世間に流出したのだという立場を取るのであった。

それはともかく、『成唯識論』の教示によれば、人間が住み、釈尊が教化されるこの娑婆世界のみでなく、他方仏土等、宇宙全体を考えた時、言語は必ず耳識（聴覚）の対象である声境においてしかないわけではない。他の仏の国土では、眼識（視覚）、鼻識（嗅覚）や舌識（味覚）の対象等において、名・句・文を仮立することもあるというのである。このことは、五境（五塵）がただちに言語だという立場ではない。五境の各境においても、単語・文章及びその構成要素の「あや」としての文字（すべて心不相応法）が仮立されうるというのである。音に関しては母音・子音が設定されるように、たとえば香なら母香・子香、味なら母味・子味の文字が五十ほどかいくつなのか有限な数で体系的・組織的に設定されうるというのである。そうであってこそ言語なのであって、少なくとも今の『成唯識論』の所説の場合、五感の対象がただちに言語だというわけではないことには留意すべきである。

この世を釈尊の教化対象の国土と見るのは、顕教においてであろう。密教ではこの世は、大日如来の仏国土になる。とすれば、大日如来がこの顕教にいう娑婆世界において、実は六塵において説法しているということはけっして排除できないことになろう。少なくともこの器世間は、如来の象徴、三昧耶身ではある。『即身成仏義』に、「諸の顕教の中には四大等を以っては非情と為す、密教には則ち此れを説いて如来の三昧耶《さんまや》身と為す。四大等、心大を離れず、心色異なりと雖も、その性即ち同なり。……」(『定本』第三巻、二三頁)とあった。

なお、如来の説法は語密が中心と思われるが、語密即三密であれば、身密・意密も言語だということは言えるであろう。

とはいえ、今の『成唯識論』によれば、名・句・文を五感の対象のすべてに見出すとしても、言語である以上、あくまでも仮立のものなのであった。ここに、声と字とを分けて見ていく立場がある。一方、空海は後に、色塵なら色塵の差別が言語だと言っている(本書、一九一頁等参照)。この差別の認識は、五感そのものにはなく、意識にあるもののはずである。そこで、この「声字実相頌」の第三句、「六塵悉文字」の句を示したすぐ後に、「此の六塵に各《おのおの》の文字の相有り」(同前、四一頁)と、「文字の相」があると言っている。そのことからしても、「六塵悉文字」の句は、「六塵は悉く文字なり」と読むべきでなく、「六塵に悉く文字あり」と読むべきである。「六塵は悉く文字なり」と読むべき理由に、同書の初頭に、「文字の所在は、六塵、其の体なり」（同前、三五頁）とあることが挙げられることもあるが、この句も、文字のありかは六塵にあると言っているわけで、文字がただちに六塵であると言っているとは思えない。声が音響の体で、音響は声の用であって、その音響のしかも音韻屈曲に文字があるのであり、その例を六塵に広げているのみと思われる。このことはよく承知しておかなければならないことである。もっとも、空海が言語を見出している「差別」はかなり広いものとなっていて、「弁別特性の束」に基づく有限な文字の体系とはだいぶ異なったものとなっているが。

おそらく「声字実相頌」においては、その主題が第一句・第二句の言語（声字）から、第三句・第四句に至って実相（法身）に移ったと見るべきなのであろう。もしも六塵がそのまま言語だと言うなら、そこでいう言語の意味はふつうの言語の意味とは全然、異なって、たとえば表現一般とも変わらず、あるいはおのおの即事而真というのみであったりすることと思われる。その事態は、道元のいう「而今《にこん》の山水は古仏の道現成《どうげんじょう》なり」（『正法眼蔵』「山水経」）という事情とほとんど変わらないものとなろう。経＝説法＝真理の表現として、現象（五塵ないし六塵）の一つ一つは真理を表現しており、実は実相そのものである、ということは、十分、考えられることである。このときは、もはやそれまでの声字実相の狭義の言語観をはるかに超えて、感覚対象等のすべてに真理を見出していく仕方で、実相を見ていくのであろう。その際、六塵が文字だというなら、その場合は、阿字一つに、声・字・実相の三つが具わっているように、声即字、さらには六塵即字であるから等と会通する必要がある。ただしその場合の六塵の字とは空海の説示によれば、種々の差別が対応することになる。ともあれ仏教の言語哲学によるなら、声と字と実相を分けて見ていく視点を基本とすべきである。そのうえで、空海の言語哲学においては、六塵各境と差別相とその実相とをよく分析すべきである。その中に、声即字、および声字即実相という意味、さらには六塵即差別、六塵の差別即実相の内実を解明すべきであろう。

ともあれ、以下に空海の説くところを拝読していく。

次に、「声字実相頌」第三句、「六塵に悉く文字あり」の解説である。

【原文】

次に内外の文字の相を釈せん。頌の文に、六塵悉文字とは、謂く、六塵とは、一は色塵、二は声塵、三は香塵、四は味塵、五は触塵、六は法塵なり。此の六塵に各の文字の相有り。

初に、色塵の字義差別云何ぞ。頌に曰く、

顕・形《ぎょう》・表等の色、内外《ないげ》の依正《えしょう》に具せり、

法然と随縁とに有り、能迷と亦た能悟となり。

釈して曰く、頌の文を四つに分かつ。初の一句は色の差別を挙げ、次の句は内外の色、互いに依正と為ることを表わす。三には法爾・随縁の二種の所生を顕わす。四には此の種種の色、愚者に於いては毒と為り、智者に於いては薬に為ると説く。

（『定本』第三巻、四一頁）

【現代語訳】

次に、内・外の文字の相について説明しよう。頌の文に、「六塵悉文字」とは、この中、六塵とは、一は色塵、二は声塵、三は香塵、四は味塵、五は触塵、六は法塵である。この六塵に各々、文字の相がある。

では、六塵の中、最初に、色塵の字のあり方とその区別とは、どのようであろうか。それを頌(詩)にまとめて示そう。

顕色(いろ)と形色(かたち)と表色(うごき)等の色(色塵=色境=視覚の対象)は、内・外とされる依報と正報に具わっている。

しかもそれらは、法然の依報・正報と随縁の依報・正報とにある。この文字を知るかどうかで、迷うか悟るかが異なってくる。

この頌について説明しよう。この頌の文全体の意味を、四つに分ける。初の一句は、色塵の差別を挙げたものである。次の第二句は、内外(個体と環境)の色が互いに依(依られるもの)・正(依るもの)となっていることを表わす。次の第三句は、十界には、法爾(本来的に存在するもの)と随縁(無明等の縁に応じて現成しているもの)の、二種の世界があることを明らかにしたものである。最後の第四句は、この法爾と随縁の依報と正報に見られる種々の色境(視覚の対象)は、愚者においては執着をさそう毒であり、智者においては真実に目覚める薬であると説くものである。

【解説】

**次に内外の文字の相を釈せん。頌の文に、六塵悉文字とは、謂く、六塵とは、一は色塵、二は声塵、三は香塵、四は味塵、五は触塵、六は法塵なり。此の六塵に各の文字の相有り。**

「声字実相頌」、すなわち「五大に皆な響き有り、十界に言語を具す、六塵に悉く文字あり、法身は是れ実相なり」について、『声字字相義』は「釈して曰く、頌の文を四つに分かつ。初の一句は、声の体を竭くす。次の頌は、真妄の文字を極む。三は、内外の文字を尽くす。四は、実相を窮む」と明かすのであった（本書、一四一頁参照）。「六塵に悉く文字あり」の句は、「内外の文字を尽くす」ことを言おうとするものなのである。この尽くすに、声境の言語だけでなく、あらゆる感覚対象に基づく言語を網羅するとの意も込められていよう。また、それも「内なる文字」のみでなく、「内外の文字」としている。この内・外は後の論脈から言っても、正報と依報、すなわち個体と環境のことである。こうして、この第三句においては、内のみならず外にも、声境のみならず六境にも、言語があると急展開しているわけである。あたかも、起承転結の転の部分がここから始まるかのようである。

まず、六塵とは何かについて、色・声・香・味・触・法であることが示される。六識の対象の六境であるが、これを六塵と呼ぶことについては、深浦に、「心法の諸縁となって煩悩を起こし、心法を染汚すること塵埃のよう」であるから（深浦、一九三頁）とある。六塵は、凡夫にとっての六境のことなのである。この六塵のそれぞれに、文字の相があるという。六塵の各々に、何らかの長短屈曲等の「あや」があって、それは言語を構成する基本単位（字）になりうるもの（相）があるというのである。その「あや」に相当するものを、空海は差別と言っている。なお、六塵といっても実際には五塵が主体で、そこに仮立された相を捉えたものが法塵であろう。

ではいったい、それはどのようにであろうか。空海は、まず視覚の対象である色塵を取り上げる。

**初に、色塵の字義差別云何ぞ。頌に曰く、**
**顕・形・表等の色、内外の依正に具せり、**
**法然と随縁とに有り、能迷と亦た能悟となり。**

初めに色等の六塵に言語が見出されるべきことへの質問が置かれている。ここに字義差別とあるのは、字相・字義の字義と見る必要はなく、色塵が字の意味を持つ種々のあり方ということと見てよい。色塵の地平と字の地平を分けて考えているのである。

その回答を頌の仕方で示している。ただし、六塵の中、特に色塵にかかる言語のことのみについて、頌でもって表わすのである。(この頌を、私は「色塵文字頌」と呼ぶことにする。)

色境には、顕色(いろ・カラー)・形色(かたち・フォーム)・表色(動作・アクション)の三つがあり、この三つの色は身心の個体(内)にも物質的な環境(外)にも具わっている。

それには、もとより存在しているものと、縁に従って形成されたものがある。さらに、このこと(とりわけ法然の色塵)を知らずに迷う者もいれば、よく了解して悟っている者もいる。

以下、この頌の解説が説かれていく。初めに、各句の意義についてである。

**釈して曰く、頌の文を四つに分かつ。初の一句は色の差別を挙げ、次の句は内外の色、互いに依正と為ることを表わす。三には法爾・随縁の二種の所生を顕わす。四には此の種種の色、愚者に於いては毒と為り、智者に於いては薬に為ると説く。**

次いで、この「色塵文字頌」の四句のそれぞれの意旨が示されている。第一句は、視覚の対象としての色塵（色境）の区別を挙げており、第二句は、内・外の色境が相互に依拠するものと依拠されるものとになることを表わす。第三句は、それらには、法爾の成立と随縁の成立との二種があることを明かし、第四句は、これら法爾と随縁の、依報と正報の、しかも相互に無礙に融通している中にある、顕・形・表の三種の色は、愚者に対しては心を迷わす毒となり、智者に対しては病を治癒し覚醒をもたらす薬となることを説いている。

法爾とは、もとより成立していること、随縁とは、縁に従って成立することであるが、松長は、『金剛頂経開題』に、法爾現証と随縁現証とが説かれている（『定本』第四巻、八一〜八二頁）ことを紹介している（松長、一〇三頁）。それは、あたかも『大乗起信論』に説く、本覚と始覚のようである。

以下、この各句について、さらに詳しく説明されていく。

【原文】

**初の句に、顕・形・表等の色とは、此れに三の別あり。一には顕色、二には形色、三には表色なり。一に顕色とは、五大の色、是れなり。法相家《ほっそうけ》には、四種の色を説いて黒色を立てず。大日経に依ら**

ば、五大の色を立つ。五大の色とは、一は黄色《おうじき》、二は白色《びゃくしき》、三は赤色《しゃくしき》、四は黒色《こくしき》、五は青色《しょうじき》是れなり。五大の色を名づけて顕色と為す。是の五色は即ち是れ五大の色なり。次《つい》での如く配して知れ。

影光明《ようこうみょう》闇雲煙塵霧及び空一顕色《くういつけんじき》を、亦た顕色と名づく。

又た、若し顕了なる眼識の所行を顕色と名づく。此の色に好悪倶異《こうおくい》等の差別を具す。大日経に云く、心は青黄赤白紅紫《ぐし》水精《すいしょう》色に非ず、明に非ず闇に非ず。此は心、顕色に非ずと遮す。

次に、形色とは、謂く、長短粗細正《しょう》不正高下《こうげ》是れなり。又た方円三角半月等是れなり。又た若し色の積集《しゃくじゅう》長短等の分別相是れなり。大日経の疏に云く、心は長に非ず短に非ず、円に非ず方に非ずとは、此れ心、形色に非ずと遮す。

三に表色とは、謂く、取捨屈申行住坐臥是れなり。又た即ち此の積集色の生滅相続すること変異の因に由る。先生《せんじょう》の処に於いて、後、重ねて生ぜずして、異処に転ず。或は無間《むけん》、或は有間《うけん》、或は近《ごん》或は遠《おん》、差別生ず。或は即ち此の処に於いて生ずる是れなり。又たは業用為作《ごうゆういさ》の転動差別なる、是れを表色と名づく。大日経に云く、心非男非女とは、亦た心、表色に非ずと遮す。是れ亦た顕・形色に通ず。

又た云く、云何が自心を知る。謂く、或は顕色、或は形色、若しは色受想行識、若しは我、若しは我所《がしょ》、若しは能執、若しは所執の中に求むるに不可得なりとは、此は顕・形・表色の名を明かす。顕・形は、文の如く知んぬべし。自下は即ち是れ表色なり。取捨業用為作等の故に。

是の如くの一切の顕・形・表色は、是れ眼所行、眼境界、眼識所行、眼識境界、眼識所縁、意識所行、意識境界、意識所縁なり。之を差別と名づく。

是の如くの差別は、即ち是れ文字なり。各各の相、則ち是れ文なり。故に各各の文に則ち各各の名字有り。故に文字と名づく。

此れ是の三種の色の文字に、或は二十種の差別を分かつ。前に謂う所の十界の依正の色の差別なり。

（『定本』第三巻、四一～四三頁）

【現代語訳】

さて、最初の第一句に、「顕・形・表等の色」とあるのは、色塵に三種の別があることをいうものである。三種の別とは、一には顕色（いろ）、二には形色（かたち）、三には表色（うごき）である。

その中、第一に顕色とは、五大の色のことである。顕教の法相家（アビダルマ論師。特に唯識の論師が想定されていよう）では、四種の色（青黄赤白）を説いて、黒色を立てない。しかし『大日経』に依るなら、五大の色を立てている。五大の色とは、一は黄色、二は白色、三は赤色、四は黒色、五は青色である。この五大の色を名づけて、顕色とするのである。この五色は、すなわち五大の色なのであって、前の次第（順序）のように配して、黄＝地大、白＝水大、赤＝火大、黒＝風大、青＝空大と理解しなさい。

なお、影・光・明・闇・雲・煙・塵・霧および空に映る一つの色もまた、顕色と名づける。

また、眼識の明瞭なる対象を顕色と名づける。この色には、好・悪・倶異（好悪のどちらでもない）等の差別を伴う。『大日経』に、「心は、青・黄・赤・白・紅紫・水精色に非ず、明に非ず・闇に非ず」と言っているが、この文は、心は顕色ではないとそれを排除したものである（つまり、ここに記されたものは顕色である）。

第二に、形色とは、長・短・粗・細・正・不正・高・下なるもののことである。また方（四角）・円・三角・半月等も形色である。またもしも色の集まりに長短等の区別の相があるなら、それも形色である。『大日経』（『大日経疏』の疏は誤写か）に、「心は長に非ず・短に非ず、円に非ず・方に非ず」と言っているが、この文は、心は形色ではないとそれを排除したものである（つまり、ここに記されたものは形色である）。

第三に表色とは、取・捨・屈・伸・行・住・坐・臥のことである。またこの色の集まりなるもの（顕色の集まりとしての形色という）が、生滅しつつ相続することは、その変化をもたらす因によるのであり（縁起）、先に生まれた所に、後に重ねて生ずることはなく、異なる所に移って生まれるからである。その際、時間的にあるいは間断なく生じ、あるいは間隔をおいて生じ、空間的にあるいは近くに生じ、あるいは遠くに生じ、さまざまな仕方で生ずる。あるいはまさにここにおいて生ずるのもそうである。またははたらきにおいて何かをなす、そのさまざまな変動があるのも、表色と名づける。『大日経』に、「心は、男に非ず、女に非ず」と言っているが、この文もまた心は表色ではないと、それを排除したものである（つまり、男・女の動作等は表色である）。このように、心は表色でないことは、また顕色・形色でもないことに通じたことである。

また『大日経』「住心品」に、「どのように、自心を知るのか。それは、あるいは顕色、あるいは形色、もしくは色受想行識（五蘊）、もしくは我、もしくは我所（我がもの）、もしくは能執の迷いの心、もしくは所執の諸法の中に求むるに、不可得である」とあるが、この文は顕色・形色・表色の名を明示している。顕色・形色は、経文の通り解るはずである。その語以降は表色のことである。なぜなら、個体の取・捨等のはたらきを実際の動作でなしたものだからである。

このような一切の顕色・形色・表色は、眼根の対象、眼根の境界であり、眼識の対象、眼識の境界、眼識の相分であったり、また意識の対象、意識の境界、意識の相分であったりする。これを差別と名づける。こうした差別が、すなわち文字である。そのおのおのの相は、文（あや）にもほかならない。故におのおのの文に、おのおのの名を構成する字がある。故に文字と名づけるのである。

以上の三種の色の文字に、二十種の差別を分けることがある。というのも、前に述べた十界の、依報・正報の色の差別という点から見れば、二十種の色が言えるからである。

【解説】

**初の句に、顕・形・表等の色とは、此れに三の別あり。一には顕色、二には形色、三には表色なり。**「色塵文字頌」第一句の、「顕・形・表等の色」は、色塵（色境）に三種の区別があることを示している。一には顕色、二には形色、三には表色である。前に簡単に、色彩（カラー）・形状（フォーム）・動作（アクション）としておいたが、それらのさらに詳しい説明がなされていく。それを見る前に、空海のこの三種の色境についての説明は、『瑜伽師地論』の所説に依拠しているので、あらかじめその『瑜伽師地論』の所説を参考までに掲げておく。

彼所縁者、謂、色、有見有対。此復多種、略説有三。謂、顕色、形色、表色。

顕色者、謂、青黄赤白、光影明闇、雲煙塵霧、及空一顕色。

形色者、謂、長短方円、粗細正不正高下色。

表色者、謂、取捨屈伸、行住坐臥、如是等色。

又顕色者、謂、若色、顕了眼識所行。

形色者、謂、若色、積集長短等分別相。

表色者、謂、即此積集色、生滅相続。由変異因、於先生処、不復重生、転於異処。或無間或有間、或近或遠差別生。或即於此処変異生。是名表色。

又顕色者、謂、光明等差別。

形色者、謂、長短等積集差別。

表色者、謂、業用為依、転動差別。

如是一切顕形表色、是眼所行、眼境界、眼識所行、眼識境界、眼識所縁、意識所行、意識境界、意識所縁。名之差別。

又即此色、復有三種。謂若好顕色、若悪顕色、若倶異顕色、似色顕現。


（大正三〇巻、二七九頁中）

『瑜伽師地論』には、このようにあるのである。

**一に顕色とは、五大の色、是れなり。法相家には、四種の色を説いて黒色を立てず。大日経に依らば、**

**五大の色を立つ。五大の色とは、一は黄色、二は白色、三は赤色、四は黒色、五は青色是れなり。五大の色を名づけて顕色と為す。是の五色は即ち是れ五大の色なり。次での如く配して知れ。**

まず、顕色（いろ）についてである。福田は『大日経』「具縁品」に、「潔白なるを最初と為し、赤色を第二と為す。是の如く黄と及び青と、漸次に彰著せよ。一切の内は深き玄にせよ。是を色の先後と謂う」（大正一八巻、九頁上）とあることを、指摘している（福田、七三頁）。北尾は、「『大日経』「持誦法則品」によれば、五種の存在要素の原色というのは、一つには黄色、二つには白色、三つには赤色、四つには黒色、五つには青色である」等とあることを指摘している（北尾、一七五頁）。松長は、大正一八巻の、二〇頁中～二一頁上と、五二頁中の頁数だけ挙げている（松長、一〇四頁）。小田は、「持誦法則品」の五字厳身観《ごんじんかん》の文等と指示している（小田、二二七頁）。それは五大の色で、黄色、白色、赤色、黒色、青色である。順に、地大・水大・火大・風大・空大の色であり、それは五仏の象徴としての色でもある。

ここに法相家は青黄赤白の四色しか説かず、黒は立てないとある。法相家とあるので、法相宗の者と解されることが多いが、法相家とは、主にアビダルマの研究を事とする者のことで、説一切有部の論師も入れてよいのではないかと思われる。『倶舎論』でも、顕色には、青黄赤白を基本としている。もっとも、空海のここの表色も色境に収める説明は、上記『瑜伽師地論』巻一（瑜伽行派＝唯識学派の文献）に基づいたもののようで、その意味では、法相唯識の徒と見てよいのであろう。なお、唯識思想では、青黄赤白の四種は実色であり、その差別によって、次に見る影・光・明・闇・雲・煙・塵・霧・空一顕色を立てるのであって、これらは仮色であるという（深浦、一九六頁）。唯識思想で実色に黒を加えないのは、「由来仏教にては、黒を以て染法の称となし、普通いう黒をば深青と名づけて青の中に摂する」からという（同前、二〇四頁）。小田は、『大日経』「悉地出現品」には、ha（訶）字風大の色を深青色とし黒色としていないのは、しばらく顕教の説に準じたものだと言っている（小田、二二八頁）。しかし経典の説であり、自受法楽の説法で、顕教に準じることはあるのだろうか。

密教で黒を立てるのは、いかにも密教らしいともいえよう。ただし、なぜ黒を立てるのかの説明を、私は諸解説書には見出せなかった。

**影光明闇雲煙塵霧及び空一顕色を、亦た顕色と名づく。**

『瑜伽師地論』巻一には、顕色について、「謂青黄赤白、光影明闇、雲煙塵霧、及空一顕色」とあるのであった。まさにその光影以下を引いたものである。この中、空一顕色とは、空に須弥山《しゅみせん》の色が映って一色を現じたものをいう。須弥山は、東側が白銀、南側が吠瑠璃《べいるり》、西側が頗胝迦《はちきゃ》、北側が黄金からできており、見る方向からその一色が空に映って見える。人間は南の島、閻浮提《えんぶだい》に住んでいるので、ここから空を見ると青色（吠瑠璃の色）に見えるという。

影・光等がいわゆるカラーなのか、よくわからないが、ここに挙げられたものは、いずれも不定形にしてなお無色ではないものである。小田は、五色が本色であるのに対し、これらは末色であるとし、さらに本色は実色だが末色は仮色だと言っている（同書、二二八〜二二九頁）。上記、深浦の解説に準じたものである。

ちなみに、眼識の対象は実色のみ、仮色は意識の対象である。以下の形色・表色も仮色で、それらはすべて意識の対象である。

**又た、若し顕了なる眼識の所行を顕色と名づく。此の色に好悪倶異等の差別を具す。**

ここも、『瑜伽師地論』に、「又顕色者、謂、若色、顕了眼識所行」、「又即此色、復有三種。謂若好顕色、若悪顕色、若倶異顕色、似色顕現」とあったものをまとめて記したものである。色(カラー)は、意識を伴った眼識によって明らかに感覚されるものであり、また好みの色、いやな色、そのどちらでもない色がある。それは、眼識に受の心所有法(感受の心)が常に相応しているからであろう。

**大日経に云く、心は青黄赤白紅紫水精色に非ず、明に非ず闇に非ず。此は心、顕色に非ずと遮す。**

『大日経』「住心品」に、「心は内に在らず、外に在らず、及び両中間にも心は不可得なり。秘密主、如来応正等覚は、青に非ず、黄に非ず、赤に非ず、白に非ず、紅紫に非ず、水精色に非ず、長に非ず、短に非ず、円に非ず、方に非ず、明に非ず、暗に非ず、男に非ず、女に非ず、不男女にも非ざるなり」(大正一八巻、一頁下)とある。この中、青に非ずから水精色に非ずまでと、明に非ず暗に非ずは、心は顕色でないことをいうものだという。逆に言えば、それらが顕色であるということである。なお、紅紫はえんじ色、水精色は水晶の色である。

なお、ここの「心、顕色に非ずと遮す」を「心、顕色に非ずを遮す」と読み、心は顕色であると言っているのだとの読み方もありえるようで、それはなかなか興味深い読み方であるが、少なくとも

『大日経』は心は対象的に規定されるものではないことを言っており、顕色も心だとしても、経典の文意を否定してしまうことはいかがであろうか。いずれにしても、六塵は三密に具わっていることはすでに説かれたことなので、ここはやはり顕色の諸相の例を挙げたものとして引いたと見るのがよいであろう。

**次に、形色とは、謂く、長短粗細正不正高下是れなり。又た方円三角半月等是れなり。又た若し色の積集長短等の分別相是れなり。**

次に形色である。これも、前の『瑜伽師地論』に拠ったものである。『百法論疏』等に拠れば、粗は大きい形、細は小さい形、正は均整の取れた形、不正はゆがんだ形、高下は凸と凹のことと見ればよいであろう（小田、二三〇～二三一頁参照）。ただし、「方円三角半月等」は、五大対応の形を挙げたもので、五輪の塔に代表されよう。方は地大、円は水大、三角は火大、半月は風大である。なお、空大対応の形にはいろいろ議論があるようである。参考までに、小田は「五字厳身観の五字五大等の関係を、『大日経疏』の意によって図示すると、次の如くである」として、次の表を示している。

| | | | | |
|---|---|---|---|---|
| 臍以下 | 地輪 | 黄色 | 正方 | ア |
| 臍上心下 | 水輪 | 白色 | 円形 | ヴァ |
| 心上咽下 | 火輪 | 赤色 | 三角 | ラ |
| 咽上頂下 | 風輪 | 黒色 | 半月 | ハ |

頂上　空輪　青色　団形　カ　（小田、七五頁）

いずれにしても、要は、さまざまな形である。色の積集とは、顕色の集まりのことである。

**大日経の疏に云く、心は長に非ず短に非ず、円に非ず方に非ずとは、此れ心、形色に非ずと遮す。**

ここも、前に引いた箇所を参照されたい。「疏に云く」の疏は、いわば誤植のようである。前の『大日経』の文でよい。この文も、むしろ形色とはどういうものかを明かしているわけである。

**三に表色とは、謂く、取捨屈申行住坐臥是れなり。又た即ち此の積集色の生滅相続すること変異の因に由る。先生の処に於いて、後、重ねて生ぜずして、異処に転ず。或は無間、或は有間、或は近或は遠、差別生ず。或は即ち此の処に於いて生ずる是れなり。又たは業用為作の転動差別なる、是れを表色と名づく。**

ここも、前の『瑜伽師地論』に拠っている。身体の種々の動作や物質的環境の相続・変化における、種々の色（カラー）の集まり（形色）の変化をいうものである。取捨屈伸等は、身表業（個体の姿の変化）であろうが、「此の積集色の生滅相続」は身表業のみならず、環境世界の刹那滅の相続・変化をも含むものと私は見たい。そこに変化が生じるのは、何らかその因があるわけで、縁起によることである。変化は、時間的にも空間的にも多様でありえる。そこにおける種々色に関しての差別の認識が表色である。

なお、業用為作の業用は、思業のことという。心所有法の思の働きによって、身業・語業も展開する、その展開における種々色に関しての差別の認識が表色である。参考までに、ここの積集色は、表色を指すと小田は言っている（同書、二三三頁）。『瑜伽師地論』の所説に戻って解釈すべきであるが、私はむしろ、顕色及び形色の集まりという理解であるべきと考える。行為は形の変化と見ることができる。もちろん、形色は、顕色無しにはありえないものである。

**大日経に云く、心非男非女とは、亦た心、表色に非ずと遮す。是れ亦た顕・形色に通ず。**

ここは、前の引用にあったもので、その趣旨は前と同様である。男女に非ずが表色に非ずを意味するとは、それを男女の取捨屈伸等に非ずということと受け止めるからである。一方、男女には顕色・形色もあるので、結局、男女に非ずとは、顕色・形色・表色の三種の色に非ずということを意味することになる。

**又た云く、云何が自心を知る。謂く、或は顕色、或は形色、若しは色受想行識、若しは我、若しは我所、若しは能執、若しは所執の中に求むるに不可得なりとは、此は顕・形・表色の名を明かす。顕・形は、文の如く知んぬべし。自下は即ち是れ表色なり。取捨業用為作等の故に。**

ここでは、『大日経』の前の引用に続けてある、次の箇所を引用して、顕色・形色・表色の語の証明としている。「秘密主、云何自知心。謂、若分段、或顕色、或形色、或境界、若色若受想行識、若我若我所、若能執若所執、若清浄、若界若処、乃至一切分段中、求不可得。」（大正一八巻、一頁下）

ここで、色受想行識の五蘊以下は、表色だと言っている。経典の意は、視覚の対象としての色境のみでなく、五蘊・十二処・十八界のいずれにも心は不可得であるということではないだろうか。ここに表色がないとは言えないが、このすべては三種の色のみと見るのはやや強引な解釈でもあるかと思われる。

**是の如くの一切の顕・形・表色は、是れ眼所行、眼境界、眼識所行、眼識境界、眼識所縁、意識所行、意識境界、意識所縁なり。之を差別と名づく。**

ここも、前の『瑜伽師地論』の句そのものである。もう一度、掲げて見よう。「如是一切顕形表色、是眼所行、眼境界、眼識所行、眼識境界、眼識所縁、意識所行、意識境界、意識所縁。名之差別。」最後の、差別とは、何であろうか。顕・形・表の差別であろうか。眼識と意識の対象に種々の差別があると言うのであろうか。

ともあれ、前にも言うように、顕色の実色は意識を伴う眼識の対象であるが、それ以外の顕色と形色・表色はすべて意識の対象である。長いとか短いとか、行くとかとどまるとか等々の認識は、意識の上のことであり、煙や霧等の把握もまた、意識の対象である。

**是の如くの差別は、即ち是れ文字なり。各各の相、則ち是れ文なり。故に各各の文に則ち各各の名字有り。故に文字と名づく。**

この一文が、空海の言語論の急所になる。上述の種々の差別のおのおのは、色境そのものではなく、色境の相における「あや」(文)であって、それは字の機能を持つというのである。字は名・句等を構成するものであるから、名字ともいえる。こうして、視覚の対象の色境における種々の差別は「あや」でもあり、すなわち文＝字であるということになった。声境においてのみでなく、色境においても、そういうしかたで言語を見出すことが可能だというのである。

**此れ是の三種の色の文字に、或は二十種の差別を分かつ。前に謂う所の十界の依正の色の差別なり。**

この三種の色の文字とは、顕色・形色・表色のおのおのにおける差別のことになる。これに二十種があるという。すなわち、十界の依報(器世間。物質的環境)と正報(身心。個体)に視覚および意識の対象としての三種の色境はあるからである。そこにある色の「あや」(差別)は、文字となり、言語となるのである。とすれば、「文字の相」とは、実は色塵等五塵(五境)にあるのではなく、法塵(法境)にあるのである。

以下に、「故に瑜伽論に云く、今、当に先ず色聚の諸法を説くべし」とあって、四大(能造)と色法(所造)の関係の説明が『瑜伽師地論』の引用によって、紹介されるのだが、この箇所を、本書ではあえて後方(二三三頁以下)に回すことにしたい。というのも、その説明は色法一般に関する説明であって、ここの主題の色塵(色境)に関するものとは思えないからである。ここは、「初に、色塵の字義差別云何ぞ。頌に曰く、顕・形・表等の色、……」とあったのであり、しかもそれは、「初の一句は色の差別を挙げ」なのであった。あくまでも「視覚の対象としての色塵(色境)」に関して言語があることを論じている箇所である。しかも現在、進んでいる解説が終わる最後にも、「已に色塵の文を釈し竟んぬ」とあって、全体としては色塵に関しての説明が続いていると見るべきであろう。したがって、ここでは色法全般に関する議論は論脈をはずれるものがあり、すんなり理解することはむずかしいものがあると思われるのである。この引用部分は四大（能造）と色法（所造）の関係についてなのであり、そのやや長い議論を受けて、最後に「又た諸の色聚の中に於いて、略して十四種の事有り。謂く、地水火風、色声香味触、及び眼等の五根なり。唯し意所行の色を除く。云云」とあるが、これも明らかに、視覚の対象としての三種の色に関わるものというより、色法全般に関わるものである。それは色塵の解説とは若干、齟齬がある。そこでこの箇所（云云までの引用）は後に別途、一覧することとして、今は先に進むことにしたい。実際、この『瑜伽師地論』の引用以降、また色塵（色境）に関する議論に戻っているからである。

なお、色法一般について説明しつつ、その中の色塵についてのみを受け止めてくれればよいということでここに記載されている、という見方はできるかもしれない。その場合は、あくまでもそれらの所説において、色塵に関する説明と見るべきことになる。

さて、この『瑜伽師地論』の一連の部分の引用（云云まで）の後、「又た十種の色を立つ。具には彼れに説くが如し」とあって、実はこの十種の色が、色法なのか、色塵（色境）のことなのかが問題である。各注釈者によって、この十種の色は、『瑜伽師地論』第三に、「云何十種身資具。一食、二飲、三乗、四衣、五荘厳具、六歌笑舞楽、七香鬘塗末、八什物之具、九照明、十男女受行」（大正三〇巻、二八八頁下）とある、十種の身支具のことという。什物の具とは、他の九つを除いた床枕等の身の支具であるという（小田、二五二頁）。とすれば、ここも色法のように思われるわけであるが、私はこの十種の色とは、色塵（色境）のことを言ったものだと考える。その論拠は、以下に示す通りである。そこで、飛ばすのは、あくまでも『瑜伽師地論』の引用部分の、今述べた云云までとし、以下、その次の十種の色のこと以降に進むことにしよう。

【原文】

又た十種の色を立つ。具には彼れに説くが如し。是の如くの種種の色の差別は、即ち是れ文字なり。又た五色を以って阿字等を書くを、亦た色の文字と名づく。又た種種の有情・非情を彩画《さいえ》するを、亦た色の文字と名づく。錦繍綾羅《きんしゅうりょうら》等も、亦た是れ色の文字なり。

法華花厳智度《ちど》等に、亦た具に種種の色の差別を説くとも、然も内外の十界等を出でず。是の如くの色等の差別、是を色の文字と名づく。

此の文字は、愚に於いては能く着し能く愛して貪瞋癡《とんじんち》等の種種の煩悩を発し、具に十悪五逆等を造る。故に頌に、能迷と曰う。智に於いては則ち能く因縁を観じて取らず捨てず、能く種種の法界曼荼羅を建立し、広大の仏の事業《じごう》を作《な》して、上《かみ》、諸仏を供《く》し、下《しも》、衆生を利す。自利利他、玆《こ》れに因りて円満す。故に能悟と曰う。

（『定本』第三巻、四五～四六頁）

【現代語訳】

また十種の色を立てる。詳しくはかの『瑜伽師地論』に説かれているようである。そのように、種種の色の差別が説かれるが、それらがすなわち文字である。

また五色の色で阿字等を書いたものも、また色塵の文字と名づける。

また種々の有情・非情を絵に描いたものも、また色塵の文字と名づける。錦や繍（ぬいとり）や綾や羅（うすもの）等の図柄や模様も、また色塵の文字である。

『法華経』、『華厳経』、『大智度論』等に、またつぶさに種々の色の差別を説いてはいるが、それらもすべて、十界の個体と環境等を出るものではない。

このような色等の差別を色塵の文字と名づけるのである。

この色塵の差別の文字に対して、愚者においては執着し愛着して、貪・瞋・癡等の種々の煩悩を起こし、その結果、もっぱら十悪（殺生・偸盗・邪婬・妄語・綺語・悪口・両舌・慳貪・瞋恚・邪見）・五逆（父を殺し・母を殺し・阿羅漢を殺し・仏身より血を出し・和合僧を破す）等の業を造ることになる。故に頌に、「能迷」と言うのである。智者においては、六塵の本は法仏の三密に基づくことを観じて、取ることもなく捨てることもなく、種々の法界曼荼羅を建立することができ、広大な仏の事業（衆生救済のはたらき）を作して、上は諸仏を供養し、下は衆生を利益する。自利・利他の活動がこの文字を深く知ることによって完全となるのである。故に「能悟」と言うのである。

【解説】

**又た十種の色を立つ。具には彼れに説くが如し。是の如くの種種の色の差別は、即ち是れ文字なり。**

今、飛ばした『瑜伽師地論』の引用の前には、色塵（色境）の種々の差別に文字があることが主張されていた。おそらくはそれを引き継いで、ここに十種の色のことが説かれる。この十種の色についても、「彼れ」すなわち『瑜伽師地論』にあるという。多くの解説書はここに、前にも触れた同論に出る十種の身支具を挙げている。しかしながら、十種の色に関して、実は『瑜伽師地論』の色塵（色境）の説明の中にも見ることができる。それはあくまでも視覚の対象の色塵に、十種のみでなく、一種から始まって、二種、三種等と増えていって、十種まであることを説く箇所に出るもので、次のようである。


或立一種色。謂、由眼所行義故。

或立二種。謂、内色外色。

或立三種。謂、顕色形色表色。

或立四種。謂、有依光明色、無依光明色、正不正光明色、積集住色。

或立五種。謂、由五趣差別故。

或立六種。謂、建立所摂色、覆蔵所摂色、境界所摂色、有情数色、非有情数色、有見有対色。

或立七種。謂、由七種摂受事差別故。

或立八種。謂、依八世雑説。一地分雑色、二山雑色、三園林池沼等雑色、四宮室雑色、五業処雑色、六彩画雑色、七鍛業雑色、八資具雑色。

或立九種。謂、若過去、若未来、若現在、若粗、若細、若劣、若妙、若遠、若近。
或立十種。謂、十種資具。
（大正三〇巻、二九二頁下～二九三頁上）

このあと、十種の声、十種の香等が示されていくので、ここの色は、眼識の対象としての色（色塵・色境）と見るべきである。ここに、十種の色は、十種資具とあるので、前の十種身資具が相当することは間違いないと思われる。しかしこの十種資具は、今も言うように色塵の種類として挙げられたものなので、十種の色が身支具だとしても、そこにある視覚の対象（およびそれに基づく意識の対象）の部分のみが挙げられたと見るべきである。この十種色を取るかぎり、「是の如くの種種の色」は、やはり色塵のこととして受け止めるべきということになる。なお、この十種の色の「十種」には、むしろ一種から十種までのすべて（その意味での十種）を読むこともよいであろう。

そうすると、その後の「是の如くの種種の色の差別は、即ち是れ文字なり」の「種種の色の差別」の色は、今の十種の色塵（色境）のことと見るのが整合的である。仮に直前の引用の最後に合った十四種の色法も含めて「是の如くの」と言っていると見ると、その「種種の色」は、色法一般になってしまう。ただ、身支具にしても、その色塵の面しか取らないように、四大と五根・五境に関しても色塵の面のみ（たとえば扶塵根《ふじんこん》の五根）を念頭に、それらを「是の如くの種種の色」だと見れば、終始、色塵を主題としていると見ることができる。

私としては、基本的に、「色塵文字頌」以下、『声字実相義』の最後文ともなっている、「已に色塵の文を釈し竟んぬ」までは、色塵（色境）の説明で一貫していると見たい。この時、十種の色とは、色塵の十種（それは一種から十種までを包含する）であり、これを受けた、「是の如くの種種の色」の色は色塵に限られると見たい。この時、ここでは後方に回した『瑜伽師地論』の引用文「今、当に先ず色聚の～云云」は、色法全体に関わっているものなので、空海がこの位置にあえてその引用を置いたとすれば、その中の色塵（色境）の面のみを受け止めるのがよいと思うのである。

**又た五色を以って阿字等を書くを、亦た色の文字と名づく。**
**又た種種の有情・非情を彩画するを、亦た色の文字と名づく。錦繍綾羅等も、亦た是れ色の文字なり。**
**法華花厳智度等に、亦た具に種種の色の差別を説くとも、然も内外の十界等を出でず。**

ついでまた、色塵の文字の具体例がいくつか挙げられている。まず、阿字等のいわゆる文字を、五色で書いたものは、色境の文字である。五大、五仏の種字を、五色で分けて書くことが考えられるし、一つの文字を種々の色で書くことも考えられる。「五色を以って阿字等を書く」ということにも、いろいろな場合が考えられるであろう。

また種々の動物や天龍等々（有情）、また草木山河等（非情）を絵に書いたものも、色境の文字である。広くはこの意でよいと思われるが、狭くは、有情の彩画は絵図の大曼荼羅、非情の彩画は絵図の三昧耶曼荼羅という解釈もある。

また、布・裂における図柄、模様、縫い取り等も、色境の文字である。ただし文字であるとは、もはや限定された母音・子音の体系に相当するものではなく、何らかの意味を表現する言語であるということなのであろう。

以上は、視覚の対象としての色境に見出される文字のいくつかの例であり、他に『法華経』、『華厳経』、『大智度論』等に、また詳しく種々の色境の差別が説かれているという。これは直接、色境の差別はこれこれである、と説かれているのでなくともよいのであろう。たとえば『法華経』に、観世音菩薩の様子や常不軽《じょうふぎょう》菩薩の様子や、あるいは娑婆世界が浄土に変じたとか、大地が震裂して多くの菩薩が涌出したとか、すべて顕色・形色・表色の絵巻でもあり、そこに種々の差別があることになろう。なお、『法華経』については、「法師功徳品」に、「父母所生の眼をもって、悉く三千界の、内外の弥楼山、須弥《しゅみ》及び鉄囲《てっち》、幷びに諸余の山・林、大海・江河・水を見ん。下は阿鼻地獄に至り、上は有頂天に至るまで、その中の諸の衆生を、一切皆、悉く見ん。未だ天眼を得ずと雖も、肉眼《にくげん》の力かくの如くならん」（『法華経』下、岩波文庫、一九六七年、九二頁）とある箇所が相当すると考えられている。また、八十巻『華厳経』の「大通品」には、一百四色が説かれているという（大正一〇巻、二三一頁上）。その他、八十巻『華厳経』の「入法界品」、六十巻『華厳経』の「十明品」、「入法界品」にも相当箇所が見出せるという。ただし『大智度論』の相当箇所と思われている文は、色法に関するもので、色塵についてのものではないと思われる（以上、小田、二五五頁、那須、一〇五～一〇六頁等参照）。ともあれ、ここも、視覚の対象としての色境を念頭に説いたものと思われる。

なお、それら顕色・形色・表色のすべては、十界の依報と正報を出るものではないのである。この一文は前にあった、「此れ是の三種の色の文字に、或は二十種の差別を分かつ。前に謂う所の十界の依正の色の差別なり」をまっすぐ受けているであろう。

**是の如くの色等の差別、是を色の文字と名づく。**

こうした顕・形・表色における種々の差別を、色塵（色境）の文字と名づけるのである。ただ文字は前にも言うように、音声言語なら母音・子音であるが、ここではそうした限定された弁別特性の束の体系とはもはや言えない。ここで声境から五境へ、文字の音素の体系からあらゆる「差別」へと延長・拡大されたことによって、言語の意味も、きわめて広義のものに変質していると言わざるをえないであろう。

**此の文字は、愚に於いては能く着し能く愛して貪瞋癡等の種種の煩悩を発し、具に十悪五逆等を造る。故に頌に、能迷と曰う。智に於いては則ち能く因縁を観じて取らず捨てず、能く種種の法界曼荼羅を建立し、広大の仏の事業を作して、上、諸仏を供し、下、衆生を利す。自利利他、茲れに因りて円満す。故に能悟と曰う。**

この文字、すなわち色塵（視覚の対象）の「あや」、差別に対して、ひいては六塵の「あや」、差別に対して、いわば世界の差別に対して、凡夫は執着、愛着して、貪り・怒り・無知の根本煩悩及びその他の種々の煩悩・随煩悩を起こして、結果的に、十悪や五逆の悪業を造ることになる。十悪は、殺生・偸盗《ちゅうとう》・邪婬、妄語・悪口《あっく》・綺語《きご》・両舌《りょうぜつ》、貪欲・瞋恚《しんに》・邪見の、身・語・意にかかる悪の行為である。五逆とは、父を殺す・母を殺す・阿羅漢を殺す・仏身を傷つける・サンガの秩序を破壊するの、五つの重大な罪のことである。文字（言語）というものの本質を理解せず、絵や模様等への執着から、ひいては恐ろしい罪を犯すことにもなりかねない。たとえば、お札は紙切れにすぎない。しかしそこにある図柄が印刷されていることによって、一万円、五千円そのものとなる。人はもはや一片の紙切れであることを忘れ、価値のみを見てそれに振り回される。ひいては、悪業を造り、生死輪廻してやまないことになる。

しかし覚っている者は、色塵とその差別の意義をよく弁え、それは常住の実体ではなく、縁起所生で無自性・空であることを洞察して、無視はしないが執着もせず、よく法界曼荼羅を建立して、広く衆生救済の活動を行う。この法界曼荼羅について、小田は、大悲胎蔵曼荼羅、金剛界曼荼羅、金剛頂十八会曼荼羅等を指すと言っている（小田、二五七頁）。『秘密曼荼羅十住心論』に示された「自心の源底」の様子であり、ただし具体的には金胎両部の絵図の曼荼羅のことになろう。これを建立してとは、その絵図の曼荼羅を制作・安置して、そのことにより自心の本源を円かに自覚させ、十全に活動させるということと考えられる。それは正しいであろうが、私はこの法界曼荼羅に法界体性に不離の四種曼荼羅を見たい。この時、それを建立してとは、四種曼荼羅を発揮して、すなわち三密を発揮して、ということになるであろう。そのことにおいて、諸仏を供養し、衆生を利益する。その者は、文字（言語）というものの成り立ちをよく心得ているが故に、声境においてのみならず、色境等においても文字と見なされるべきものを巧みに使って衆生を加持し、十全に自利・利他を果たすのである。

色塵の文字の意義を説明する初めに、「色塵文字頌」が置かれていた。それは、「顕・形・表等の色、内外の依正に具せり、法然と随縁とに有り、能迷と亦た能悟となり」というものであった。今、第四句の意味を、どういうわけか、ここで先に示した形である。

以上で、その色の差別を挙げるという、第一句、「顕・形・表等の色」の説明が終わった。
次に、「内外の依正に具せり」の解説になる。これは、「内外の色、互いに依正と為ることを表わす」ものである。

## 「内外依正具」の解釈

以下、「色塵文字頌」の第二句、「内外の依正に具せり」の説明である。

【原文】

次に、内外依正具とは、此れに亦た三有り。一には内色に顕形等の三を具することを明かし、二には外色《げしき》に亦た三色を具することを明かし、三には内色定めて内色に非ず、外色定めて外色に非ず、互いに依正《えしょう》と為ることを明かす。内色と言うは有情なり。外色とは器界なり。

経に云く、仏身は不思議なり。国土悉く中に在り。

又た一毛に多刹海《たせつかい》を示現す。一一毛に現ずることも悉く亦た然なり。是の如く法界に普周《ふしゅう》せり。

又た一毛孔の内に難思《なんじ》の刹等微塵《みじん》数にして種種に住し、一一に皆な遍照尊《へんじょうそん》有《いま》して衆会《しゅえ》の中に在りて妙法を宣べ、一塵の中に於いて大小の刹種種差別なること塵数の如し。一切国土の所有の塵、一一の塵の中に仏、皆な入りたまえり。

今、此れ等の文に依りて、明《あきら》かに知んぬ、仏身及び衆生身、大小重重なり。或は虚空法界を以って身量と為し、或は不可説不可説の仏刹を以って身量と為す。乃至、十仏刹《ぶっせつ》を以ってし、一仏刹一微塵を身量と為す。

是の如くの大小の身土、互いに内外と為り、互いに依正と為る。此の内外の依正の中に、必ず顕形表色を具す。故に、内外依正具と曰う。

（『定本』第三巻、四六頁）

【現代語訳】

次に、「内外依正具」とは、この句の理解にまた三つの解釈がある。一には、内色（身体）に顕色・形色等の三種の色（の視覚の対象）を具えることを明かし、二には、外色（環境）にもまたその三色を具えることを明かし、三には、内色は必ず内色のみではなく、外色も必ず外色のみでなく、互いに依（依られるもの）・正（依るもの）となることを明かす。

内色というのは、有情（個体）のことである。外色というのは器界（物質的環境）のことである。八十巻『華厳経』「如来現相品」に次のようにある。仏身は不思議である。国土の悉くがその仏身の中にある。

また同品に、仏身のわずか一毛に、多くの国土の集まりを示現する。いずれの一々の毛にも現ずることは、すべて同様である。このようにして、法界に普くゆきわたっているのである、とある。

また同経「世界成就品」第四に、一毛孔の内に、不可思議にも国土が無数あって種々のあり方にあり、その国土の一々に皆な遍照尊（大日如来）がいらして、周りに諸仏・諸尊が集まっている会座において、妙なる法を説いている。一塵の中において、大小の国土、種々差別なること、無数のようである。一切国土にあるすべての塵の、その一々の塵のすべてに仏がいらっしゃる、とある。

今、これらの文によって、次のことが明らかに知られよう。仏身および衆生身等、身は大小さまざまである。あるいは虚空法界を身量とし、あるいは不可説不可説の無数の仏刹を身量とする。ないし、十の仏国土、あるいは一つの仏国土を身量とし、さらには一微塵を身量とする。

このような大小の身・土は、互いに内・外となり、互いに依・正となる。この内・外の依・正の中に、必ず顕色（いろ）・形色（かたち）・表色（うごき）の三色（視覚の対象）を具えている。故に、「内外依正具」というのである。

【解説】

**次に、内外依正具とは、此れに亦た三有り。一には内色に顕形等の三を具することを明かし、二には外色に亦た三色を具することを明かし、三には内色定めて内色に非ず、外色定めて外色に非ず、互いに依正と為ることを明かす。内色と言うは有情なり。外色とは器界なり。**

「内外の依正に具せり」の句について、三つの意旨が込められているという。第一は、内色に顕色・形色・表色の三色が具わっていることを明かすことである。内色とは、有情のことであるという。身心を持つ個体のことである。外色は器世界のことである。つまり環境世界である。こうして、内は正報、外は依報ということになる。その中、身体は、五根（五つの感覚器官）を有している。眼根・耳根・鼻根・舌根・身根で、この根とは、境を取り込んで識を発生させるもの（取境発識）を言う。それ自体は実は我々の五感で知られるものではなく、我々が通常知っている眼や耳等は、その根を支え助けているものに過ぎない。前者を正根《しょうこん》（勝義根《しょうぎこん》）、後者を扶根《ふこん》（扶塵根《ふじんこん》）という。実はこの扶根は、本当は五境に分類されるべきものである。したがって、内の色塵（色境）とは、主に扶根、要は身体に見出されるべきものとなろう。

第二は、外の色にもその顕色・形色・表色の三色が具わっていることを明かすことである。外の色には表色がないはずという議論をする人は、表色と身表業（個体の姿の変化）とを同じと見るからであろう。環境世界にも、運動・変化のあることは間違いないことである。草木は成長し、花を咲かせたり、実を結んだりする。川は流れ、滝は落ちてやまない。雲は流れ、月は満ち欠けする。いったいどうして器世間に表色がないであろうか。なるほど器世間に身表業はありえないに違いない。しかし表色はあって一向におかしくないであろう。

第三は「内色定めて内色に非ず、外色定めて外色に非ず、互いに依正と為ること」を明かすことである。ここは、色塵が相互に融通無礙というより、そもそも内と外、個体と環境が相互に融通無礙であることが根本である。そのことについては、以下に『華厳経』を教証として挙げている。今、互いに依・正となるとあるのを、相互に融通無礙であると、ややあいまいに言い換えたが、その句の文字通りには、個体が環境になり、環境が個体となるということである。こうしたことは、実際には想定しにくいであろう。以下の教証によれば、身体の一々の毛に無数の環境があって、その環境に仏が存在している、といった光景のことらしい。その仏の一々の毛にはまた無数の仏国土が存在していよう。そういう極まりない入れ子状態のような事態が、互いに依正となることのようである。

あるいは、正報を能依、依報を所依と見て、しかし能・所は必ずしも決定されてなく、相互に無礙に交替するということと受け止めてもよいかと思われる。
そうすると、「色塵文字頌」の第二句、「内外依正具」は、ただ内外の依正に三色が具わっていることを言うのみではない。個体の一々の毛に無数の環境があり、それらの環境に住む個体の一々の毛にまた無数の環境があり、一個の個体には、無数の他者とその住まう国土が具わっていることを明かすものであろう。その身心と環境のすべてに、三種の色があり、その色塵に基づいて言語がありえるというのである。

次に、このことの教証が示される。

**経に云く、仏身は不思議なり。国土悉く中に在り。又た一毛に多刹海を示現す。一一毛に現ずることも悉く亦た然なり。是の如く法界に普周せり。又た一毛孔の内に難思の刹等微塵数にして種種に住し、一一に皆な遍照尊有して衆会の中に在りて妙法を宣べ、一塵の中に於いて大小の刹種種差別なること塵数の如し。一切国土の所有の塵、一一の塵の中に仏、皆な入りたまえり。**

教証は、三つある。第一は、八十巻『華厳経』「如来現相品」の文である。「仏身は不思議なり。国土悉く中に在り」の句が、そっくりそこにある（大正一〇巻、三二頁上）。正報の仏身に、あらゆる依報の国土が悉く存在しているという。「悉く」とは、地獄界から仏界までを網羅したものであろう。華厳宗においては、一入一切・一切入一、一即一切・一切即一、一切入一切・一切即一切の、重重無尽の論理が究明されていて、その論理を援用すればその事情は了解されようが、それにしても神秘的な光景である。

第二も、八十巻『華厳経』「如来現相品」の文である。「一毛に多刹海を示現す。一一毛に現ずることも悉く亦た然なり。是の如く法界に普周せり」の句も、そこにそっくり見出せる（同前、三〇頁上）。仏身というおおざっぱなことでなく、一々の毛に、海にも譬えられるほどの多くのあらゆる国土の集まりが示現している。このことは、どの毛でも同様である。一つひとつの毛が、そのまま法界の全体を湛えているのである。これも、正報に依報があることの証である。

第三は、八十巻『華厳経』「世界成就品」の文（同前、三六頁中）である。ここでは、けっこう長く引用されている。「一毛孔の内に難思の刹等微塵数にして種種に住し、一一に皆な遍照尊有して衆会の中に在りて妙法を宣べ、一塵の中に於いて大小の刹種種差別なること塵数の如し。一切国土の所有の塵、一一の塵の中に仏、皆な入りたまえり。」一一の毛穴に無数の国土があり、その一一に毘盧遮那仏がいて、説法しているという。その国土は、大小さまざまで、その区別自体、無数である。その一切の国土の、それを構成する微塵の一つひとつのすべてに仏が入っていて、衆生のための教化活動を独自な仕方で展開している、という。ここは、依報の中に正報がいるとの意になる。なお、ここは原典の一部を省略しての引用であり、実際には、次のようにある。「一毛孔内難思刹、等微塵数種種住、一一皆有遍照尊、在衆会中宣妙法。於一塵中大小刹、種種差別如塵数、平坦高下各不同、仏悉往詣転法輪。一切塵中所現刹、皆是本願神通力、随其心楽種種殊、於虚空中悉能作。一切国土所有塵、一一塵中仏皆入、普為衆生起神変、毘盧遮那法如是。」

以上のように、『華厳経』には、正報に依報があり、依報に正報があることが謳われている。これらを示しつつ、空海は次のように言う。

**今、此れ等の文に依りて、明かに知んぬ、仏身及び衆生身、大小重重なり。或は虚空法界を以って身量と為し、或は不可説不可説の仏刹を以って身量と為す。乃至、十仏刹を以ってし、一仏刹一微塵を身量と為す。**

これらの文によってまず、仏身ないし衆生身の大きさは、大小さまざまであるという。大なる者は、虚空界をその身の量とし、あるいは測り知れない量の仏国土の全体をその身の量とする。ここで、身が大きいということは、擁する国土の量によるのであり、その国土もまた量にともない、大小を言うことができるであろう。もちろん、それより少ない中間もあって、小さい方は、せいぜい十仏国土くらいの量、あるいは一仏国土の量、さらには一微塵を量とする者もいる。それは仏の身量が決まっているということより、拡大・収斂、自由自在ということではないだろうか。重重とは、そのように一身に種々の身量が見出せるということ、また他の身との間で、重重無尽に即・入していて、その範囲もまた自由自在に見ていくことができるということでいかがであろうか。

**是の如くの大小の身土、互いに内外と為り、互いに依正と為る。此の内外の依正の中に、必ず顕形表色を具す。故に、内外依正具と曰う。**

こうして、身の量、また国土の量はさまざまであるが、ともかく相互に内外となり、依正となるという。個体の一々の毛にも環境が具わっているのであり、環境の一々の微塵にも個体が具わっている。

この辺が互いに内外となり、また依正となるということであろう。とすれば、内にも依正がある、外にも依正があるということになる。あるいは、依報の中に内外があり、正報の中に内外があると言ってもよい。故にここで、「此の内外の依正の中に」と読むのなら、内にある依報・正報の中にも、外にある依報・正報のなかにも、の意と受け止めるべきであろう。そのいずれも五塵（五境）から成り立っており、その中に視覚の対象（色塵＝色境）としての顕色・形色・表色があるという。そこに、必ず視覚および意識の対象としての、いろ・かたち・うごきがあるというのである。それらの差別が認められるとき、言語の機能を発揮する。簡単に言えば、個体も環境もその一々は説法している、仏の表現であるということである。

ただ、ここは主に物質的な存在が、けっして一義的に固定されたものではないことを明かしていて、言語のことよりその実相のことのほうが主題であるとも言えそうである。

## 「法然随縁有」の解釈

次に、「色塵文字頌」の第三句、「法然随縁有」についてである。

【原文】

**法然随縁有とは、上の顕形等の色の如きは、或は法然の所成なり。謂く、法仏の依正是れなり。**

**『大日経』に曰く、爾の時に大日世尊、等至三昧《とうしざんまい》に入りて、即時に諸仏の国土、地平《ひょう》なること掌《たなごころ》**

の如し。五宝をもて間錯《けんざく》し、八功徳水芬馥盈満《ふんぷくようまん》せり。無量の衆鳥あり、鴛鴦鵝鵠《えんのうがこく》は、和雅《わげ》の音を出し、時華《じけ》・雑樹《ぞうじゅ》、敷栄間列《ふようけんれつ》し、無量の楽器自然《じねん》に韻に諧《かな》う。其の声微妙《みみょう》にして人に楽聞《ぎょうもん》せらる。無量の菩薩の随福所感の宮室《ぐうしつ》殿堂意生《いしょう》の座あり。如来の信解《しんげ》願力の所生の法界標幟《ひょうじ》の大蓮華王出現せり。如来の法界性身、其の中に安住せり。

此の文は現に何の義をか顕わす。謂く、二義有り。一には法仏法爾の身土を明かす。謂く、法界性身、法界標幟の故に。二には随縁顕現を明かす。謂く、菩薩の随福所感及び如来の信解願力所生の故に。

謂く、大日尊とは梵には摩訶毘盧遮那仏陀《まかびるしゃなぶっだ》と云う。大毘盧遮那仏とは是れ乃ち法身如来なり。法身の依正は則ち法爾所成《ほうにしょじょう》なり。故に、法然有と曰う。

若し謂まく、報仏を亦た大日尊と名づく。故に信解願力所生と曰う。

又た云く、時に彼の如来の一切支分無障閡《むしょうげ》の力、十智力信解従り無量の形色荘厳の相を生ずる所なり。此の文は報仏の身土を明かす。

若し謂まく、応化仏を或は大日尊と名づく。応化の光明、普く法界を照らす。故に此の名を得。故に経に云く、或は釈迦と名づけ、或は毗盧遮那と名づく。大日経に云く、無数百千倶胝那由他劫《くていなゆたごう》に六度等の功徳に資長《しじょう》せらるる身なり。此は応化仏の行願の身土を明かす。

若し謂まく、等流身《とうるしん》を亦た大日尊と名づく。分に此の義有るが故に。経に云く、即時出現とは、此の文は等流身を明かす。暫く現じて速かに隠る。身既に有り、土豈《あ》に無からんや。此は、等流身の身及び土を明かす。

上に説く所の依正土は、并びに四種の身に通ず。若し竪《しゅ》の義に約すれば、大小粗細有り。若し横《おう》の義に拠らば、平等平等にして一なり。是の如くの身及び土、并びに法爾・随縁の二義有り。故に法然随縁有と曰う。

是の如くの諸色には皆な悉く三種の色を具して互いに依正と為る。此は且く仏辺《ぶっぺん》に約して釈す。若し衆生辺に約して釈せば、亦復た是の如し。

若し謂まく、衆生に亦た本覚《ほんがく》法身有り、仏と平等なり。此の身、此の土、法然として有なり。三界六道の身と及び土とは業縁に随って有なれば、是れを衆生の随縁と名づく。又た経に云く、彼の衆生界を染むるに法界の味《み》を以ってす。味は則ち色の義なり。加沙味《けさみ》の如し。此は亦た法然の色を明かす。

是の如くの内外の諸色は、愚に於いては毒と為《な》る。智に於いては薬と為る。故に、能迷亦能悟、と曰う。

是の如くの法爾・随縁の種種の色等、能造・所造云何《いかん》ぞ。能生は則ち五大五色、所生は則ち三種世間なり。此れ是の三種世間に無辺の差別有り。是れを法然・随縁の文字と名づく。

已に色塵の文を釈し竟んぬ。

（『定本』第三巻、四六〜四九頁）

【現代語訳】

「法然随縁有」とは、前に述べた顕色・形色等の色塵は、一面から見るともとより法然に成立しているものである。すなわち、法仏の依報（国土）・正報（身心）である。『大日経』「入秘密漫荼羅位品」に、次のように説かれている。

その時に大日如来は、等至三昧（三世の諸仏が等しく正覚に至る三昧）に入って観察するに、即座に諸仏の国土の地の平らかなること、掌の中に見るかのようにはっきり見る。五種の宝石（金・銀・琥珀・水精・瑠璃。ただし修法により一定していない）が入り混じり、八功徳水（甘・冷・軟・軽・清浄・不臭・喉を痛めない・腹を壊さない）がよい香りを漂わせて満々と湛えられている。無量の多くの鳥がおり、鴛鴦・鵝・鵠（おしどり・ガチョウ・こうのとり）は、優雅な声で鳴き、一面に花が咲きさまざまな樹木が立ち並び、無量の楽器が自然に美しい音楽を奏で、その音はすばらしく人々は聞きほれる。無量の菩薩の、福を集める修行によって実現した宮室、殿堂に、思いのままにしつらえられた席がある。そこには、如来の信解・願力により実現した法界のしるしである大蓮華王が出現している。如来の法界体性の自性身は、その中に安住しているのである。

この文は、実際にどういうことを明かしたものなのか。それには二つの意味がある。一つには、法仏法爾の身・土を明かしている、ということである。すなわち、法界性身は法界そのもののしるしだからである。二つには、随縁顕現の身・土を明かしている、ということである。すなわち、菩薩の福の修行により実現したもの、および如来の信解願力によって実現したもの、とあるからである。

もう少し説明すると、大日尊（大日如来）とは、サンスクリット語では、マハー・ヴァイローチャナ・ブッダという。大毘盧遮那仏とは法身如来のことである。その法身の依・正（個体・環境）は、まさに法爾所成（もとより成立しているもの）である。故に、「法然有」というのである。

もしくは、報仏をまた大日如来と名づけることがあるというかもしれない。故に経典には信解・願力の所生と言っていたわけである。

また、『大日経』の同じ「入秘密漫荼羅位品」に、時に彼の如来の一切の手足等に障閡は無い大自在の力と、十智力および信解より生じた無量の形色の荘厳がある、とあるが、この文は報仏の身・土を明かしたものである。

もしくは、応化仏をまた大日如来と名づけることがあるというのは、応化身の光明は、普く法界を照らすので、故にこの名を得るのである。八十巻『華厳経』「如来名号品」に、あるいは釈迦と名づけ、あるいは毗盧遮那と名づける、とある。『大日経』「入秘密漫荼羅位品」には、無数百千倶胝那由他劫（莫大な時間）にわたる六波羅蜜等の修行によって得た功徳に育まれた身である、とある。これは応化仏の行願によって実現した身土を明かすものである。

もしくは、等流身をまた大日如来と名づけるのは、部分的にその意味合い（光明遍照）があるからである。『大日経』の「入秘密漫荼羅位品」に、「即時に出現す」とあるが、この文は等流身を明かしたものである。等流身は、しばらくの間、現じて速かに隠れるものだからである。身がある以上は、その国土がどうして無いであろうか。そこでその句はそれだけで、等流身の身と土とを明かしているのである。

こうして、上に説かれた依・正の身・土は、四種の仏身に通じたものである。もし竪の義（差別を見る立場）に基づくならば、それらの身・土に大・小、粗・細の区別がある。もし横の義（平等を見る立場）に基づくならば、平等平等にして一である。このような身と土とには、すべて法爾と随縁との二つの意味がある。故に「法然随縁有」というのである。

このような身・土の諸の色法には、すべてが三種の色塵（視覚の対象）を具えていて、しかも互いに依・正となっている。この見方は、当面、仏のあり方に立って説明したものである。もし衆生のあり方に立って説明すれば、またそのようである。

もしも、衆生にもまた本覚法身が有り、それは仏と平等であるというなら、その身・その土は法然として有るものである。一方、三界（欲界・色界・無色界）・六道（地獄・餓鬼・畜生・修羅・人間・天上）の身・土は、業縁に随って実現しているものなので、これを衆生の随縁と名づける。また『大日経』「具縁品」に、彼の衆生界を染むるに法界の味を以ってす、とあるが、そこで味とはすなわち色塵のことである。加沙味というようである。これはまた法然の色塵を明かすものである。

このような、内・外の諸色は、愚者においては毒となる。智者においては薬となる。故に、「能迷亦能悟」というのである。

このような法爾と随縁との種々の色法等に関して、その能造（色を造るもの）・所造（造られた色法）は、どのようであるのか。能生（能造）は五大・五色である、所生（所造）はすなわち三種世間（智正覚世間・器世間・衆生世間）である。その三種世間に、無辺の差別がある。これを法然・随縁の文字と名づけるのである。

以上で、色塵の文字について説明し終わった。

【解説】

**法然随縁有とは、上の顕形等の色の如きは、或は法然の所成なり。謂く、法仏の依正是れなり。**

内外の依正に見られる顕色・形色・表色は、「あるいは」法然に成立しているものである。もう一つは、随縁により成立しているものもあることを、この「あるいは」は示唆している。一つは、もとよりあるものだというのである。それは、どこに見出されるかというと、法仏の国土と仏身であるという。そこでこの法仏とは、平等無差別の真如（理）のみの法身ではなく、自性身と一体の、実現すべき自受用身（ないし他の仏身）が、そのまますでに成就しているものを言うのであろう。そうであればこそ、妙色としての色法ないし色境が具わっているということになるのだと思われる。

では、その身・土は、どのようなものなのであろうか。

**『大日経』に曰く、爾の時に大日世尊、等至三昧に入りて、即時に諸仏の国土、地平なること掌の如し。五宝をもて間錯し、八功徳水芬馥盈満せり。無量の衆鳥あり、鴛鴦鵝鵠は、和雅の音を出し、時華・雑樹、敷栄間列し、無量の楽器自然に韻に諧う。其の声微妙にして人に楽聞せらる。無量の菩薩の随福所感の宮室殿堂意生の座あり。如来の信解願力の所生の法界幖幟の大蓮華王出現せり。如来の法界性身、其の中に安住せり。**

その様子を示すに、『大日経』の文に拠っている。ここは、「入秘密漫荼羅位品」（大正一八巻、三六頁中）の文を少し端折りつつ示したものである。

大日如来は等至三昧に入る。等至（samāpatti）は三昧（samādhi）と変わらない用語でもあるが、『大日経疏』に独自の二つの説明がある（大正三九巻、七四七頁上）。一つは、三世の諸仏が等しく正覚に至るの意である。もう一つあって、そこを小田は、「また阿闍梨が此の三昧に住して弟子を度するとき、内心の所観と外事に布する曼荼羅の方位の相と、内外平等であって差別がないから」等至三昧というと説明している（小田、二六七頁）。ともあれ、大日如来が優れた禅定に入ったということである。そうすると、ただちに諸仏の平らかなる国土を手に取るように見たという。それらにおいては、五宝すなわち金銀等が入り混じって大地となっており、よい香りの八功徳水すなわち甘・冷・軟（やわらか）・軽・清浄・不臭・飲時不損喉・飲已不傷腸の八つの功徳を有した水が豊かに湛えられている。多くの鳥がいて、おしどり（鴛鴦）や、がちょう（鵝）や、こうのとり（鵠）は、心和む品の良い鳴き声をあげている。咲くときを迎えた見事な花々が咲き乱れ、さまざまな青々とした樹々がほどよい間隔で植わっている。無量の楽器があって、誰が弾くともなく、心地よい調べを奏でている。その音楽はすばらしいもので、人々はいつまでも聞いていたいと願うものである。そこには、無量の菩薩の福の修行による果報として実現した宮室と殿堂と、意生の座がある。以上は、諸仏の国土の一仏の国土の様子で、同じような仏国土を無数、同時に見ているのであろう。

そこに、如来の信解および願力に拠って生じた、法界を象徴する大蓮華王（巨大な蓮の花）が出現した。その中には、如来の法界性身が安住しているのである。

今、『定本』の書き下し文に拠ったが、「如来の信解願力の所生の」は、「如来の信解願力の所生なり」と読んで、前の「宮室と殿堂と、意生の座」があることの説明と見るのがよいようである。ここについて小田は、「宮室殿堂意生の座は如来が信解行地においておこす十大願等、無量の大願によって生ずる依報であるという義」（同書、二六七頁）と言っている。それは、受用・変化・等流の三身の国土を意味するという。このとき、大蓮華王は、自性法身の国土を意味することになる。ここの叙述の大体は、「浄土三部経」に見られるような阿弥陀仏の極楽浄土の様子とさほど変わらない。大蓮華王以下も、『華厳経』の毘盧遮那仏の国土は蓮華蔵世界で、それとさほど変わらないようにも思われるが、この大蓮華王とは、胎蔵曼荼羅の中台八葉を指し、法界幖幟とは、胎蔵曼荼羅四重円坦を指すという。（意生の座は、意生身の座という解釈はないのであろうか。）

参考までに、空海が『大日経』原文をどのように端折ったのかを知っていただくために、その該当箇所を掲げておこう。

爾時大日世尊、入於等至三昧、観未来世諸衆生故、住於定中。即時諸仏国土、地平如掌。五宝間錯、懸大宝蓋、荘厳門標、衆色流蘇、其相長広。宝鈴、白払、名衣、幡珮、綺絢垂布、而校飾之。於八方隅、建摩尼幢。八功徳水、芬馥盈満。無量衆鳥、鴛鴦鵝鵠、出和雅音。種種浴池、時華雑樹、敷栄間列、芳茂厳好。八方合繋、五宝瓔縄。其地柔軟、猶如綿纊。触践之者、皆受快楽。無量楽器、自然諧韻。其声微妙、人所楽聞。無量菩薩、随福所感、宮室殿堂、意生之座。如来信解、願力所生、法界幖幟、大蓮華王出現。如来法界性身、安住其中。随諸衆生、種種性欲、令得歓喜。時彼如来、一切支分、無障礙力、従十智力、信解所生、無量形色、荘厳之相。無数百千倶胝那由他劫、布施持戒忍辱精進禅定智慧、諸度功徳、所資長身、即時出現。彼出現已。於諸世界

大衆会中。発大音声、而説偈言、
諸仏甚奇特　権智不思議　無阿頼耶慧　含蔵説諸法　……
（「入秘密漫荼羅位品」、大正一八巻、三六頁中）

なお、五宝は信進念定慧の五根五力を意味する等、この箇所に出る各語の隠れた意味については、『大日経疏』に解説がある。小田にそのことが記されているので、ご関心のある方は参照されたい（小田、二二六九頁）。

**此の文は現に何の義をか顕わす。謂く、二義有り。一には法仏法爾の身土を明かす。謂く、法界性身、法界幖幟の故に。二には随縁顕現を明かす。謂く、菩薩の随福所感及び如来の信解願力所生の故に。**

空海は、上記の『大日経』の文には、二つの意味があるという。一つは、法仏のもとより成立している仏身・仏土を表わしていることである。法界性身と法界の象徴としての大蓮華王が説かれているからである。しかしもう一つの意味もある。それは随縁して顕現した意義を表わしていることである。なぜなら、ここに、菩薩の随福所感とあったり、如来の信解願力の所生とあったりするからである。このことは、受用身等のことを意味するのである。

おそらく密教の場合、修行によって実現・成就した身・土は、本来、そのとおり存在していたものということになるであろう。四種法身が、実はすでに衆生の中で成就しているのである。ただしそのことの自覚は、無明・煩悩にさえられて実現していない。しかし修行によって、その四種法身が円かに現成することになる。そうすると、随縁における成就も、法爾の身・土と変わらないものなのであろう。そこで、「顕現」と言われているのだと思われる。いずれにしても、ここに説かれたような浄土の様相は、もとより自己に具わっているという見方であろう。

**謂く、大日尊とは梵には摩訶毘盧遮那仏陀と云う。大毘盧遮那仏とは是れ乃ち法身如来なり。法身の依正は則ち法爾所成なり。故に、法然有と曰う。**

**若し謂まく、報仏を亦た大日尊と名づく。故に信解願力所生と曰う。**

**又た云く、時に彼の如来の一切支分無障閡の力、十智力信解従り無量の形色荘厳の相を生ずる所なり。**

**此の文は報仏の身土を明かす。**

上記の『大日経』の文を、さらに解説していく。大日尊（大日世尊）とは、サンスクリット語で、Mahā-vairocana-buddha、摩訶毘盧遮那仏陀（マハー・ヴァイローチャナ・ブッダ）という。偉大なる、遍く照らす、仏陀の意である。特に摩訶のついた毘盧遮那仏とは、法身如来を意味している。この法身仏というのが、いわゆる自性身なのか、自受用身とも一体のものなのか、むしろ四身合わせてのものなのか、注意深く見究める必要がある。妙色も具えた仏身・仏土がもとより成就しているという時、その法身は単純な自性身と受け止めるべきではないであろう。逆に自性身は、実はもとより四種法身を具えているという見方もありえるのかもしれない。ともあれ、以上のような仏国土と仏身（身心）は、もとより成立しているものである。そこで、「色塵文字頌」の第三句に、「法然有」と言ったのである。

あるいはこの大日世尊は、報仏であると言うかもしれない。それはありえることで、そこに信解願力所生とあるからである。

次の「又た云く」以下の文は、前に『大日経』の原文を掲げたところに、「時彼如来、一切支分、無障礙力、従十智力、信解所生、無量形色、荘厳之相」とあるのに拠っている。その如来の身体のすべての部分（五体）の無障礙の力は、十智力・信解より実現した、無量の荘厳を有する姿・形にもほかならない。この文は、報仏のことを言っているものである。なお、ここの経文は、「時に彼の如来の一切支分無障礙の力は、十智力信解従り生ずる所の無量の形色荘厳の相なり」と読むのがよいと思われる。

ちなみに、ここの十智力について、小田は如来の十力（処非処智力・業異熟智力・静慮解脱等持等至智力等々）を示しているが（小田、二七一頁。那須、一二五頁も同じ）、仏の十力のことだとすると、因位の力によってということにならず、ふさわしくないように思われる。そこで、この十智力は十地の修行における十真如を証する智の力で、いかがであろうか。それを十智力と呼ぶ術語はないが。北尾は、『倶舎論』の「世俗智・法智・類智・苦智・集智・滅智・道智・他心智・尽智・無生智」を挙げている（北尾、二〇一〜二〇二頁）。福田は、「無礙智・無著智・無断智・無癡智・無異智・無失智・無量智・無勝智・無懈智・無奪智」を挙げ、「すなわち教法を自在に説く弁才を発する智のことである」と言っている（福田、一〇八頁）。

**若し謂まく、応化仏を或は大日尊と名づく。応化の光明、普く法界を照らす。故に此の名を得。故に**

**経に云く、或は釈迦と名づけ、或は毗盧遮那と名づく。大日経に云く、無数百千倶胝那由他劫に六度等の功徳に資長せらるる身なり。此は応化仏の行願の身土を明かす。**

あるいはこの大日尊を応化身ということもできる。応化身もまた光を放ってあまねく法界を照らすので、大日尊とも言えるのである。「故に経に云く」とは、八十巻『華厳経』「如来名号品」に、「諸仏子。如来於此四天下中、或名一切義成、或名円満月、或名師子吼、或名釈迦牟尼、或名第七仙、或名毘盧遮那、或名瞿曇氏、或名大沙門、或名最勝、或名導師。如是等、其数十千。令諸衆生、各別知見」（大正一〇巻、五八頁下）とあるのに拠ったものである。『華厳経』では、菩提樹下で覚りを成就した釈尊が、そのまま毘盧遮那仏であるとされているのである。

『大日経』の文は、前に掲げたものの一部「無数百千倶胝那由他劫、布施・持戒・忍辱・精進・禅定・智慧、諸度功徳、所資長身、即時出現」であり、空海はこれを応化身のことと解している。

**若し謂まく、等流身を亦た大日尊と名づく。分に此の義有るが故に。経に云く、即時出現とは、此の文は等流身を明かす。暫く現じて速かに隠る。身既に有り、土豈に無からんや。此は、等流身の身及び土を明かす。**

また大日尊とは、等流身を言うこともありえる。少分、遍く照すという意味もあるからである。前の『大日経』の文に「即時出現」とあるのは、等流身のことを言ったものである。即時出現には、一時、現われて、すぐに消えることが含意されている。等流身は、相手に応じて、時限的に現れ、速やかに消える者であるからである。そこに、等流身の仏身があれば、その仏国土があることは当然である。ゆえにこの文はまた等流身の仏身・仏土を明かしたものなのである。

**上に説く所の依正土は、幷びに四種の身に通ず。若し竪の義に約すれば、大小粗細有り。若し横の義に拠らば、平等平等にして一なり。是の如くの身及び土、幷びに法爾・随縁の二義有り。故に法然随縁有と曰う。**

　上に説くところの依報と正報のあり方は、自性身・受用身・変化身・等流身の四身に通じるものである。その間の差を見ていくと、大小・粗細、いろいろあるであろう。自性身は窮まりがないであろう。受用身は巨大であろう。等流身は、小さいに違いない。その国土も身に準じるわけである。しかし共通の点に着目すれば、平等であって一つである。さて、この平等不異の身・土とは何であろうか。法界体性においては、一に違いない。法界体性の所成身としての四身の中、自性身と自受用身は、少なくとも一つであろう。その智慧が現出したものとしての変化身や等流身は、智慧に帰れば一つと言えるのかもしれない。あるいは、受用身はもとより、変化身も等流身も、もともと自性身のなかにあって、法爾の存在であり、そこで平等にして一だというのであろうか。

　もちろん、修行の結果、それらが現成する。これは随縁である。

　こうして、仏身・仏土には、法爾と随縁の二つの面がある。そこで「色塵文字頌」の第三句に「法然随縁有」と言ったのである。

　なお、ここで「依正土」とあるのは、やや平仄《ひょうそく》が合っていない感を受ける。「依正の身土」の略と見れば、問題はなくなる。依報はもちろん、正報にも土がある、その両者の土は、四身すべてにあると見るのも矛盾はない。いろいろの解釈を呼ぶが、四身にそれぞれにふさわしい身・土があることを思えばよいかと思われる。そこにおいて、差別と平等との二面があり、平等は法爾に由来し、差別は随縁に由来するのである。

**是の如くの諸色には皆な悉く三種の色を具して互いに依正と為る。此は且く仏辺に約して釈す。若し衆生辺に約して釈せば、亦復た是の如し。**

このような諸色とある、この「諸色」は、依報（環境）と正報（個体）の物質的側面を言うものであろう。したがって、この色は、視覚の対象の色境ではなく、五根・五境等の総称としての色法の色であろう。しかも、法然と随縁の両者ともである。それらのすべてには、顕色・形色・表色（これらは色境）が具わっていて、しかも環境の三色は個体の中に見出され、個体の三色は環境の中に見出されて、互に入りまじっている。これは、仏の世界に依拠して解釈したものである。しかし衆生の世界に基づいて解釈しても、同じことである。

**若し謂まく、衆生に亦た本覚法身有り、仏と平等なり。此の身、此の土、法然として有なり。三界六道の身と及び土とは業縁に随って有なれば、是れを衆生の随縁と名づく。又た経に云く、彼の衆生界を染むるに法界の味を以ってす。味は則ち色の義なり。加沙味の如し。此は亦た法然の色を明かす。**

衆生には本覚法身があるという点を言えば、その覚は仏と平等である。その覚を内容とする仏身・仏土は、衆生にも法然として存在している。『大日経疏』には、「一切衆生色心の実相は、本際より已来、常に是れ毘盧遮那平等智身なり」（大正三九巻、五八五頁中）とあるという（小田、一二八〇頁）。一方、三界の地獄・餓鬼・畜生・修羅・人間・天上の、多くの世界に生まれて得る正報と依報としての身・土は、業という縁に基づいて成立するものなので、衆生の随縁という。業は、来世にどの世界に生まれるかを決定づける。しかし生まれるものそのものは業ではない。唯識的に言えば、五蘊の名言種子が因、業種子が縁である。

また、『大日経』「具縁品」に、「彼の衆生界を染めるに、法界の味をもって行う」とあるが、これは染めるものであるから、色のことである。実際、経典自身に、「染彼衆生界、以法界之味。古仏所宣説、是名為色義」（大正一八巻、九頁上）とある。『大日経疏』は、この文について、「法界不思議の色を以って衆生の心を染して同一の浄菩提味ならしむ」（大正三九巻、六四三頁下）とある。衆生界の心を仏智に染めていくというのである。

味が色であることは、ちょうど、袈裟の色を「加沙味」と言うようである。

こうして、法界の味とは法界の色のことになるが、この色を譬喩と取らず、文字通り捉えて、法界にも顕色、さらには形色、表色がもとより具わっているというのである。この辺は、密教独特の立場であろう。

以上で、「色塵文字頌」第三句、「法然随縁有」の解釈が終わる。

次は、「色塵文字頌」第四句、「能迷と亦た能悟となり」の解説である。

**是の如くの内外の諸色は、愚に於いては毒と為る。智に於いては薬と為る。故に、能迷亦能悟、と曰う。**

この説明は、簡潔である。ただ、「愚に於いては毒と為る。智に於いては薬と為る」というのみである。その理由は、すでに前に述べられていた。そこで、簡略にしたものであろう。

以上で、「色塵文字頌」の解説は終わったのであるが、これらに対して、もう一度、質問がなされる。

**是の如くの法爾・随縁の種種の色等、能造・所造云何ぞ。能生は則ち五大五色、所生は則ち三種世間なり。此れ是の三種世間に無辺の差別有り。是れを法然・随縁の文字と名づく。**

以上の法爾と随縁の種々の色等に関して、その能造と所造はどのようであろうか、との質問が提出される。この色は、色境（色塵。視覚の対象）か、色法（感覚対象・感覚器官全般）か、論脈に従えば、色境の三種の色であろうが、身・土の色法でも読める。答えからすると、むしろ色法のようでもある。というのも、この問いに対する答えとして、所生は三種世間である、とあるからである。

以下、考えられる限り可能な解釈を提案してみたい。

まず、答えにある三種世間とは、智正覚世間、衆生世間、器世間である。智正覚世間は、顕教では、仏・菩薩・縁覚・声聞の覚った者たちのことである。ただし、小田は、声聞・縁覚は衆生の方に入れる場合があるという（小田、二八二頁）。大乗仏教の中で、正覚ということを厳密に考えれば、そういうことにもなろう。声聞・縁覚の覚りは、大乗仏教の阿耨多羅三藐三菩提＝無上正等覚ではない。

では、密教の立場からすると、どういうことになるのであろう。密教の覚りを得た諸仏諸尊に限定されるであろうか。

衆生世間は、智正覚世間を除くありとあらゆる者たちということになり、主には三界六道の者たちである。器世間は、そうした者たちの住む国土ということになる。それは、仏国土から地獄まで、種々あって、その全集合ということにならざるをえないと思われる。

したがって、言い換えれば、依報と正報のすべて、ということになるわけである。密教の立場からすれば、すでに成就している仏身・仏土もあり、その随縁としての衆生とその国土もあるわけである。

華厳思想では、融三世間十身具足の法身仏をいう。これは、正覚を成就した仏と、その仏国土と、そこに住む覚りを得た者、いまだ得ていない者のすべてを自己とする仏ということである。その際、それぞれの他者の住む国土がその仏の国土に融合しているのであろう。それは、唯識ということを基礎とするからである。すべては識の影像であって、重なり合い融け合うことにも支障はないに違いない。なお、一般に報身仏の国土には、凡夫は入ることはできないとされている。十地以上の菩薩しか、そこにいることはできないのである。華厳思想の場合、凡夫の存在も許すのであろう。いずれにしても、華厳思想で説く仏は、三世間融合の十身仏である。この視点はなかなか深いものがあるが、空海はこれを採らず、基本的に四身論を唱えている。しかし密教の仏とは曼荼羅全体を自己としていることを自覚した者のことであり、実はそこにそれぞれの諸尊等の住む国土も含むと見れば、華厳思想に説く十身仏と事実上、変わるものではないであろう。

ちなみに器世間は、唯識思想を基に言えば、各人の阿頼耶識の中にあり、仏の場合は大円鏡智の中にある。人人唯識で、それぞれの人または仏が八識または四智であり、それぞれが依報と正報を一身において有しているのである。各人間は、人間界の者同士共通の器世間を、それぞれの阿頼耶識に現じているのであり（ただし不可知である）、感覚（前五識）を通してそれを見たり聞いたりしている。仏の大円鏡智には、それらがすべてお見通しになっているのであろう。

要は、三種世間は、十界の依報・正報のすべてであり、それらは法然と法然に基づく随縁とである。これをひとことで言えば、一大曼荼羅であると言ってよいであろう。

さて、この三種世間が所生であるのに対し、その能生は、五大・五色だという。仏教の一般的な立場によれば、五大（地大・水大・火大・風大・空大）は五根・五境等の色法の構成要素である。五色は五大を象徴するものであろう。五大・五色（能造）によって、智正覚世間・衆生世間・器世間の色法の部分（所造）は構成されていて、そのいずれにも、顕色・形色・表色を見出すことができる。

しかしここはやはり密教の立場で了解すべきである。まして、前に五大と色聚法との関係を顕教の立場で明かした（本書では、この後に回した）ので、ここでは密教の立場を明かすというのであれば、なおさらである。では、密教の立場から解釈すると、どう解釈すべきなのであろうか。

たとえば『即身成仏義』では、六大が能生、三種世間等が所生であった。ただし、この六大は、いわゆる元素のことではなく、本不生・離言説・自性清浄・不生不滅・空と智という、法界体性の諸徳性のことであり、実際は法界体性のことである。これに対し、所生は、身、ないし三種世間であると言ってよい。ただしこの能生・所生の間に、普通の能所はない。ということは、一体ということでもあるが、法界体性は普遍の平等無差別、身は個々であって、一体といってもただちに一つというわけではない。この間の関係は、不一不二と見るべきである。

ともあれ、『即身成仏義』ではそういうことであったが、『声字実相義』では、五大であって、識大を欠いている。そこで、心を含む智正覚世間や衆生世間を生むことは可能かが問題となる。五大はけっして物質的要素ではなく、法界体性の諸徳性であり、法界体性のことであると見れば、その問題は消えると見てよい。しかも法界体性は理智不二であり、識大は五大に浸透していて不二なので、特に立てなくても同じことであると、十分見ることもできる。

こうして、五大＝法界体性＝能生、三種世間＝各身（個）＝所生、と見ることは可能で、このとき、五色（黄・白・赤・黒・青）は、五大の象徴で五大と変わるものではないと見ればよいであろう。あるいは、五色も、色そのものというより、法界体性の諸徳性を意味していると解することもできるに違いない。

このとき、問いにある、「是の如くの法爾・随縁の種種の色等」は、眼識の対象の色境（色塵）に限られない、五根・五境等の色法全般を意味すると解すれば、答えと整合的になる。あるいは、問いは色境の顕色・形色・表色に限って問うたものの、答えは六塵に広げて答えた、と見るべきかもしれない。しかしながら、この後に、「已に色塵の文を釈し竟んぬ」とあるので、やはりここまではどこまでも色塵（色境）を主題として議論していると見たいところである。そうすると、答えの意旨は、三種世間の色法の中に色境（色塵）があり、その差別に基づいて、言語があるとのことであり、ここはあくまでも色法全体の中で特に色塵のことを考えてほしい、ということかと思われる。

もっとも、『声字実相義』においては、密の五大は「五字・五仏及び海会の諸尊」なのであった。

そこで、五大・五色は、実は五仏及び諸仏諸尊と見るべきではなかろうか。所生の三種世間とは、仏のみでなく随縁の衆生も含み、しかもそれらはすべて法然の法身が随縁したものということであった。そうすると、五大は法然の仏、三種世間はそれが随縁したもの、ということを意味しているという解釈がありえるように思われる。すなわち法然の四身が能生、随縁の四身が所生と明かしたということで、五大＝法界体性の理解と多少、異なることになる。ただし法然の仏は、あくまでも曼荼羅として成立しているのであって、自己の法然のあり方は諸仏諸尊の曼荼羅ですよ、ということを明かそうとしたのかもしれない。

ともあれ、五大・五色が能生で、三種世間が所生である。この三種世間を言い換えれば、十界の依報・正報である。そうして、「此れ是の三種世間に無辺の差別有り。是れを法然・随縁の文字と名づく」と示される。三種世間には、法然の世界と随縁の世界とがあることは前に述べたとおりであり、そこに無辺の差別があることは言うまでもないことであろう。

文字と名づけるべき「是れを」という、「これ」とは、無辺の「差別」であるべきである。三種世間そのものにではなく、その差別に、文字を見るのである。音響としての声と、その音韻屈曲の「あや」としての文＝字を区別して見るように、色境なら、色境そのものにおいてではなく、その差別において言語を見るということなのである。

こうして、最後に以下の文が置かれて、『声字実相義』は閉じられる。

**已に色塵の文を釈し竟んぬ。**

ここの釈す対象の「色塵の文」とは、何のことであろうか。もっともふさわしいのは、「色塵文字頌」である。あるいは、もしもそれが色塵に関する文字のことを意味すると見るなら、それもよいであろう。ちなみに、小田は、「本文の「初色塵字義差別云何」以下の文を結釈した」のだと言っている（小田、二八三頁）。その場合、解説の文をさらに釈したということになるが、そう読むのはどうであろうか。その場合は「已に色塵を釈す文、竟んぬ」、「已に色塵の釈文、竟んぬ」と読む方がよいように思われる。

## 「法身は実相なり」について

以上で、『声字実相義』は終わっている。

ところで、「声字実相頌」は、次のようなものであった。

五大に皆な響き有り、十界に言語を具す、
六塵に悉く文字あり、法身は是れ実相なり。

いま、第三句の、「六塵に悉く文字あり」に関して、六塵の一つである色塵についての説明が終わったところである。声塵（声境）については既にかなり説明しており、一方、他の四塵についても、色塵に準じて理解すればよいので、六塵すべてについて言及しなくとも差し支えないかもしれない。

しかし第四句、「法身は是れ実相なり」は、哲学的な内容を含む、きわめて重要な句であるにも関わらず、解説がないのはまことに残念である。一説に、このことはもうこれまでの本文中に随時説いてあるので、もはや触れないのだとの理解がある。そうだとしても、ここで再度、まとめて論じておいてほしかったと思わずにはいられない。

以下、第四句、「法身は是れ実相なり」の意旨について、私の勝手な理解を述べてみよう。

まず、「法身は実相である」というその法身については、法然と随縁の説明の箇所で、その身・土が明かされていた。この法身は狭い意味での自性身にとどまらず、受用身の内容そのものを内容としており、さらに四身全体をも内容としていよう。それも身のみでなく、国土も含むものである。しかもそれは、法然に存在している世界と、随縁して種々変化している世界とがある。おそらくは、その全体が法身である。その姿はけっこう具体的に説かれていたわけで、それが実相である、という解釈が一つ、ありえよう。

しかもこの身・土は、一仏（個）に他のあらゆる諸仏諸尊等の身・土を具えており、いわば曼荼羅そのものである。実相とは、法然の仏身・仏土に基づく十界の全体であり、しかもそこにある無辺の差別に、文字（さらには、名・句）があるのである。したがって、そういう、重々に渉入し合う法身が、即実相ということでもあるであろう。

一方、声・字・実相の中、実相は身密であり、大曼荼羅であるとされていた。声は真言で語密、字は意味の表詮で意密と考えられる。声字実相は、実は仏の三密を表わしているとも言われており、それは十界の依正の実質と受け止めるべきである。その三密は法身の活動に基づいている。この法身＝

三密＝声・字・実相＝実相という理解も成り立つであろう。

実際、本書の冒頭に、「声字実相といっぱ、即ち是れ法仏平等の三密、衆生本有の曼荼なり。故に大日如来、此の声字実相の義を説いて、彼の衆生長眠の耳を驚かす」とあった。法身が実相であるというとき、それは実は平等の法仏の三密が実相であると理解すべきであろう。大日如来は、「此の声字実相の義を説い」てとあるが、大日如来が明かすこの「声字実相の義」とは、平等法仏の三密にほかならない。それは、衆生にもとより具わるもの（衆生本有の曼荼）でもあるのである。それは法然なるものが随縁しているからである。

このことを、声・字・実相の概念によって明かすとともに、声・字（六塵とその差別）がそのまま実相（仏を本体とするもの）であることを明かし（声・字＝実相）、また声・字・実相（三密）がそのまま実相（法仏の活動）であることを明かすということになる。

この時、一字、一名、一句等が無辺の意味を持つことを見ていかなければならない。依・正が相互に具し合う事態の中で、一つの事物も無辺の意味を有することになっていく。その実相を表わすには、一字、一名等が同様に無辺の意味を荷っていることを見抜いていくべきであろう。このような仕方でこそ、言語が実相を表わすことが可能となる。ここに、果分可説、法身説法が可能となるであろう。

と同時に、言語は声境のみには限られないことを見ることも、密教独特である。法然・随縁の六塵の無辺の差別が、言語になりえるというのである。ここにおいて、世界全体が仏の三昧耶身でもあることになる。このとき、一塵一物において、声と字と実相の三義を荷うことになる。言語としての素材と言語（能詮）とその意味（所詮）とである。その所詮は何かといえば、その根源が法然の仏の活動であること、即事而真のことと、その事が一入一切・一切入一、一即一切・一切即一の理路の中にあることで、一々の事物はその全体を表現していることなどであろう。

「法身は実相」であるということの内実を探っていくと、こういうことになろうか。しかし以上においても、まだまだ尽くしたものではないことであろう。

以上、一部を除いて『声字実相義』の全体を読了した。この中に、空海の言語哲学のいくつかの主要な論点を学ぶことができたことと思う。しかし空海の言語哲学のすべてを語り尽くしているとも言えないものがありそうである。空海の言語哲学は、他の著作にもしばしば言及されていよう。そこで次章には、空海の著作を横断して、さらに広く空海の言語哲学を尋ねることにしたいと思う。

ただし、本章の最後に、後回しにした『瑜伽師地論』の色聚法に関する引用について見ておくこととする。

## 四大と色法との関係について

「声字実相頌」の中の「六塵に悉く文字あり」の句に関して、六塵の代表ともいえる色塵について解説する中に、空海は、『瑜伽師地論』における色法一般と四大との関係等の説明の部分を相当多く引用している。その箇所の解説は、上来では後回しにしておいた。以下、その箇所を見ておくことにする。後で参考資料を供するように、ここは、「今、当に〜」以下、「云云」まで、そっくり『瑜伽師地論』の文である。

【原文】

故に瑜伽論に云く、

今、当《まさ》に先ず色聚《しきじゅ》の諸法を説くべし。

問う、一切の諸法の生ずることは、皆な自種従《じしゅうよ》り起こる。云何が諸の大種《だいしゅ》能く所造色を生ずと説くや。云何が造色、彼れに依り、彼れに建立せられ、彼れに任持《にんじ》せられ、彼れに長養《じょうよう》せられんや。

答う、一切の内外の大種及び所造色の種子《しゅうじ》は、皆な悉く内の相続の心に依附《えふ》するに由る。乃至諸大の種子、未だ諸大を生ぜざるより以来《このかた》、造色の種子も終《つい》に造色を生ずること能わず。要《かなら》ず彼れ生ずるに由りて造色も方《まさ》に自種子従り生ず。是の故に、彼れ能く造色を生ずと説く。要ず彼れ生じて前導《ぜんどう》と為るに由るが故に。此の道理に由りて諸の大種、彼れが為に生因《しょういん》なりと説く。

云何が造色彼れに依るや。造色生じ已って大種の処を離れずして転ずるに由るが故に。

云何が彼れに建立せらるるとならば、大種の損益《そんやく》に由りて彼れ同じく安危《あんぎ》するが故に。

云何が彼れに任持せらるるとならば、大種等の量に随って壊せざるに由るが故に。

云何が彼れに長養せらるるとならば、飲食《おんじき》睡眠に由因《よ》って、梵行三摩地《ぼんぎょうさんまじ》等を修習《しゅじゅう》するがごとく、彼れに依る造色も倍《ますます》復た増広《ぞうこう》するが故に、大種を説いて彼の長養因と為す。

是の如くの諸の大種をもて所造色に望むに、五種の作用《さゆう》有ること応《まさ》に知るべし。

（『定本』第三巻、四三～四四頁）

【現代語訳】

故に『瑜伽師地論』には、次のようにある。

「今これからまず、色法としての諸法について説こう。

問う。一切の諸法が生ずるのは、皆な自分の種子より起こるとされている。どうして諸の大種（四大）がいわゆる色法を生ずと説くのか。また、どのようにいわゆる色法は諸の大種に依り、それらに建立され、それらに任持され、それらに長養されるのか。

答えよう。一切の内外（個体と環境）の四大種の種子とおよびそれらによって造られる色法の種子は、皆な悉く自己の内なる相続する心（阿頼耶識）に依りついている。そこで、今の諸大（四大）の種子は、まだ諸大を生じない（現行させない）うちは、各色法の種子も、ついにその色法を生じること（現行させること）はできないのである。必ず四大が生じるときに、色法もまさに自分の種子から生じる。このゆえに、四大は色法を生じることができると説くのである。必ず先に四大が生じて、それらが色法を導くからである。この道理によって、諸の大種は、色法のための生因であると説くのである。

どのように色法は、四大に依るのか。色法が生じたときに、四大種を離れずして現象し続けるからである。

どのように四大に建立されるかといえば、大種の損益に由って、色法も同じく安定するか散壊に向かうかとなるからである。

どのように四大によって支えられ維持されるかといえば、四大種等の量にしたがって無くならないからである。

どのように四大に長養されるかといえば、飲食・睡眠をとることによって、梵行・三摩地等を修習するように、大種に依ることで、色法もますます増広するので、大種を説いて色法の長養因とするのである。

このように、諸の大種は所造の色法に対して、以上の五種の作用があることを知るべきである。

**故に瑜伽論に云く、**

**今、当に先ず色聚の諸法を説くべし。**

【解説】

「今、当に先ず色聚の諸法を説くべし」以下が、『瑜伽師地論』の文である（大正三〇巻、二八九頁下〜二九〇頁中）。唯識思想が説く五位百法の五位は、心王・心所有法・色法・心不相応法・無為法の五つの範疇であるが、ここでは、色法、心王・心所法、無為法の三つの分類によって述べており、その中で最初に色法について述べると言うのである。この色聚の諸法について、那須は、「一切の色法は、能造の四大種と色香味触とが和合して生ずるが故に、一切の色法を色聚の諸法と云ったのである」と説明している（那須、八五頁）。色聚とあるのは、色法と変わりないので、以下、色法と言い換えることにする。

ところで、これを引用するに当たって、「故に」と言ったのは、どのような意図であったのだろうか。ここは、色塵の説明で、顕色・形色・表色の三種があるとし、その説明のいわば結びとして、「此れ是の三種の色の文字に、或は二十種の差別を分かつ。前に謂う所の十界の依正の色の差別なり」とあった。それが直前の句であって、そして以下、この『瑜伽師地論』の句が引用されている。そこで、「故に」というのは、本来ならば色境（色塵）に差別があることの説明として引証したというのが、つながりもなめらかになるはずである。だが、はたしていかがであろうか。ともあれ、その内容を見てみよう。

**問う、一切の諸法の生ずることは、皆な自種従り起こる。云何が諸の大種能く所造色を生ずと説くや。云何が造色、彼れに依り、彼れに建立せられ、彼れに任持せられ、彼れに長養せられんや。**

大乗唯識思想の場合、色法には、五根・五境・法処所摂色の十一の法がある。これらは、所造と言われ、これに対する能造は地・水・火・風の四大とされている。あるいは四大種ともいう。そうした中で、唯識思想の場合、すべての（有為の）諸法はそれ自身の種子から起きる（現行する）はずなのに（つまり種子が色法を生ずるはずなのに）、なぜ四大種（能造）が色法（所造）を生ずるというのか、という質問である。

さらに所造色はどのように、四大種に依り、四大種に建立され、四大種に任持され、四大種に長養されるのか、との質問も出された。

実は唯識思想においては、地・水・火・風の四大は、順に堅・湿・煖・動をもって性とし、五境中の触境に摂せられるものである。それらは、あらゆる色法に配分の比率を違えつつ含まれている。けっして、説一切有部のように、独自の実法としての極微（原子）のようなものではない。しかもそうした四大が能造、色法が所造とされるのは、どうしてなのか、等という質問でもある。

このように、色法に関わる大種は五大のうち、空大を除く四大であるのが実情である。

**答う、一切の内外の大種及び所造色の種子は、皆な悉く内の相続の心に依附するに由る。乃至諸大の種子、未だ諸大を生ぜざるより以来、造色の種子も終に造色を生ずること能わず。要ず彼れ生ずるに由りて造色も方に自種子従り生ず。是の故に、彼れ能く造色を生ずと説く。要ず彼れ生じて前導と為るに由るが故に。此の道理に由りて諸の大種、彼れが為に生因なりと説く。**

答えとして、確かに一切の五根（内）・五境（外）を構成している能造の四大種および所造の色法（つまり五根・五境）は、それら自身の種子から生ずるのであり、その種子はすべて個体の相続する心に具わっている。つまり阿頼耶識に蔵されている。このとき、ある色法を構成すべき四大が種子から現行しない限り、その色法の種子も現行しない。必ず四大種の種子が現行することによって、その色法も現行するのである。必ず四大種の現行が先導して色法が現行するのであり、この仕組みによって、四大種が色法を生むというのであり、そこで四大種を色法の生因というのである。

したがって生因と言っても、色法の直接の因縁というわけではない。色法の直接の因縁は自身の種子なのであり、それに対し、四大種は増上縁の関係にあるのが実情である。深浦はここを、「ただ四大の種子が現行に際して、その力用勝るるまま、諸色の種子を挟帯して現行せしめる辺をいうたので、畢竟、四大を離れて諸色が生ぜぬところより四大を能造、諸色を所造というのである」（深浦、一八九頁）と説明している。

**云何が造色彼れに依るや。造色生じ已って大種の処を離れずして転ずるに由るが故に。**

どのように、所造の色法は、四大種に依るのか。それは、所造色が生じおわったとき、四大種を離れずに現行し続けるからである。色法は、大種を離れることはないから依るというのである。

**云何が彼れに建立せらるるとならば、大種の損益に由りて彼れ同じく安危するが故に。**

どのように、所造の色法は、四大種に建立されるのか。それは、四大種が損減するか増益するかによって、所造色も安定的か衰滅するかが決まるからである。

**云何が彼れに任持せらるるとならば、大種等の量に随って壊せざるに由るが故に。**

どのように、所造の色法は、四大種によって維持されるのか。それは、四大種の量に従って無くならないからである。

**云何が彼れに長養せらるるとならば、飲食睡眠に由因って、梵行三摩地等を修習するがごとく、彼れに依る造色も倍復た増広するが故に、大種を説いて彼の長養因と為す。**

どのように、所造の色法は、四大種に長養されるのか。修行者は、食物を摂り睡眠も調えて、浄行・禅観を修行していくことができるように、四大種に依る所造色も、四大種があることによって充実していくので、四大種を所造色の長養因とする。
この箇所、『定本』の訓点に沿って書き下し、読んでみたが、実は一般には読み方が異なっている。ほぼいずれの解説書も、「飲食・睡眠・修習・梵行・三摩地等に因って、彼れに依って造色倍復増広なるに由るが故に、大種を彼れが長養因と為と説く」と読んでいる（小田、二四〇頁）。松長は、「修習・梵行」を「修習梵行」とし（四縁にしたのであろう。このとき、修習は三摩地にもかかると見てもよいのかもしれない）、「倍復増広なる」を「倍《ますます》復た増広なる」とし、「長養因」を「長養の因」とするほか、同じである（松長、一二二頁）。こうした読み方が、南山（高野山）開版本の伝統のようである。この背景として、小田は「養因に因と縁とある。因は大種で、縁は飲食・睡眠・梵行・三摩地の四である。この四縁を能養の法体とし、四縁に依って造色が増大する。「彼」とは飲食等の四縁をさす。したがって文を「飲食・睡眠・修習・梵行・三摩地に因る、彼れに依って造色倍《ますます》復増広なるに由るが故に」と訓ずべきである」と説明している（小田、二四三〜二四四頁）。『定本』が何に基づいて上記のように訓読したのか知らないが、伝統的な解釈のほうが正しいかもしれない。ただし『定本』の読み方は意味を取りやすいものとなっているようにも思われる。

**是の如くの諸の大種をもて所造色に望むに、五種の作用有ること応に知るべし。**

このように、四大種は所造色に対して、生じ・依られ・建立し・任持し・長養するの五種類の作用があると知るべきである。ここは一般に、「生因・依因・立因・持因・養因」の五因として整理されている。

【原文】

復た次に、色聚《しきじゅ》の中に於いて、曽て極微《ごくみ》より生ずること無し。若し自種《じしゅう》従り生ずる時に、唯だ聚《じゅ》集《じゅう》して生ず。或は細、或は中、或は大なり。又た極微集まって色聚に成るに非ず。但し覚恵《かくえ》をもて諸色の極量《ごくりょう》辺際《へんざい》を分析するに、分別し仮立《けりゅう》して以って極微と為す。

又た、色聚に亦た方分《ほうぶん》有れば極微に亦た方分有り。然も色聚に分有りて、極微には非ず。何を以っての故に。極微即ち是れ分なるに由りて、此は是れ聚色の所有《しょう》にして極微に非ず。復た余の極微有らん。是の故に極微に分相有るに非ず。

又た不相離《ふそうり》に二種有り。

一には同処不相離。謂く、大種の極微と色香味触等と、無根の処に於いては、離根の者有り。有根の処に於いては、有根の者有り。是れを同処不相離と名づく。

二には和雑不相離。謂く、即ち此の大種の極微と余の聚集と、能造所造の色処に倶なるが故に。是れを和雑不相離と名づく。

又た此の聚色に遍満せること、応に知るべし、種種の物石をもて磨して末と為して、水を以って和するに、互いに相い離れざるが如し。胡麻緑豆《ろくず》粟稗《そくはい》等の聚の如くには非ず。

又た一切の所造色は皆な即ち大種の処に依止《えじ》して、大種の処量を過ぎず、乃至、大種の所拠《しょこ》の処所、諸の所造色、還《かえ》って此れに拠《よ》る。

此の因縁に由りて、所造色、大種に依ると説く。即ち此の義を以って諸の大種を説きて、名づけて大種と為す。此の大種、其の性《しょう》大なるに由るが故に。種生と為るが故に。
又た諸の色聚の中に於いて、略して十四種の事有り。謂く、地水火風、色声香味触、及び眼等の五根なり。唯し意所行の色を除く。云云。

（『定本』第三巻、四四～四五頁）

【現代語訳】

また次に、色法は、いずれも極微より生ずることはない。もし自種より生じる時に、ただそれなりの量をもって生じるのである。その様子は、あるいは細、あるいは中、あるいは大である。また極微が集まって、ある量を持つ色法に成るのではない。もっぱら知性でもって諸の色法の究極的にもっとも小さな量を分析して、分別し仮立することによって極微とするのみである。

また、色法の究極の最小単位にまだ方分（六面体などのある面）が有れば、極微にもまた方分が有ることになってしまう。しかるに面はその色法に有るとしても、極微にあるのではないであろう。なぜかと言えば、極微がすなわち面を持つことになると、それは色法に属するものであって、もはや分割できないはずの極微ではないからである。そのときは、その中に、さらに極微が有ることになろうか。この故に、極微に面が有るはずはないのである。

また、四大種と色法との不相離（相い離れないあり方）に、二種類がある。

一には同処における不相離である。すなわち、能造の四大種の極微と、所造の色香味触等の色法と、無根（非情）のところにおいては、離根のものがある。有根（有情）のところにおいては、有根のものがある。それぞれ同類の能造・所造が一体不離にある。これを同処不相離と名づけるのである。

二には和雑における不相離である。すなわち、能造の四大種の極微と、所造の色法とが、色法のところに一緒にあって、異類の大種が融け合ってそこにあるが故に、これを和雑不相離と名づけるのである。

また四大が色法に遍満しているあり方は、種々の物や石などを磨して粉末として、水で和するに、粉末同士は互いに相い離れないようにと知るべきである。胡麻・緑豆・粟・稗等の集まりのようではない。

また一切の四大所造の色法は、皆な大種の有根処、無根処に依止して、大種の分量を超えることがない。ないし、その大種の拠りどころの処所（有根処か無根処）があり、諸の四大所造の色法も還ってその四大種の処所に拠るのである。

この理由によって、所造の色法は、大種に依ると説くのである。こうして以上の意味合いから四大について大種と名づけるのである。大種と言うのは、その性が色法に遍満していて大であるのと、色法の生じる種となるからである。

また諸の色法の中において、略して十四種のものがある。すなわち、地・水・火・風、色・声・香・味・触、及び眼等の五根（眼根・耳根・鼻根・舌根・身根）の、都合十四である。ここでは、色法の中、ただ意識の対象である法処所摂色のみは除く。云云。

【解説】

**復た次に、色聚の中に於いて、曽て極微より生ずること無し。若し自種従り生ずる時に、唯だ聚集し**

**て生ず。或は細、或は中、或は大なり。**

次に、色法においては、極微（原子）から生じるものはありえない。かならず自種子より生じるのであって、その際に、小さい、中くらい、大きい等の区別となって現れるのである。なお、色聚は、色法というのと変わらないことは、前に述べた。

**又た極微集まって色聚に成るに非ず。但し覚恵をもて諸色の極量辺際を分折するに、分別し仮立して以って極微と為す。**

また、極微が集まって一定の量の色法になるわけではない。そもそも極微とは、知性でもって、諸の色法の究極の極小を分析して、その知的判断において仮に立てたのみである。古代においては、原子は感覚（前五識）によっては捉えられないものであり、ただ意識の上での言挙げにすぎないものと見なされたのであった。

**又た、色聚に亦た方分有れば極微に亦た方分有り。然も色聚に分有りて、極微には非ず。何を以っての故に。極微即ち是れ分なるに由りて、此は是れ聚色の所有にして極微に非ず。復た余の極微有らん。是の故に極微に分相有るに非ず。**

また、もしも色法の窮極において何らか面（方分。方は諸方、分は細分）の部分があるとしよう。たとえば、仮に極微が六面体だとするなら六方に面（分）があることになる。しかし面がある以上、それはあくまでも色法の面であって、極微という必要はない。それを極微と言えば、まだ分割できて、極微とは言えない。そうした時は、その極微の中に他の極微もあることになろう。こうして、極微に少しでも面があることはありえない。つまり極微は成立しない。

以上は、色法は極微から成立しているとの説を論破しようとしたものである。極微が成立しないことは、その後、『唯識二十論』等において、詳説されている。唯識思想では、色法は識の相分（識内の対象面）に現れる影像なのであって、外界の実体ではなく、原子により構成されたものではないのである。

**又た不相離に二種有り。一には同処不相離。謂く、大種の極微と色香味触等と、無根の処に於いては、離根の者有り。有根の処に於いては、有根の者有り。是れを同処不相離と名づく。二には和雑不相離。謂く、即ち此の大種の極微と余の聚集と、能造所造の色処に倶なるが故に。是れを和雑不相離と名づく。**

また、所造色と四大種があい離れないというあり方に関して二つの場合がある。一つは、同処不相離である。四大種の極微（能造）と、色香味触（所造）等と、無根のところにおいては、離根のものがあり、有根のところにおいては有根のものがある。これを同処不相離と名づける、という。

ここで、無根とは非情であり、有根とは有情である。それぞれ別々に、所造色と四大種があい離れないというのであろう。またこの場合、四大種は相互に融合することはないのであろう。ここに極微とあるのは不審だが、あえて説一切有部の見方を借りて言ったものであろうか。もしくはここで極微と言ったのは、原子のようなものを想定したのではなく、能造となるものを仮にそう言ったまで、ということなのであろう。

もう一つは、和雑不相離である。四大種のある大種の極微と他の大種の極微との聚集と、その能造による所造として成立している色法において、一緒になっているが故に、これを和雑不相離という。こちらは四大種の一つ一つが、同じ一つに色法において、融け合っていることを言うものらしい。

以上の細部は私には不明であるが、以下が唯識思想の立場であることを了解すればよいのであろう。

**又た此の聚色に遍満せること、応に知るべし、種種の物石をもて磨して末と為して、水を以って和するに、互いに相い離れざるが如し。胡麻緑豆粟稗等の聚の如くには非ず。**

また、四大種がある色法に遍満する時、すべて溶け込んで一体となっている。豆や米の集まり等のように、個々の大種がばらばらに合わさっているようなあり方ではない。これは、和雑不相離のあり方を説明したものであると同時に、極微説を採る説一切有部の立場ではない、唯識の立場と理解される。

**又た一切の所造色は皆な即ち大種の処に依止して、大種の処量を過ぎず、乃至、大種の所拠の処所、諸の所造色、還って此れに拠る。**

また、一切の所造色はすべて大種のあるところに依止し、大種の量を超えるものではない。大種が拠る所（有根処か無根処か）に、所造色も拠るのである。

**此の因縁に由りて、所造色、大種に依ると説く。即ち此の義を以って諸の大種を説きて、名づけて大種と為す。此の大種、其の性大なるに由るが故に。種生と為るが故に。**

このような事由から、所造色は四大種に依ると言うのである。このゆえに、四大をまた四大種という。大とは一切の色法にゆきわたっているからである。また種とは一切の色法の生因（実は増上縁）であるからである。

以上、四大種と色聚法の関係の説明であった。

**又た諸の色聚の中に於いて、略して十四種の事有り。謂く、地水火風、色声香味触、及び眼等の五根なり。唯し意所行の色を除く。**云云。

またもろもろの色法として、十四種類のものがある。地水火風の四大種と、色・声・香・味・触の五境と、眼・耳・鼻・舌・身の五根の十四である。ただ、意識の対象としての色すなわち法処所摂色のみは除くものとする。この五根は正根であろうか、扶根を含むものであろうか。いうまでもなく、本来は正根であろうが、意所行の色が除かれていることからすると、おそらくは扶根（実は五境）を想定していたことであろう。

一般に、五位七十五法、五位百法における色法は、前者であれば五根・五境・無表色、後者であれば五根・五境・法処所摂色であって、このように四大種と五根・五境を並べるのは珍しいことである。ともあれ、この云々までは、『瑜伽師地論』における一続きの文そのものである。一貫して、四大種と色法との関係を説くものである。

さてここで、いったい空海はなぜこの文章を、ここに引用したのかが問題となる。従来、六塵（六境）の中の色塵（色境。視覚の対象）の説明がなされていたのであった。もう一度言えば、その色塵に、顕色・形色・表色の三種があるとし、その説明のいわば結びには、「此れ是の三種の色の文字に、或は二十種の差別を分かつ。前に謂う所の十界の依正の色の差別なり」ともあった。その直後に、今の『瑜伽師地論』の引用があって、このあと、「又た十種の色を立つ。具には彼れに説くが如し。是の如くの種種の色の差別は、即ち是れ文字なり」とあり、その直後にまた、「又た五色を以って阿字等を書くを、亦た色の文字と名づく。又た種種の有情・非情を彩画するを、亦た色の文字と名づく。……是の如くの色等の差別、是を色の文字と名づく」とあって、これらの色の文字とは、色塵の文字であろう。実際、その後も、「色塵文字頌」の説明が続いて、最後には、「已に色塵の文を釈し竟んぬ」とあるのである。したがって、色塵の説明の中に、ここだけ、四大種と色法一般のこと、「地水火風、色声香味触、及び眼等の五根」が出ていて、色塵（色境）を超える事象に関する説明がなされている。

「色塵文字頌」各句の説明は、あくまでも「色塵」に限定されると考えたとき、色塵の成り立ちに関して、色法一般の成り立ちを理解しておくべきであり、その説明をした。このことは、やがて六塵に文字があるという、六塵の理解にも資するであろう、という解釈が考えられよう。六塵（正確には五塵）の説明ではあるが、その能造・所造のことは色塵にも関わることであり、そこで色塵の説明の一環として提示した、と受け止めるほかないであろう。ただしそれはおのずから、六塵の説明をも視野に入れたものとなっているのが実情である。

また、ここには極微説を破する説が含まれており、密教としても基本的には感覚等については唯識思想を踏まえることを示したものと思われる。

なお、ここの大部分は、四大と色法との関係についての説明であり、それは、「声字実相頌」の第一句、「五大に皆な響き有り」に何らか関係しているのかもしれない。その説明には、「此の内外の五大に、悉く声響を具す。一切の音声、五大を離れず。五大は即ち是れ声の本体なり。音響は則ち用なり。故に五大皆有響と曰う」とあった。ここでは、五大は声境の本体であると言われていたのである。しかし『瑜伽師地論』の上述の能造の四大と所造の色法についての説明は、体・用の関係の説明ではないというべきであろう。なぜなら、四大と色法とは別々の種子から生じるからである。

また、『声字実相義』の中に、「又た、四大相触し、音響必ず応ずるを名づけて声と曰うなり」(『定本』第三巻、三六頁)ともあった。ここはあくまでも音響をあげるのを声というとあって、声塵(声境)と四大の関係を言っているのみである。また一般に、四大は色・香・味・触を生む(声を除く)とされていて、『瑜伽師地論』のこの説明がどれだけ今の箇所に関係するのか、私には不明である。

なお、『声字実相義』は五大を基本としていたが、『瑜伽師地論』は四大である。しかも何よりも五大は密には、「五字五仏及び海会の諸尊是れなり」なのであった。そこを根本に了解すべきなのに、顕教の『瑜伽師地論』を長々と引くことは、どんな意図があったのか、どうも不審である。

強いて言えば、前にも言うように、色法一般はどのように成立するか、維持されるか等を説明して、その中の色塵であることを理解させようとした、ということなのであろう。

ともあれ、「色塵文字頌」の説明は、色塵を主題とした説明で一貫したものであるべきで、あえていえば、ここの引用はなくとも本論の趣旨にほぼ影響ないものと、私は思わずにはいられない。

気になるのは、「已に色塵の文を釈し竟んぬ」の直前に、「是の如くの法爾・随縁の種種の色等、能造・所造云何ぞ。能生は則ち五大五色、所生は則ち三種世間なり。此れ是の三種世間に無辺の差別有り。是れを法然・随縁の文字と名づく」とあったことである。ここの「種種の色等」は、その後の説明に拠るかぎり、「三種世間」とあることから、色塵（色境）の種々ではなく、色法のようでもある。そうすると、やはり色塵についての一貫した説明から、ここもまたずれることにもなる。それはそれで、密教の世界観を説明しておいたのみ、とも考えられるし、その中、色塵に関してのみその事情を汲めばよいという趣旨とも考えられる。

なお、本来、『声字実相義』では、五大は五仏および諸尊のことであった。しかし今の文にこの理解を適用することは、所生の三種世間の中にあるべき諸尊が能生でもあるという奇妙なことになり、適切でないことになる。あるいは、ここは、「法然と随縁」のことを一般的に言ったものと見るのがよいのかもしれない。しかしおそらくその趣旨は、『即身成仏義』の六大＝法界体性＝能生、三種世間＝所生との説示と同旨（識大は五大に浸透している）なのであろうが、それは五大に直接、諸仏・諸尊等を見る『声字実相義』の立場とは、どこかそぐわない感もある。

いずれにせよ、「色塵文字頌」の内容の理解に関しては、第一義的には色塵に関してのことだけを汲めばよいであろう。

本章の最後に、この云々までは、『瑜伽師地論』の一続きの文であることを理解していただくために、念のため、参考までにその該当部分を掲げておく。

【参考】

今当先説色聚諸法。問、一切法生、皆従自種而起。云何説諸大種、能生所造色耶。云何造色依彼、彼所建立、彼所任持、彼所長養耶。

答、由一切内外大種、又所造色種子、皆悉依附、内相続心。乃至、諸大種子、未生諸大以来、造色種子、終不能生。造色、要由彼生。造色、方従自種子生。是故説彼、能生造色。要由彼生、為前導故。由此道理、説諸大種、為彼生因。

云何造色、依於彼耶。由造色生、已不離大種処而転故。

云何彼所建立。由大種損益、彼同安危故。

云何彼所任持。由随大種等量、不壊故。

云何彼所長養。由因飲食睡眠、修習梵行、三摩地等、依彼造色、倍復増広。故説、大種為彼養因。

如是諸大種、望所造色、有五種作用応知。

復次、於色聚中、曽無極微生。若従自種生時、唯聚集生、或細或中或大。又非極微、集成色聚。

但由覚慧分析、諸色極量辺際、分別仮立、以為極微。又色聚亦有方分、極微亦有方分。然色聚有分、非極微。何以故。由極微即是分。此是聚色所有、非極微、復有余極微。是故極微、非有分。又不相離、有二種。一同処不相離。謂、大種極微、与色香味触等、於無根処、有離根者。於有根処、有有根者。是名同処不相離。二和雑不相離。謂、即此大種極微、与余聚集能造、所造色処倶故。是名和雑不相離。

又此遍満聚色、応知如種種物、石磨為末、以水和合、互不相離。非如胡麻緑豆粟稗等聚。

又一切所造色、皆即依止大種処、不過大種処量。乃至大種所拠処所、諸所造色、還即拠此。由此因縁、説所造色、依於大種。即以此義、説諸大種、名為大種。由此大種、其性大故、為種生故。

復次於諸色聚中。略有十四種事。謂地水火風。色声香味触。及眼等五根。除唯意所行色。

（大正三〇巻、二九〇頁上～中）

## まとめ

以上、『声字実相義』を拝読してきた。それはいかにも途中で終わった感があったり、文脈が一貫したものとは見えない箇所があったり、終始、密教の立場で解説するわけでもなかったりして、解読の困難さを湛えた著作ではあるが、それなりに空海の言語哲学を垣間見ることはできたかと思う。

空海の『声字実相義』には、仏教（顕教）における言語の基本的な分析についても触れている。名（名詞）・句（文章）・文（音素。母音・子音）のそれぞれの意義について、伝統的な理解を的確に解説している。しかしそれだけでは顕教の言語観にとどまり、密教の言語哲学にはならない。『声字実相義』における、言語に関する独自の主張としては、一字、一語、一句等において、無辺の意味を荷っていることと、声塵のみでなく、五塵ないし六塵に文字の相（言語の意義）はあること、それらは法仏平等の三密に基づくものであること、したがって声字即実相であることなどにあろう。さらに声・字・実相がそのまま三密を意味していること、五大は海会の諸仏・諸尊であること、などには、言語を暗号（密号）的に用いる密教的な特徴がよく出ている。

そうした中で、結局は、法仏の三密に基づく六塵の「差別」に文字ないし言語を見るというのが、結論のようであった。では、「差別」とは何か。それは六塵の側にあるのか、むしろ意識の読み込みの中にあるのか、共同主観による世界の分節のことではないのか、といった疑問が生じてこよう。最後に、この問題を考えてみたい。

実際問題として、色塵の差別を認識するのは、眼識ではなく、意識のはずである。というのも、感覚にかかる識は、現在にしかはたらかない。眼識が過去の色を見たり未来の色を見たりすることはない。また分別のはたらきを持たない（無分別）。眼識が、これは青い、これは黄色いなどと認識するわけではなく、またこの色は濃い、この色は薄いなどと認識するわけでもない。ただ青なら青を、黄なら黄をそのまま見ているのみである。すなわち無分別の直覚にほかならない。五塵（五境）のすべてにおいても、差別を認識するのは前五識ではなく、意識のはずである。

その感覚の世界そのものは、実は時間とともに微妙にあるいは大きく変化していることであろう。特に刹那滅の相続を説く唯識思想の中では、実は感覚も刹那刹那、生滅しつつ相続されているとされるのであり、それらは微妙に変化していることであろう。そこに変わらないものはありえないと思われる。
しかもこの五感は、もとより別々の感覚である。眼識は色をのみ感覚している、耳識は音のみを感覚している。そのように、五感はそれぞれ別々の感覚である。とすると、五感の世界そのものの中には、りんごとかみかんとかの一つの物の認識は、実はありえないのである。にもかかわらず、我々は、何かある物を認識している。それは実は意識によるのである。

本来、五感（前五識）は、それぞれ分かれており、微妙に変化しつつ流れている。それが我々に第一に与えられている世界である。その限りは未分節の世界であり、ある意味で混沌の世界である。その五感を束ねて、そこに名詞等を適用する。そうすると、名詞の概念に見合うものが分節化され、実体視されて、そういうある一つの物を認識することになる。要は、我々は言語に応じて物を認識し、実体視し、執着しているのである。つまり、物は実に錯覚のもとに成立しているのであり、実際には世界には存在しないものなのである。

そんなことを言っても、りんごやみかんはあるではないか、鼻の長い象や首の長いきりんがいるではないか、等、種々反論がありえよう。確かにそうした区別を認識させるような現象が五感の世界、もしくは世界そのもの（阿頼耶識の器世間等）に起きて来る事実はあるのであろう。ゆえに差別の認識はまったく主観的ともいえないものがある。いわば主客相関の中で形成されるのであろう。しかしけっしてまったく客観世界に基づくということにもならない。たとえば、わかしや、いなだや、わらさや、ぶり（東京での呼び名）は、客観世界に実際にあるのであろうか。あれば、英語でもフランス語でもその名前があるはずであろう。しかしそうした区別は、日本語特有のものである。しかも上記は、関東特有なのである。また、虹は日本語では七色であるが、英語では六色である（紫がない）。

つまり、言語（とりわけ名詞）は、すでに自律的に存在している物の差別に応じてあるものなのではなく、それぞれの言語の、それなりに客観的秩序はあっても未分節である世界に対する、分節の仕方を表わしたものなのである。我々はそういう性格を持つ言語、特に名詞の体系に即して、世界にその名に応じた物があると考え、しかもそれは変わらない本体を持つものと無意識の内にも思い込んでいる。しかし、常住の本体を持つ物は、この世にはありえない。そういうわけなので、我々は、ありえないものをあると思い込む、顚倒した妄想にからめとられてしまっているのである。

もう一度、整理してこの事態を説明してみよう。まず我々に与えられている感覚は、視覚・聴覚ないし触覚のそれぞれ別々の情報である。しかもそれらは時々刻々、変化している。まさに事の世界であり、この限りは未分節の世界である。それらに対して、意識が言語を適用する。言語はその国語ごとに異なっており、そういう意味では恣意的なものでもある。その言語に応じて、別々の五感の流れに対し、一つの物を認識することになる。その際、事の世界は固定化され実体視されることになる。すなわち常住不変のものがあると受け止めることになり、ゆえにそれに対して愛着・執着していくことになる。唯識思想では、このような仕方で、我々の物の実体視の仕組みを解明している（「第一章、仏教の言語哲学」参照）。

言語は、本来、心不相応法であり、声境ないし五境そのもの（色法）ではありえない。あくまでも意識の対象である。とすれば、「声字実相頌」の第三句、「六塵悉文字」の句は、「六塵悉く文字なり」

と読むべきでなく、「六塵に悉く文字あり」と読むべきである。実際、この句の解説が始まるほぼ冒頭に、「此の六塵に各の文字の相有り」とある。その立場からこの句も読むべきである。すなわち、六塵に基づいて意識の対象である差別が認識されるということなのであり、その差別は必ずしも対象（客観）の側にあるのではなく、主観の側、ただし共同主観の側にあるのである。では共同主観が想定する差別、つまりは世界の分節のあり方はどのようにして生まれるのであろうか。日本語と英語と中国語と等々の差異は、どのようにして生まれたのでろうか。そこははるか昔から共同生活する人々の間で、おのおのの風土にねざしつつ歴史的に生成されてきたというしかないであろう。一方、仏の説法においては、仏智とりわけ無分別智と後得智に基づき、適切かつ自在になされているとしか、これも言いようがないであろう。

　唯識思想の中に、四重二諦説というものがある。『瑜伽師地論』、『成唯識論』を経て、『大乗法苑義林章』では、次のような説にまとめられた（本書、四一頁参照）。

| | | | |
|---|---|---|---|
| 世間世俗諦 | 瓶・衣・我等 | 心外妄境 | 仮名安立 |
| 道理世俗諦＝世間勝義諦 | 五蘊・十二処・十八界 | 心所変事 | 有相安立 |
| 証得世俗諦＝道理勝義諦 | 生・老・病・死の四諦因果 | 心所変理 | 有相安立 |
| 勝義世俗諦＝証得勝義諦 | 二空真如 | 心所変理 | 有相安立 |
| 勝義勝義諦 | 一真法界 | 本智証理 | 無相非安立 |

この重層的な真理の地平の解明によれば、空海が『声字実相義』において『瑜伽師地論』により指摘した色塵の種々の差別、ひいては五塵・六塵の種々の差別は、世間世俗諦の妄境（遍計所執性）を一つ超えた、世間勝義諦に相当していると考えられ、そこに何らかの真理を認めてよいと思われる。五塵の対境に意識がある種の差別を仏智の説示に基づき見出していくところに、それ自身が実は法身の活動の一環であり、密教における根源的ないのちのはたらきの実相である（声・字即実相）と見ることはおそらく可能であろう。ともあれ、このような種々の「差別」に、空海は言語を見出しているのであり、それは主・客相関の一つの営みによるといってよいであろう。

と同時に、六塵のすべて（あるいは五塵のすべて）は如来の三昧耶身であるとの主張には、それなりの意味はあるであろう。そのことは、いわば即事而真ということを言っているわけで、一つひとつの現象が、その差別を通じて、かつそのことを表現していると見れば、そこに広義の言語を見出すことができるとも言える。

さらにまた、内外の依正（個体と環境）は相互に融通しており、あるいは一入一切・一切入一、一即一切・一切即一なのでもあり、差別のなかに捉えられた一事は、実は他の一切を荷っていることをもひそかに表現していよう。六塵の差別が文字であるというところには、一事が実は即事而真にして事事無礙であることを同時に表現しており、そこに聴覚上の声・字に当たるものが各感覚の差別にあると同時に、それ自体、実相そのものでもある、という世界観が認められると思われる。

なお、仏の説法は、仏智に基づく真実の語なのであって、凡夫の単なる主観によるものではないであろう。特に密教の説法において説かれる言語は、一字にせよ一語にせよ無辺の意味を荷っていることをふまえた説法なのである。それは一義的な意味の拘束に終始する世俗言語を解体するはたらきを発揮し、世界の実相を覚らしめるはたらきをもたらす。そこに真語と妄語とがまったく異なるものであることが指摘されている意味もあるであろう。とはいえ、これは竪（縦）の見方によるものであり、横の見方によれば、世俗言語も分別そのことも、それ自身は仏のいのち（三密）に基づくものであることを、仏はよく了知しているに違いない。もちろんこのことを凡夫はけっして自覚できない。あくまでも仏の説法、「声字実相」によるはたらきかけによって了解されることなのである。

以上、『声字実相義』の本旨は何かを探ってきた。周知のように、『声字実相義』は、未完であるかのような事情があって、その本旨がどこにあるのかについて、把握しがたい論書である。「声字実相」の語によって密教の言語哲学を綿密に説いたものというより、仏教の言語観の基本を示しつつ、むしろ根本は密教における如来の自内証の原風景（＝実相）を描こうとしたものである、と見るべきなのかもしれない。ちょうど『即身成仏義』が、実は曼荼羅世界を描こうとしていたのと同様に。その自内証の世界とは、「法仏の平等の三密、衆生本有の曼荼」と提示されていたのであった。その平等の三密とは、諸仏・諸尊の、あるいはあらゆる自他の、無数の三密が「相互に加入し、彼れ此れ摂持」しあう、動態的な曼荼羅世界そのもののことなのであった。

以下、『声字実相義』が明かす密教の言語観等の有するその意義を、私なりに思いつくままに列挙して、結びとすることにしよう。けっして尽くしたものではないことを、あらかじめお断りしておく。

・言語の基本は、音の上に見出される音韻屈曲としての文＝字にあり、音響（声）と名字（字）との区別は見究めておく必要がある。
・字が構成する名（単語）や句（文章）は実相を明かすことが可能であるが、実は一つの字そのものも実相を表わす機能を発揮したり（阿字本不生のように）、諸仏・諸尊を象徴したりするものともなる。そこに真言としての秘密がある。
・言語のどのレベルでも無辺の意味を湛えており、一字においても同様である。一つのものが無辺の意味を具えるわけは、およそ他と区別されたあるものには、排除された他を荷っているのであり、ゆえに一に他（多）を含んでいるのである。
・その一字が多重の意味を荷《にな》っているということは、世界の一々の事物がけっして一義的に限定されておらず、重重無尽の関係の結節点であって、多重の意味を具えているという実相を反映したものでもある。
・声・字そのものが、仏（法身）の語密ないし三密の中で成立するものであり、その意味でそれ自身が実相（法身）である。すなわち、声字即実相である。
・声・字・実相は、順に語密・意密・身密のことでもあるのであり、この三密はまさに実相にほかならない。すなわち、声・字・実相即実相である。
・「五大に皆な響き有り」という句の五大とは、実は五仏および諸仏諸尊のことなのであり、それらは三密において言語活動を発揮している。また、それらの三密は、相互に渉入し合っており、そういう実相が声字を通じて明らかにされ、また声字そのものがそのことを体現している。
・五智もしくは四種法身は、十界に浸透しており、十界の各界において説法がなされている。
・各界に随縁のみならず法然の仏世界が存在していて、ひそかに三密を発揮しており、そこに真言もある。このこともまた実相である。
・言語は、声境の上のみならず、六塵すべての上に見出されるべきである。もう少し詳しく言えば、前五識の五感の対象の五塵に見出された差別すなわち意識の対象の法塵に広義の言語はあると言える。
・声（音）の音韻屈曲に文字があり、言語を構成するように、六塵（五塵）の差別に文字の相がある。この差別は意識の対象なのであって、五塵がただちに言語なのではない
・言語の構成要素は音素や文字のみでなく、視覚の世界なら絵や模様・図柄等の多岐にわたるものであり、他の感覚等においても同様である。ただしこのとき、その言語はもはや、表現とも変わらないような広義の言語ということになる。
・その六塵（主に五塵）は、十界の依正、つまり各界の、身体（内）と環境（外）とに見出されるが、そのすべてにおける差別に言語は見出されうる。
・その身体と環境は、融通無礙であり、さらに他者の身体と環境との間でも融通無礙であろう。そこに六塵の実相がある。六塵の差別というとき、その中での差別であることを了解しておく必要がある。
・このことを別の言い方をすれば、五大所成（法界体性所成）の三種世間（智正覚世間・器世間・衆

生世間）のすべての六塵の差別に、言語が見出されるということである。
・言語がそこに見出されるべき差別は、客観の側にもとより具わるというよりは、世間言語なら実は共同主観によるはずであるが、仏の説法においては、仏智に基づき、一定程度適切かつ自在に経典に示されている。声と字とは不離であって、声即字である事情にならうなら、五塵とその差別は不離であって、五塵即差別と見ることもできる。密教からすれば、その主客相関の一事実自体、すべては実相そのものである。
・仏の智慧に基づく言語＝真言は、衆生の中に実は仏の三密の活動があることを明かしている。その説法の内実を理解しない限り、生死輪廻の苦しみから脱却することはできない。それは、世界の実相＝自心の源底を知ることができないからである。
・結局、「声字実相」の字義（深秘の意味）を深く了解することによって、「法仏の平等の三密、衆生本有の曼荼」という本来的な世界を悟了すべきなのである。

以上

# 第四章　密教の言語哲学

## はじめに

密教では真言が重要な要素となるなど、言語についての独特な感性と知性、そして霊性とを有している。密教の覚りとは、仏の三密が自己のうちに具わっていることを自覚することと言えるかと思われるが、その三密の一つは語密である。語密は意密の下にあり、身密と連動することであろう。とすれば、語密即三密でもある。密教の覚りは、言語を離れるところにあるのではなく、いわば仏の言語（真言）を体得することが覚りなのである。こうして、密教の覚りは、まさに言語をめぐってのものとなる。

そういう「密教の言語観」、ここでは事実上「空海の言語哲学」とは、はたしてどのようなものなのであろうか。本章では、『声字実相義』に限定せず、広く空海の多くの著作にこのことを尋ね、空海の言語哲学の特色をさらに明らかにしてみたい。

## 顕教の言葉・密教の言葉

空海は、顕教と密教の違いを、主に言語の問題において指摘している。たとえば、『弁顕密二教論』では、顕教と密教との差異を次のように示している。

夫れ仏に三身あり、教は則ち二種なり。応化《おうけ》の開説したもうをば名づけて顕教と曰う。言《ことば》顕略にして機に逗せり。法仏の談話《だんかい》したもうをば之を密蔵と謂う。言秘奥《ことばひおう》の実説なり。

（『定本』第三巻、七五頁）

顕教は、仏の応化身の説法であって、言葉はわかりやすく、相手の理解能力に応じて説かれたものである。しかし密教は法身仏の説法であって、その言葉は奥深く、真実をそのままに説いたものであるという。簡単に言えば、顕教の説法（経典）は歴史上の釈尊が説いたもので、その理解も言葉の意味通り捉えればよいものであるが、密教の説法（経典）は真実の仏が説いたもので、言葉の表面の意味だけでは十分に理解できないもの、あるいは言葉の表面の意味で受け止めれば誤って理解されてしまうようなものだというのである。密教は言葉を密号すなわち暗号として用いて説くのであり、適切に暗号解読しなければ正しくは理解できないものなのである。

このことを、もう少し詳しく説いたものが、同じ『弁顕密二教論』の次の説である。

若し秘蔵金剛頂経の説に拠《よ》らば、如来の変化身《へんげしん》は、地前《じぜん》の菩薩及び二乗凡夫等の為に三乗の教法を説きたもう。他受用身《たじゅゆうしん》は、地上《じじょう》の菩薩の為に顕の一乗等を説きたもう。並びに是れ顕教なり。自性《じしょう》受用《じゅゆう》の仏は、自受法楽《じじゅほうらく》の故に、自眷属《けんぞく》と与《とも》に各《おのお》の三密門を説きたもう。之を密教と謂う。此の三密門とは、謂わ所る如来の内証智の境界なり。等覚《とうがく》十地《じゅうじ》も室に入ること能《あた》わず、何《いか》に況《いわん》や二乗凡夫をや。誰か堂に昇ることを得ん。

（同前、七五頁）

密教の説法は、法身仏の説法と言われていたが、実は大日如来の自性身と自受用身とが一体となっての説法なのであり、しかも自の眷属とともなる説法である。いわば曼荼羅が曼荼羅全体で交響しつつ説くものなのである。しかもその内容は、三密門であるという。いったい、三密門を説くとは、どういうことなのであろうか。それは仏の自内証の世界を説くということであり、仏の本質・本性は身・語・意の本来的な活動であることを謳いあげるということであろう。しかもその三密が衆生のうちにも具わりはたらいていることを明かすということでもあろう。『声字実相義』の初めにも、「謂わ所る、声字実相といっぱ、即ち是れ法仏平等の三密、衆生本有《ほんぬ》の曼荼《まんだ》なり」とあった（同前、三五頁）。

## 法身説法の教証

『弁顕密二教論』の論議はこのあと、顕教では真理の世界を言語道断・心行処滅と言って、不可説だとするが、密教はそこを説くのだと明かしていく。たとえば、唯識思想では、四種勝義諦《しょうぎたい》を説き、その究極の勝義諦として、勝義勝義諦説が説かれているのであるが（本書、四一頁参照）、このことに関して、『弁顕密二教論』は次のように示している。

喩して曰く、此の章（『大乗法苑義林章《ほうおんぎりんじょう》』巻二、「二諦義」）の中に勝義勝義廃詮談旨というは、聖智《しょうち》内証の一真法界なり。体妙離言の等《ごと》きというは、是の如《かく》くの絶離は即ち是れ顕教の分域なり。言《いわ》く、因位の人等の四種の言語、皆な及ぶこと能わず。唯だ自性法身のみ有って、如義《にょぎ》真実の言を以って、能《よ》く是の絶離の境界を説きたもう。是れを真言秘教と名づく。金剛頂等の経、是れなり。（同前、八七頁）

「因位の人等」とあるのは、単に仏より前の修行者ということではない。密教の仏以外の顕教の仏をも含めての言葉である。「四種の言語」とは、『釈摩訶衍論』に出る五種の言説の中の如義言説を除く他の四種言説（相言説・夢言説・妄執言説・無始言説）のことである（本書、一六八～一七〇頁参照）。要は、顕教では、聖智内証の世界はいかにしても説くことはできないということである。次の

「自性法身」とは、密教に言う自性身と自受用身とを合わせた仏身のことを言ったものであろう。単なる自性身のみでは、理智不二とはいえ、説法を行う智（妙観察智）の働きを有するとは思えないし、以下に見るように他にしばしば自性身と自受用身を合わせてその仏身が眷属とともに自受法楽の故に説法するとあるからである。その仏身は、如義真実の語のもとに絶離の境界を説くという。

さらに顕教で究極の真理は説けないことを説く代表は、『華厳五教章』に説かれる「因分可説・果分不可説」の説であろうが、これに対し密教は「果分可説」を主張する。ただし、『弁顕密二教論』では、この「果分可説」をめぐって、仏の自内証の世界を説くことができると論証していくよりも、法身仏が説法することが、顕教においても『楞伽経』および『大智度論』に説かれていることを指摘し、これを密教経典によって補強してその証明とする。したがって、その教証の意旨は、「果分について説くことができる」というより、「果分自体が教えを説く」のだということにある。『楞伽経』の教証と『大智度論』の教証は、以下のようである。初めに『楞伽経』（大正一六巻、五二五頁中）である。

楞伽第二に又た云く、……大恵、法仏の説法とは、心相応の体を離るるが故に、内証聖行の境界なるが故に。大恵、是れを法仏説法の相と名づく。……復た次に大恵、法仏の説法とは、攀縁《はんえん》を離れ、能観・所観を離るるが故に、所作相と量相とを離るるが故に、諸の声聞と縁覚と外道との境界に非ざるが故に。（『定本』第三巻、九八頁）

この文言は、実際のサンスクリット語原典に対照するとき、必ずしも法身が説法するとは言っていないようであるが、漢訳によりこれを法身仏の説法と見なすのである。空海はここで「喩して曰く、今、此の経に依って三身の説法に各の分斉《ぶんぜい》有り。応化の仏は内証智の境界を説かずということ明らかなり。唯だ法身の仏有って此の内証智を説く。若し後文を攬《と》らば、斯の理即ち之を決せむ」（同前、九九頁）とも言っている。しかし『楞伽経』の法仏が、唯識説以来の三身論（自性身＝法身、受用身＝報身、化身＝化身）の法身であるとき、如来蔵思想においては、それは理智不二《ふに》の真如と考えられよう。その智をどう見るかは解釈によってくる。真如と一体の無分別智のみなのか、大円鏡智のみはあるのか、すでに四智もそこにあると見るのか。もし報身が、修行の末にもとよりあった四智が顕現したものと見るなら、実は法身は因位の報身（受用身）にもほかならないという理解もありえることになる。それにしても『楞伽経』に言う「攀縁を離れ、能観・所観を離るるが故に」等の説法は、いったいどのようにありえるのであろうか。

そこで密教経典がその様子を補強することになる。その一例は、次のようである。

又た分別聖位経に云く、自受用の仏は、心従《よ》り無量の菩薩を流出《るしゅつ》したもう。皆な同一性《どういつしょう》なり。謂く、金剛の性なり。是の如くの諸仏菩薩は、自受法楽の故に各の自証の三密門を説きたもう、と。云云。

是の如き等の文は並びに是れ自性自用《じゆう》の理智法身の境なり。是の法身等は、自受法楽の故に、此の内証智の境界を説きたもう。彼の楞伽に法身は内証智の境を説き、応化は説かずという文と冥会《みょうえ》せり。此れ則ち顕教の絶離する所の処なり。若し有智《うち》の人、纔《わずか》に斯の文を目ば、雲霧《うんむ》忽ちに朗かにして関鑰《かんやく》自ずから開けん。井底《せいてい》の鱗、巨海《こかい》に逸泳し、蕃籬《ばんり》の翼《つばさ》、寥廓《りょうかく》に翰飛《かんぴ》せん。百年の生盲、乍《たちま》ちに乳色を弁《わきま》え、万劫の暗夜、頓《とみ》に日光を褰《かかげ》ん。（同前、一〇〇～一〇一頁）

前に『弁顕密二教論』のほぼ冒頭部分に、「自性・受用の仏は、自受法楽の故に、自眷属と与に各の三密門を説きたもう」とあったのは、この経典に由来するものでもあろう。単なる理身としての法身ではない、自性身と自受用身とが一体であるものが、内証智の境界を三密門において説いて仏の世界を描き出す、これが密教の教えなのである。こうして、空海は顕教で仏果の世界は説けないという が、密教では仏果の世界そのものが（おそらくは因位にあっても）説いているのだ、そこに言語はあるのだというのである。

『弁顕密二教論』は、このあといくつかの密教経典を引き、『金剛頂分別聖位経』の比較的長い文を引いた後、次のように示している。

喩して曰く、此の経には明《あきら》かに三身の説法の差別、浅深、成仏の遅速、勝劣を説けり。彼の楞伽の三身説法の相と義、合えり。顕学の智人、皆な法身は説法せずと遣《い》うは、此の義、然《しか》にはあらず。顕密二教の差別、此の如し。審に察し、審に察すべし。（同前、一〇三頁）

『弁顕密二教論』はこのような議論を経て、最後に『大智度論』等の次の文言を引用して、法身説法の説（果分可説の説）を確立する。やや長くなるが、そのすべてを掲げておく。

智度論第九に云く、仏に二種の身有り、一は法性身、二は父母生身なり。是の法性身は、十方虚空に満ちて無量無辺なり。色像端政《たんじょう》にして相好荘厳せり。無量の光明、無量の音声《おんじょう》あり、聴法の衆も亦た虚空に満てり。（此は衆を明かす。亦た是の法性身は、生死の人の見る所に非ず。）常に種種の身、種種の名号、種種の生処、種種の方便を出だして衆生を度す。常に一切を度して、須臾《しゅゆ》も息《や》む時無し。是の如きは、法性身の仏なり。能く十方の衆生を度して諸の罪報を受くる者は、是れ生身《しょうじん》の仏なり。生身の仏は、次第に説法すること、人法《にんぽう》の如し（大正二五巻、一二一頁下～一二二頁上）。

又た云く、法身の仏は、常に光明を放ちて常に説法す。而るに罪あるを以っての故に見ず、聞かず。譬えば日は出ずとも、盲者は見ず、雷霆《らいてい》は地を振えども、聾者は聞かざるが如し。是の如くの法身は、常に光明を放ちて常に説法したもう。衆生は無量劫の罪垢厚重なること有って、見ず、聞かず。明鏡と浄水との面を照らすときに則ち見、垢翳《くよう》不浄なるときは、則ち所見無きが如し。是の如く衆生の心清浄なるときは、則ち仏を見たてまつる、若し心不浄なるときは、則ち仏を見ず（同前、一二六頁中）。

又た云く、密迹《みっしゃく》金剛経の中に説くが如きは、仏に三密有り。身密・語密・意密なり。一切の諸の天人は、皆な解せず、知らず（同前、一二七頁下。実際は、『大宝積経《だいほうしゃくきょう》』巻十、秘密金剛力士会第三の三。大正一一巻、五三頁中）。

（上来の経論等の文は、並びに是れ顕密の差別と法身説法との証なり。披鑑の智者、詳にして迷を解け。）（以上の括弧内の文は空海の割註の文。）（『定本』第三巻、一〇八頁）

以上によって、空海は果分可説を法身説法によって証明し、それは自内証の世界を説くものであり、その自内証の世界とは三密のことであるとすることが知られた。なお、『大智度論』の仏身論は、唯識思想で三身論を説く以前の、中観派に特有の、法性身と色身の二身論なのであろう。この二身論における法性身ないし法身は、三身説で言えば、自性身と受用身を合わせたものになる。このように二身論の場合、その法性身とはもとより単純な理智不二の真如のみなのではなく、自受用身そのものをも内容としているものでもある。空海の法身説法説も、基本的に自性身と自受用身の一体となった説法であるので、この『大智度論』の立場と特に齟齬はないと思われる。

空海の法身説法が、自性身と自受用身の説法であることについては、すでに見てきたことであるが、他にたとえば『広付法伝』では、『入楞伽経』の巻第二と巻第八の文（大正一六巻、五二五頁下、五六一頁上）を引用し、「謂わ所る、法仏とは常住三世の浄妙法身、法界体性智、大毗盧舍那自受用の仏是れなり。金剛頂経及び大日経等に説く是れなり」（『定本』第一巻、六六頁）と言っていることからも知られる。空海における法身は、しばしば自性身のみよりも広い概念で、それには自受用身をも含んでいることに間違いはないであろう。

## 空海の仏身論

ここで空海の仏身論について、少し整理しておきたい。空海の仏身論は、自性身《じしょうしん》・受用身《じゅゆうしん》・変化身《へんげしん》・等流身《とうるしん》の四身説なのであった。これらを合わせて四種法身という場合があり、空海が法身というときは、自性身のみを言う場合や、自性身と自受用身のことを言う場合のほか、この四種身全体を言うと理解すべき場合もしばしばあるように思われる。また、この四身の中の自性身は、しばしば理のみと考えられがちである。実際、自性身をあたかも理と表現している場合がある。たとえば『大日経開題』「法界浄心」には、次のようにある。

次に、次第相承に就いて且く浅略の義を釈せば、大毗盧遮那とは、自性法身、即ち本有《ほんぬ》本覚の理身なり。次に成仏とは、受用身《じゅゆうしん》なり。此れに二種有り、一には自受用、二には他受用、修得《しゅとく》即ち始覚《しがく》の智身なり。神変《じんぺん》とは他受用応身、即ち変化法身なり。加持とは等流身、即ち是れ三界六道随類の身なり。若し四を摂して三と為さば、神変・加持を合して一とす。即ち法応化の三身なり。次での如く知んぬべし。又た次《つい》に三大に配して釈せば、大毗盧遮那とは体なり。成仏とは相なり。神変・加持とは、用《ゆう》なり。……

（『定本』第四巻、一一頁）

ここに自性法身は理身であり、体であるとある。しかしながら、そこには「本有本覚の理身」と、その前に「本覚の」という修飾があることに注意しなければならない。ゆえにやはり理智不二なのである。もっとも、実はここは「浅略の義」の立場というべきなのであるが、深秘の立場ならなおさらであろう。おそらく自性身自体が少なくとも法界体性智そのもので、当然、理智不二のはずである。

この自性身は、衆生のうちにすでに具わっていることは言うまでもない。密教では、のみならず、受用身等もすでに成就し、具わっているとの見方に立っている。このことは、『声字実相義』に、「五智四身は、十界を具して而も欠くること無し」（『定本』第三巻、三五頁）、とあることからも了解される。衆生に本覚があり、その内容は五智そのものにほかならないとき、仏身論からすれば当然、四種法身が衆生にも内在し、かつはたらいているということになるに違いない。実際、『金剛頂経開題』にはまさに「四種法身と言うは、自性身・受用身・変化身・等流身、是れなり。此の如くの四種法身は、自然《じねん》自覚なり。故に先成就の本覚の仏と名づく」（『定本』第四巻、七九頁）とあり、この文も衆生に四種法身が内在していることを例証しているであろう。

こうして、受用身ももとよりすでに成就しているとき、その智の働きにおいてはさらに変化身等さえ含むことになるのは当然で、ゆえに四身が内在するという見方になるわけである。『吽字義』の麼《ま》字《じ》の説明に、「遮那如来、自受用の故に種種の神変を化作し、無量の身雲を現じ、無辺の妙土を興す義なり。是れを妙用難思《みょうゆうなんじ》の実義と名づく」（『定本』第三巻、六五頁）とある。受用身は、おのずから無量の神変を化作《けさ》するのである。このことは、実は衆生の内なる仏においても、自覚されずともすでに成就していることとなるのであろう。

そうすると、五智および四種法身のすべてがすでに衆生にも内在し、かつはたらいているという事態を想定しなければならない。言いかえれば、衆生の内なる仏も、現に三密を発揮しているということである。その智は凡夫においても活動しているのであるが、ただ凡夫には気づかれない。しかし自ら仏に成った時は、自覚的に活動するわけである。

かの最澄は無作《むさ》の三身ということを言った。衆生にもとより三身が具わっているということである。その言い方を真似れば、空海の場合は、無作の四身ということになるであろう。

ともあれ、空海の果分可説の説は、果分すなわち仏の覚り（内証）の世界についても説くことができるということよりも、いわば果分にも他ならない法身が説法可能であるということが主題となるよう、やや論点がずらされている。内証の境界を説くとしてもである。もっとも、内証の世界を説くには、法身（自性身・受用身）でなければならないともいえよう。その要点は繰り返しとなるが、自性身とはけっして静止的な理のみでなく、理智不二であり、しかもその理智不二とは単に真如についてのみ言うことなのではなく、理（普遍）にして智（個）であるということである。加えて果位に実現すべき自受用身もすでに因位に成就しているのであり、その自性身と自受用身とが、その個の眷属ともども密教の教えを説法する。さらにそのもっとも重要な意味はおそらく、実は衆生の内において、自受用身にも相当する仏身がもとより説法し続けているのが真実であるということにある。のみならず、むしろ四種法身が因位に存在しているということでもある。衆生の内なる仏身に三密がはたらいている、そこに法身説法があるということなのである。

## 自内証の世界を説くということ①

　とはいえ、顕教が究極の仏果は説けないとしていたのに対し、密教としてこれを覆す立場を闡明にするなら、では密教はその自内証の世界をどのように言語によって説くのか、も問いたいところである。前に『弁顕密二教論』には、「唯だ自性法身のみ有って、如義真実の言を以って、能く是の絶離の境界を説きたもう。是れを真言秘教と名づく。金剛頂等の経、是れなり」（同前、八七頁）ともあった。「是の絶離の境界を説く」という「如義真実の言」はどういうものであるのかと、それはどのように自内証の世界を説くのかとを、空海はどのように説明するのであろうか。畢竟、真言秘教とは、どのような言語なのであろうか。

『弁顕密二教論』には、「自性・受用の仏は、自受法楽の故に、自眷属と与に各の三密門を説きたもう。之を密教と謂う。此の三密門とは、謂わ所る如来の内証智の境界なり」（同前、七五頁）と示すのであった。空海によれば、身密・語密・意密の三密こそが自内証の世界なのであり、「是の絶離の境界」とは、実は三密のことにもほかならないことになる。このとき、仏が三密の法門を説法するということは、どういうことなのであろうか。ここで、三密の法門を語るという事態を少し詳しく分析して理解し、かつそのことと言語との関係を考察してみたい。

　まず、実は三密の活動そのものがそのまま説法である、という立場がありえることを確認しておきたい。つまり、三密を説くということは、実は三密が説いている（言語活動している）ことを明らかにすることだということである。これもある意味で、一種の論点のすり替えではあるが。

三密のうちの少なくとも語密は、説法そのものであることに間違いない。もちろんそれは何かを説いているであろう。一方、身密もまたそれ自体、いわばボディランゲージとしての説法であると見ることができる。特に語密において説法する際には、それこそ身ぶり手ぶりが交えられてもいようから、それは、語密と一体であると言えよう。あるいは何か恰好を形作ったり（印を結ぶとか）行動したりするのでなくとも、その姿・形そのものにおいて、たとえば衣服や冠や荘厳具等においても、すでに何らかのメッセージを表現していて、それは説法にもほかならないとも言えるであろう。実は自性身・自受用身は、凡夫にはとうてい見られはしないのであるが、その仏身も妙色身を具えていることは間違いなく、そこに色身における表現はありえることである。また、その活動はおのずから変化身等を現わすのであった。このとき、変化身の色身に見出される持ち物等、四種曼荼羅で言えば、三昧耶曼荼羅も説法そのものになる。

さらに、これらの身密・語密の背景に、意密があることは言うまでもない。その核心は、衆生救済の意思の発動である。

そうすると、意密→身密・語密において、三密はすべて説法であり、その全体が広義における言語そのものである、と言えるかと思う。ちなみに、『大日経開題』「衆生狂迷」には、毘盧遮那を本地法身とし、如来を加持身として、この加持身は、「……即ち無相法身と無二無別なり。而も自在神力を以って一切衆生をして身密の色を見、語密の声を聞き、意密の法を悟らしむ。其の根性に随って種種に不同なり」（『定本』第四巻、二二頁）とある。

よく空海は、『声字実相義』において、「声字即実相」と説いたと言われる。では、どういう意味において声字が即ち実相なのか、その意味はけっして単純ではない。その一つの解釈は、言語は三密の世界そのものの中にある、三密そのものだ、その三密が実相だの意があるであろう。確かに声字＝三密＝自内証＝実相であるに違いない。

また、同書には、声・字・実相がただちに三密であるとも説かれている。そこでは、声＝語密、実相＝身密と明確に示されており、そうであるなら字（・名・句）＝意密と考えられよう。この場合は、「声・字・実相」即実相と見るべきである。

なお、仏の内容は、行為の面からして三密であるとしても、その身心（行為）が住する国土、密厳《みつごん》浄土のことを忘れることはできない。その国土は絶えず三密の基盤にあるわけであり、三密と一体であることを想起すべきである。このとき、身密がさまざまな意味で説法であるのと同じく、その国土という物質的環境のあり方も、まさに仏のあり方を物語る表現を荷っているに違いない。とすれば、やはり仏国土も三密に参画しており、三密と切り離せないに違いない。仏の三密という時、往々にしてこのことが隠れてしまいがちであるが、けっして忘れてはならないはずである。

ともあれ、法仏（自性身＋自受用身）は、果位はもちろん因位（在纏《ざいてん》の法身。衆生の内なる法仏）であれ、三密を発揮している。そのこと自体が内証の内容であり、かつ広い意味での言語そのもの、つまり説法そのものだと見ることは十分できよう。このとき、三密の活動そのものを言語活動とうけとめるべきで、三密を発揮していることが法身説法である、と見ることができるということになる。

そのことが無明・煩悩の影響で、自覚されないのが凡夫、多少なりとも自覚したのが菩薩、完全に現成したのが仏である。こうして、三密を説くということは、三密そのものが説法であることを明かすこととして受け止められる。このことは、衆生自身の中で実は仏が三密を発揮している、すなわち説法していることを明らかにすることでもあるのである。このことを説くのが密教の教えと受け止められるわけである。

## 自内証の世界の構造

ここで、三密がすなわち自内証の世界であるという、その自内証の世界をもう一度、ふり返っておこう。

まず、仏教が説く世界の光景について、素描しておく。あらゆる存在の本性である真如（＝法性＝空性）においては、諸仏のみならず諸衆生もふくめて、平等一体のはずである。ここを、密教では法界体性という。そのことを明かす一例として、たとえば『吽字義』で汙《う》字の実義を説く中に、「今、仏眼を以って之を観ずるに、仏と衆生と同じく解脱の床に住す。此も無く彼も無く、無二平等なり。不増不減にして周円周円なり。既に勝劣増益《ぞうやく》の法無し。何ぞ上下損減《そんげん》の人有らん。是れを汙字の実義と名づく」（『定本』第三巻、五九頁）とある。このような教えの例は、他にもいくつもあるであろう。

しかし一方、仏の有する五智は諸仏・諸尊等のそれぞれごとに個別である。その個の全体が、時に身として語られる。唯識思想から言えば、それぞれの個が八識で、人人唯識《にんにんゆいしき》（それぞれ八識から成り立っている）である。ある個の八識のうちの阿頼耶識に有根身（個体）と器世間（環境）が維持されている。そういう仕方での身心の全体を身（衆生身ないし仏身）と表現するのであり、実のところは国土もふくめて一身の中にある。『即身成仏義』に、「是《か》の如くの六大の法界体性所成の身は、無障無礙にして、互相《たがい》に渉入し相応せり。常住不変にして、同じく実際に住す」（同前、二三～二四頁）とある、その身とはこのことである。

その上で、平等無差別の一において多個（身）があり、多個（身）にして一である、という事態が現成しているはずである。世界の原構造はそのようになっているわけであり、このことは、実は唯識思想も含めて大乗仏教全般と密教と変わるものではない。特に如来蔵思想のような理智不二の立場と、密教の世界観は共通である。自性身が理智不二であるとき、それはその平等無差別の一と多個の中の個との矛盾的自己同一を内容とするものでなければならない。それ（自性身）を単なる真如や理のみととらえるのは誤りである。あるいはまた法界体性智も、そういう構造を持っているはずである。

唐突ながら、密教はしばしば阿字本不生《ほんぷしょう》という。それが世界の根源であるという。そのときある者は、それは分節以前だとし、しかもそこからおもむろに分節が始まるのだというかもしれない。しかし事実はそうではない。阿字は本不生だけでなく、後に見るように行・証・方便等も含んでいるのである。そこに無分節から分節への時間的な発出論があるわけではない。『即身成仏義』には「能所の二生有りと雖も、都《すべ》て能所を絶えたり。法爾にして道理なり。何の造作か有らん。能所等の名も皆な是れ密号なり。常途の浅略の義を執して種種の戯論《けろん》を作すべからず」（同前、二三頁）とあった。そのように、もとより常に「普遍にして多個・多個にして普遍」なのである。阿字はそれを分解して象徴するのではなく、実はその矛盾的自己同一をそっくり象徴していることを見て取らなければならないであろう。そこは密教の世界観の急所でもあるであろう。

さて、衆生の中にもとより五智・四身が存在していること、ゆえに仏としての三密が存在していることになるはずで、これをさらに別の言い方で言えば、衆生に四種曼荼羅がもとより有る（衆生本有の曼荼羅）ということである。四種曼荼羅の、法曼荼羅は説法の世界、大曼荼羅は身相の世界、三昧耶曼荼羅は心意の象徴の世界である。そして羯磨曼荼羅は活動のことである。故に四種曼荼羅は三密にもほかならない。しかもそこに、羯磨曼荼羅があることによって、個の本質が活動態であることが知られる。『声字実相義』に、「謂わ所る、声字実相といっぱ、即ち是れ法仏平等の三密、衆生本有の曼荼なり」（同前、三五頁）と、三密が曼荼すなわち四種曼荼羅で言い換えられる所以である。前にも触れたように、身・語・意の活動は、ある意味で、すべて言語活動なのであった。ただしそれは、狭義の言語ではなく、表現一般と言ってもよいほどに広義の意味での言語活動である。

なお、今の引用に「法仏平等の三密」という言葉があることを見逃すことはできない。ここを精確に理解しておくことは、実はきわめて重要なことである。その平等の意味について、まず身密・語密・意密のすべては、仏の意思そのものの表現として一体無二であると言え、そこに一個（一身）における三密間の平等の三密が見出される。なお、『大日経』「秘密漫荼羅品」には、身・語・意の量はどれも虚空に同じく平等である旨の句がある（大正一八巻、三一頁中）。

次に、すでに果位にある仏の三密と、衆生の内なる仏の三密とも平等である。この意味の平等の三密もある。

のみならず、各仏の三密は相互に関係しあい渉入しあっていて、平等不離である。そういう、諸仏・諸尊の間の平等の三密も視野に入れておかなければならない。『即身成仏義』には、「一一の尊等に刹塵の三密を具して、互相に加入し、彼れ此れ摂持《しょうじ》せり。衆生の三密も亦復た是の如し。故に三密加持と名づく」（『定本』第三巻、二五頁）とある。それぞれの仏の三密は、そうした「互相に加入し、彼れ此れ摂持せり」という事態の中でのことなのであり、そのことを含めての一個の三密の活動が説法としての言語活動そのものだということなのである。

その前提に、法界体性において成立している多個（身）は、互相に渉入しあっているという事態がある。『即身成仏義』に、「是の如くの六大の法界体性所成の身は、無障無礙にして、互相に渉入し相応せり。常住不変にして、同じく実際に住す。故に頌に、六大無礙常瑜伽（六大無礙にして常に瑜伽なり）、と曰う。解して曰く、無礙とは渉入自在の義なり。常とは不動、不壊等の義なり。瑜伽とは翻じて相応と云う。相応渉入は即ち是れ即の義なり」（同前、二三～二四頁）とあるようである。故にその頌に、「重重帝網のごとくなるを即身と名づく」というわけである。その「即身成仏頌」を引く『大日経開題』「法界浄心」では、「又た帝釈の珠網《じゅもう》、重重に交映《こうよう》し彼此渉入するが如く、四種法身四種maṇḍa（曼荼）互相に渉入し、無尽無尽にして算数《さんず》譬喩の知る所に非ず」（『定本』第四巻、一〇頁）等とある。

このとき、自己の身に、あらゆる他の個の身が関係しており、その全体が自己であるということになる。故に『秘蔵宝鑰』第十・秘密荘厳心の中には、「刹塵の渤駄《ぼっだ》は吾が心の仏なり、海滴《かいてき》の金蓮《こんれん》は亦た我が身なり」（『定本』第三巻、一六八頁）とあり、さらに、『秘密曼荼羅十住心論』の第十・秘密荘厳心の冒頭にも、次の説がある。

秘密荘厳住心といっぱ、即ち是れ究竟じて自心の源底を覚知し、実の如く自身の数量を証悟するなり。謂わ所る、胎蔵海会の曼荼羅と、金剛界会の曼荼羅と、金剛頂十八会《じゅうはって》の曼荼羅と是れなり。是の如くの曼荼羅に、各各に四種曼荼羅・四智印等有り。四種と言っぱ、摩訶と三昧耶と達磨と羯磨と是れなり。是の如き四種曼荼羅、其の数無量なり。刹塵も喩に非ず、海滴も何ぞ比せん。

（『定本』第二巻、三〇七頁）

ここにも、まさに自己の源底は曼荼羅であり、その数量を証悟するのだとある。測り知れない諸仏・諸尊が自己に具わっているとある。もちろんその数量は莫大なものがあるであろう。秘密荘厳心の「秘密」の内容はこのことなのであり、真言密教の世界においては、もとよりそういう自己であることが覚証されるはずなのである。

興味深いことに、『秘蔵宝鑰』の「帰敬頌」でも同様であるが、特に『秘密曼荼羅十住心論』の「帰敬頌」には、次のような句がある。最極大なる秘法界の体すなわち法界体性（体大）と、四種曼荼羅（相大）の、

……能所無碍の六丈夫を（帰命したてまつる）。是の如くの自他の四法身は、法然として輪円《りんねん》せる我が三密（用大）なり。天珠のごとく渉入して虚空に遍じ、重重無碍にして刹塵に過ぎたり。

（同前、三頁）

とあるのである。「能所無碍の六丈夫」とは、六大（諸徳性）からなる法界体性と不一不二の各身（各丈夫）ということで、その身の内容はここでは四種法身と表現されている。それは、三密とも四種曼荼羅とも同等のものである。その測り知れない数の各個の三密の活動が、因陀羅網の喩によって表わされるように重重無尽にしかも無礙に渉入しあっている。その全体が、自己の身ないし自己の三密に具わっているのである。しかも「法然として輪円せる我が三密」であるというのである。

ここにおいて、一仏の三密に他の無数の諸仏等の三密が融合しているあり方こそが実相であろう。ある個の三密が全体、説法である時、その多個における重重無尽の交響の中でそれが行われているのである。それが眷属とともにということと受け止めてもよいのかもしれない。そのことを明かすことが、自内証の世界を語るということである。

ここに、空海が説く密教の自内証の世界の原風景があるであろう。空海密教における実相とは、このような重重無尽の交響の中での三密の動態のことなのである。そういう三密の活動がそのまま法身説法だという主張は、理解できないものではないであろう。なおこの理解は、果分可説を、果分について説くことができるの意によるものではなく、果分が説くことができるの意での解釈である。

## 自内証の世界を説くということ②

前には三密の法門を説くということを、三密について語るというよりも、いわば三密がそれぞれ語っている事態を明かすことという意味での理解を述べてみた。法身説法とは、法身が語るということであれば、以上のことを意味していると考えられる。その様相は上述においてある程度、知られたであろうが、やはり顕教と異なる果分可説の意義を明確にしようとするなら、仏の自内証の世界、果分について、まさに語りうるということについても考察すべきではなかろうか。

顕教では、空海において最深と評価された華厳思想においてさえ、「因分可説・果分不可説」なのであった。究極の真如・法性は、言葉では説けないという。説けないという言葉で、かろうじてその内実を表わす（廃詮談旨）というのである。その果分を密教ではどのように語るのであろうか。再三取り上げるが、『弁顕密二教論』には、「唯だ自性法身のみ有って、如義真実の言を以って、能く是の絶離の境界を説きたもう。是れを真言秘教と名づく。金剛頂等の経、是れなり」（『定本』第三巻、八七頁）ともあった。「是の絶離の境界を説く」ということを、空海はどのように説明するのであろうか。

顕教において、真如・法性が言葉では説けないというとき、まず、それはどんな概念でもとらえきれないということがある。あらゆる意味的限定を越えているということである。それはまた、対象化することではその全体性、一者性を示すことはできないということでもある。これは、分別を否定するということでもある。その言表を通じて、その証得の体験に至らせようとするのである。

しかし密教は果分をも語りうるとしたはずである。しかも密教が見ている果分は、実は単なる平等無差別の真如ではなく、前にも見たように普遍にして個、むしろ「普遍にして多個・多個にして普遍」の矛盾的自己同一なる事態そのものでなければならない。密教は、このことをいかに語るかに腐心するはずである。

それにはまず、対象的分別の中で言語をあやつることは離れなければならない。そこで、世間における言語の用法を打破することが求められる。その一つの道は言語・分別の否定であったが、そのもう一つの道は、矛盾をそのままに表現することである。不一不異とか、単なる不可説でなくて、不可説にして可説とか、平等にして無差別・無差別にして平等とか、一にして多・多にして一とか、である。世間世俗的にはこの矛盾は排除されるが、覚りの世界では許容されなければならない。空海は『秘蔵宝鑰』の中で、第九住心の名前の「極無自性（心）」の意味を、「真如法界不守自性随縁の義を明かす」（同前、一六三頁）と言っている。これも絶対は絶対を守らないで相対に翻るということであり、まさに実在（空性）と現象の矛盾的自己同一的立場を表明したものである。ただしこのあたりまでは、華厳等（顕教）ですでに説かれていたことと言わざるをえない。その限りでは密教独自とは言いえない。

では、密教独自の言語の用法は、どのようなものなのであろうか。ここに、「如義真実の言をもって」説くという、その言語とはどのようなものなのであろうか。

このとき、言語活動における文章や単語の意味を一義的に規定して受け止める立場を超えることが、その一つの方法であろう。そこに、言語を語りながら同時にその言語自体を解体して、存在の異なる地平を現わし出すことをめざすことになる。このことは、言語を暗号として用いることに他ならない。空海は言語の表層的な意味の下に隠れている意味を洞察し、明るみに出すことによって、事柄の実相を明らかにしようとした。

その代表的な一例は、『即身成仏義』の「即身成仏頌」の、前半第一句、「六大無礙にして常に瑜伽なり」（同前、一八頁）である。ここで「六大」は実は元素等のことではなく、法界体性の諸徳性のことなのであり、ここにまさに言語を象徴若しくは暗号として用いている例が見られる。しかも「無礙にして常に瑜伽」なるものは実は「六大」そのものなのではなく、「六大所成の身」であるという。つまり、法界体性そのものというより、それと不一不二においてもとより成立している諸仏・諸尊等の各個が、常に無礙に瑜伽している、すなわち渉入しあっているというのである。このことまでをも、「六大無礙にして常に瑜伽なり」の句に読むことは、一般的にはなかなか困難なことであろう。

このように、密教は言語を密号・暗号として用いることに、一つの活路を見出している。このことは、世俗言語体系に拘束されている我々の認識のあり方に揺らぎをもたらし、それを解体し、言語・分別の箱眼鏡でしか見ていない世界を越えた地平をもたらすであろう。こうして、密教の言語は、一義的ではなく多義的であることにおいて、顕教の言語と本質的に異なるものであったのである。

同様の例として、『声字実相義』では、「五大に皆な響き有り」（同前、三八頁）とある。この五大とは、地大・水大・火大・風大・空大のことで、世間一般的には、物質を構成している元素のことである。仏教から見る場合、説一切有部ではそれぞれ極微《ごくみ》（原子）から成り立っているというが、大乗唯識思想の分析では、特に四大に関して、堅・湿・煖《なん》・動の諸性質に他ならない。一方、響きとはここでは、音声のことである。『声字実相義』は、色塵の説明（同前、四一〜四二頁）や四大と色法（色・声・香・味・触等）の関係の説明を、『瑜伽師地論』から引用しており（同前、四三頁以下）、説一切有部の立場を援用するとは思えず、そうすると、唯識思想にいう五大（堅・湿・煖・動等の諸性質）のおのおのが音声をあげるとは、とうてい思えない。五大からなる色法のうちの声境、もしくは五大からなる五境の上に構想された諸々の事物が触れ合って音声を挙げるということは、ある程度、了解可能であるが、その場合は、「五大所成に皆な響き有り」と言うのが十全である。しかもこの五大が、もしも『即身成仏義』の六大のように、実は法界体性の諸徳性であったとするならば、上来のいくつかの五大の意味を読んでも何も読んだことにはならない。

はたして『声字実相義』は、この「五大」について、「密の五大とは、五字五仏及び海会の諸尊是れなり」（同前、三九頁）と、諸仏・諸尊のことだという。五大は五字によって表わされるが、その五字を種字（種子）とする五仏のことなのだというのである。しかもけっして五仏のみではない、他のあらゆる諸仏・諸尊をも意味しているというのである。したがって、この五大の語ないしそれを含む句もやはり暗号のようなものである。

『即身成仏義』等に、心王・心数《しんず》（心数は心所有法の旧訳）の語が出る（同前、一九頁）。これは実は、けっして唯識思想にいう五位百法の五位の心王・心所有法のことではなく、五仏と他の諸仏・諸尊のことである。そのことは、『秘密曼荼羅十住心論』に「一一の字門の五字は即ち各各門の五仏五智なり。是の如くの五仏、其の数無量なり。五仏は即ち心王なり、余尊は即ち心数なり。心王・心数、其の数無量なり」（『定本』第二巻、三一〇頁）とあることから明らかである。このような語の表面には隠れている意味を、普通にはとうてい読めないであろう。

こうした暗号の例としてもう一つだけとりあげておきたい。『吽字義』では、『守護国界主陀羅尼経』「陀羅尼功徳軌儀品」の「烏（汙）字は即ち報身の義なり」（大正一九巻、五六五頁下）を解釈して、「此の報とは因縁酬答《しゅうとう》の報果には非ず。相応相対の故に名づけて報と曰うなり。此れ則ち理智相応の故に報と曰う。心境相対の故に報と曰うなり。法身智身相応無二の故に、報と名づく。性相無礙渉入の故に報と曰うなり。体用無二相応の故に報と曰うなり。是の故に常楽我浄は汙字の実義なり。損減無きが故に。……」（『定本』第三巻、五八頁）とある。仏の三身の一つ、報身の報は、ふつうは修行の報い、因位の果報の意である。しかし密教にいう報身の報は、そうではなく、「相応相対」の意なのだという。いわば時間的な因果相応のことではなく、同時空間的な相互対応等の意だというのである。その一つに、理智相応、体用無二、あるいは法身智身相応無二とある。そうであればつまり前にも指摘したように、自性身と受用身（報身）とは無二一体だということである。それゆえ、その二身も、ひいては四身も、衆生のうちに内在していてかつはたらいているのである。

以上のように、単語の地平での多重的な意味を込めての用法は、密教独特の言語空間を形成する。我々はその語に、表面的な意味を越えてその真意を読み込んでいくのでなければならない。逆にその語の表面を超えた意味に遭遇することによって、我々は世俗言語の妄想分別により隠されてしまった意味や存在そのものを知ることができるであろう。そこに、果分について説ける可能性がないとは言えないであろう。

こうして、空海は名・句・文のいずれの地平においても、その一々が多重的な意味を有していると指摘する。このことについて、『大日経』の「等正覚《とうしょうがく》の真言の、言《ごん》と名《みょう》と成立《じょうりゅう》との相は、因陀羅宗の如くして、諸の義利成就せり」（大正一八巻、九頁下）等とある頌に対する、『大日経疏』の解説の中に、如来の真言は、「一一の言（字）に於いて、皆な具《つぶさ》に能く一切の義利を成就す。一一の名中、亦た具に能く一切の義利を成就す。一一の成立相の中、亦た具に能く一切の義利を成就す」（大正三九巻、六四九頁下）等とあって、名や句のみでなく言（＝字＝文＝母音・子音）の一つひとつにおいてすべてつぶさに一切の義利を成就すると言っている。この言が字であることは、『金剛頂経開題』において、「梵の言名成立とは、一字を言と曰い、二字を名と曰う。多字は成立、亦たは句と名づくるなり」（『定本』第四巻、七五頁）との説明があることからも間違いないであろう。『声字実相義』はここを、「若し秘密の釈を作さば、一一の言、一一の名、一一の成立に、各の能く無辺の義理を具す。諸仏菩薩、無量の身雲を起こして、三世に常に一一の字義を説くとも、猶尚し尽くすこと能わず。何に況や凡夫をや」（『定本』第三巻、三七～三八頁）と説明している。同じことが『秘蔵宝鑰』にも説かれている（同前、一七四頁）。

ともあれ、言、名、句または成立で、順に言語に関する母音・子音、単語、句ないし文の地平のことになり、そのおのおのの一々に無辺の義があるという。単語一つにも無辺の意味があり、句ないし文章にも無辺の意味がある。のみならず、一字においてすら無辺の意味があるというのである。一般に字（母音・子音）はそれだけで意味を持つことは稀であろう。場合によっては一字でも名である例はないわけではなかろうが（たとえば日本語で言えば、て・は・め等）、この、各字に無辺の意味があるという前提こそ、密教独自の言語哲学を構成するものである。

ただし文章や単語レベルが意味的に多重であるとき、その表現内容の意味が絞り切れず、結局、言語として意味をなさない事態に陥らないとも限らない。この時、正しい了解が、師伝等によりひそかに示されていなければ、適切な理解は生まれえないであろう。そうでなければ、言語が世俗的了解の場において独り歩きして、本来の意味が失われてしまう可能性がある。言葉を暗号として用いる時、その暗号解読には、十分な注意が必要である。

実は釈尊は、自分には握りこぶしはないと語って、何一つ秘密は持っておらず、すべてを公開しているとの立場に立ったのであった。それは社会的特権を独占しようとするバラモンが跋扈する古代インド社会においては、実に新鮮・清新なことであった。密教が表面的な意味では理解できない言葉、暗号で教えを語るとすれば、その秘密性はやはり問題とされなければならないであろう。

## 字を重視する言語哲学

一方、母音・子音（詳しくは子音＋母音）等の音素（文字）の一つひとつにも、すでに多重的な意味の表現があるとされていたことは、一般の言語には見られないことであり、サンスクリット語に源流があるとしても、密教独特の言語観である。密教ではこのことを非常に強調していて、密教の言語哲学の主たる内容となっていると言っても過言ではない。このことは、表意文字なら当然かもしれないが、サンスクリット語のような表音文字の場合は、斬新で深秘な事態ということになる。空海はしばしばこの密教の奥義は、梵字によらなければ知りえないと言っている。この、特に字（母音・子音）の多義性を重視する立場こそが、おそらく果分可説の一つの通路になりえるのだろうと思われる。前に、五字が実は五大や五仏等々を意味し、むしろ表現し、現成せしめている例を見た。

以上をふまえ、これより、空海における言語哲学において、字がいかに重視されているかを見ていくことにしよう。たとえば、まさに暗号解釈に関することでもあるが、言語の表層的な意味のみを受け止める立場を「字相」といい、その深層に隠れている意味を汲みだす立場を「字義」という。もちろん、字相は浅略、字義は深秘の立場である。およそ言語の各地平に、浅略と深秘との意があるとしても、そのことを名相・名義や句相・句義でもなく、あくまでも字相・字義によって語るということは、空海が字の意義をどこまでも尊重していたことを物語っていないだろうか。

この字の深い秘密は、字とその表わす意味が、もとより法然に成立しているものだから、というのが空海の認識である。一例に、空海が嵯峨天皇に差し上げた『梵字悉曇字母《ぼんじしったんじも》并《ならびに》釈義《しゃくぎ》』には、このことについて次のように説明している。

> 若し大毗盧遮那経に依って云わば、此れ是の文字は自然《じねん》道理の所作なり。如来の所作に非ず、亦た梵王、諸天の所作にも非ず。若し能作の者有ると雖も、如来随喜したまわず。諸仏如来は仏眼を以って此れ法然の文字なりと観察して、即ち実の如くして之を説きて、衆生を利益したもう。梵王等は伝え受けて、転《うた》た衆生に教う。
>
> （『定本』第五巻、一〇二頁）

このように空海は「法然の文字」なる存在を認めるのであった。このことは、誰かがいつか創ったわけではないのである。『秘密曼荼羅十住心論』第十・秘密荘厳心にも同様に、真言は法爾にして常住であることが強調されている（『定本』第二巻、三一九～三二〇頁）。

ともあれ、この字相・字義のことについて、空海はしばしば語っている。その字義のことについて、ここでしばらくその周辺の事情から見ておきたい。もちろん、そもそも字に深秘の意義があることについては、密教以前にも説かれてきたのかもしれず、すでにインド古来の伝統に一部あったのかもしれない。特に仏教の中で言えば、たとえば『華厳経』「入法界品」において、その原初的な形態を見ることができる。

「入法界品」において、善財童子は衆芸《しゅげい》を善知するという遍友童子師を訪ねた時、彼からサンスクリット語の四十二の文字のそれぞれの深い意味について教わるのであった。すなわち、「我れ恒に此の解脱根本に入るの字を唱持す。阿を唱する時、般若波羅蜜門の菩薩威徳各別境界と名づくるに入る。羅字を唱する時、般若波羅蜜門の平等一味最上無辺と名づくるに入る。波字を唱する時、般若波羅蜜門の法界無異相と名づくるに入る。……」（六十巻本。大正九巻、七六五頁下）とあるようである。このように、一字が象徴的に特別な意味を有していることを、『華厳経』はすでに説いていた。このことは、八十巻『華厳経』でもほぼ同様である（大正一〇巻、四一八頁上）。

興味深いことに、長安において訳者の般若三蔵からこれを日本に広めよと言われて授かった四十巻『華厳経』においては、各字の説明が少々詳しくなっており、たとえば阿字に関しては、「婀字を唱する時、能く甚深に、般若波羅蜜門の、菩薩勝威徳力を以って諸法本無生義を顕示すと名づくるに入る」（大正一〇巻、八〇四頁上～下）とあって、本無生の語が登場する。『華厳経』が、どこかで阿字本不生を説く密教と連絡したものであろう。

実際、密教はこの遍友童子師の教えに着目していたのであろう、実は不空に『大方広仏華厳経入法界品四十二字観門』なるものがあり、それは今の『華厳経』「入法界品」の遍友童子訪問の箇所の密教版なのである。そこでは、たとえば阿字の説明には、「一切法、本不生を悟るが故に」の句が補われている。さらに囉字には、「悟一切法離塵垢故」、跛字には「悟一切法勝義諦不可得故」といった具合で（大正一九巻、七〇七頁下）、以下、それぞれの字の称持（称えたもつこと）がその特定の法門に入ることになる理由が示されていて、その理由は密教的な説明になっている。そうであれば、『華厳経』「入法界品」のこの箇所は、のちに密教がその文字に関する言語哲学を展開する淵源となったものと考えられるのである。

ただし今の例では、一字に多重、無辺の意味が蔵されていることまで明示的に説かれていたわけではない。そのことについては、もう少し後に見ることにしよう。いずれにしても、各字はそれのみで深い意味を有しているのである。そのことは、密教経論には種々説かれてきた。一例に『大日経疏』には、次のように説かれている。

> 声聞法の如きは、解脱の中、文字有る事無し。而も維摩詰、文字を離れずして解脱の相を説く。故に不思議解脱と名づく。今、此の字輪、亦た爾り。即ち無相法身を以って種種の声字を作る。種種の声字、無相法身を作る。故に不可思議真言相と名づくるなり。
>
> （大正三九巻、六五八頁上。『維摩経』は、大正一四巻、五四八頁上参照。）

これらを受けて、『梵字悉曇字母并釈義』には、字義について次のように説明している。

世人は但だ彼の字相のみを知りて日に用いると雖も、未だ曽て其の字義をば解らず。如来のみ彼の実義を説きたもう。若し字相に随って之を用うるときは、則ち世間の文字なり。若し実義を解するときは、則ち出世間の陀羅尼の文字なり。（『定本』第五巻、一〇一頁）

『秘密曼荼羅十住心論』にも、「今、世間に誦習する所の悉曇章は、本は是れ如来の所説なり。梵王等、転転伝受して、世間に流布す。同じく用うと云うと雖も、然も未だ曽て字相字義、真実の句を識らず」（『定本』第二巻、三二三頁）と、同じことを説いている。

さらに『梵字悉曇字母并釈義』では、

此の悉曇章は、本有自然の真実、不変、常住の字なり。三世の諸仏は皆な此の字を用いて法を説きたもう。是れを聖語《しょうご》と名づく。自余の声字は是れ則ち凡の語《ことば》なり。法然の道理に非ず。皆な随類の字語ならくのみ。若し彼の言語に随順する、是れを妄語と名づけ、亦た無義語と名づく。若し能く聖語に随順するときは、即ち無量の功徳を得。（『定本』第五巻、一一一頁）

とあり、また、

然も梵字梵語には、一字の声に於いて無量の義を含めり。改めて唐言に曰えば、但し片玉を得て、三隅は則ち闕けぬ。故に道安法師は五失の文を著し、義浄三蔵は不翻の歎を興せり。是の故に、真言を伝うるの匠、不空三蔵等、密蔵真言を教授するに悉く梵字を用いたまえり。然れば則ち此の梵字は三世に亘って而も常恒なり。十方に遍じて以って不改なり。之を学し之を書すれば、定めて常住の仏智を得、之を誦し之を観ば、必ず不壊の法身を証す。諸教の根本、諸智の父母、蓋し此の字母に在るか。……

（同前、一〇五～一〇六頁）

と明かしている。なるほど『秘蔵宝鑰』に、「又た是の一一の句等に、浅略・深秘の二義を具せり。帥爾《そつじ》に談じがたし」と、句の地平における深秘の意義があることも語るものの、その直前には「又た一一の字に三の義を具せり。謂わ所る声と字と実相なり。又た二義を具す。字相と字義となり」（『定本』第三巻、一七四頁）とあって、すでに字の地平に深秘の意味を見出している。この字の地平の深秘の子細を明かそうとすることが、空海の言語観の土台となっているであろう。

この字に基づき、名も句も成立しているものが、密教の仏の説法の言語であり、「如義真実の言を以って、能く是の絶離の境界を説きたもう」（本書、二六六頁参照）の「如義真実の言」にもほかならないであろう。このことに関連して、『秘蔵記』には、

真言とは、如来の言は真実にして虚妄なきが故に、真言と曰う。然も皆な是れ一一の辺を挙げて名づくる所なり。曼荼羅を以って真言の名と為す。曼荼羅と言うは、梵語か漢語か。梵語にして漢語に非ず。曼荼羅を以って漢語に翻せば云何ぞ。曼荼羅に衆多の義を含む。相当の者無きに依って、翻訳家翻せずのみ。

（『定本』第五巻、一二三八頁）

とあり、真言＝マントラを、真言＝曼荼羅と示している。このことは、『声字実相義』にも「故に経に、真語者・実語者・如語者・不誑語者・不異語者と云う。此の五種の言、梵には曼荼羅と云う」（『定本』第三巻、四〇頁）とあり、『秘密曼荼羅十住心論』にも、「謂く、真言とは且く語密に就いて名を得。若し具に梵語に拠らば、曼荼羅と名づく。龍猛菩薩は秘密語と名づく。且く語密の真言法教に就いて、法曼荼羅心を顕示せば、経に云く、……」（『定本』第二巻、三〇八頁）とある。さらに『広付法伝』には、「是の如くの法身、智身、二種の色相平等平等にして、一切衆生界・一切非情界に遍満して常恒に真実語、如義語の曼荼羅法教を演説したもう」（『定本』第一巻、六七頁）とあり、空海は真言を意識的に曼荼羅で表わそうとしていた。おそらくその場合の曼荼羅の意味は、法曼荼羅を基調にしていたであろう。それは、まさに自性身・自受用身の説法のことであり、しかもその言語の根幹に多重の意味を持つ字（母音・子音）があるのである。

なお、文即字の字は、音声の音韻屈曲としての母音・子音（聴覚上）が基本であるが、密教においては、書かれた梵字（視覚上）においても、さまざまな意味が読み込まれ、そのことにおいて一字の多重的な意味を説明する場合も少なくない。一例に、『吽字義』には、「復た次に、如来、何の法を以ってか諸障を恐怖《くふ》したもうや。謂く、即ち此の吽字門を以ってするなり。下の三昧の画《かく》は即ち是れ具《つぶさ》に万行を修するなり。上に大空点有り、即ち是れ已成《いじょう》の万徳なり。訶字は即ち是れ法幢旗《ほうどうき》三昧なり。空点合するが故に即ち是れ高峯観《こうぶかん》三昧なり。上の点は是れ明妃《みょうひ》の母なり。下の画《かく》は是れ胎分《たいぶん》、日《ひび》に増す。是の如くの義の故に、適《まさ》に声を発する時に、魔軍敗壊《はいえ》す。即ち是れ恐怖の義なり」（『定本』第三巻、七二頁）などとある。密教においては、音声の視覚化された梵字の文字の差別が、非常に大きな役割を果たしていくことにも留意すべきである。

## 空海における字の世界

こうして我々は、空海の言語哲学を深く理解するためには、その字義をどこまでも探索していかなければならないことになるが、では、そもそも字とはいったいどのようなものなのであろうか。

空海にとって、この字とはあくまでもサンスクリット語（梵語）の中の字である。それは、音声を基本とするので、声字ともよく言われる。もちろん、その視覚化としての文字もあり、さらに『声字実相義』においては、六塵に文字があることになるが、基本はやはり音声上の言語である。その文字に、サンスクリット語では、以下が用意されている。勝又俊教『秘蔵宝鑰　般若心経秘鍵』（仏典講座三二、大蔵出版、一九七七年）に紹介されているものを借用する。

**字母**

摩多（mātā　母音）　十六字

体文（vyañjana　子音）　三十五字　五類声と遍口声に分かれる。

**五類声（k c ṭ t p）**

一、喉声

| | | | |
|---|---|---|---|
| ka | 迦 | | 作業 |
| kha | 佉 | | 等空 |
| ga | 伽 | （誐） | 行 |
| gha | 伽 | | 一合 |
| ṅa | 哦 | （仰） | 支分 |

二、顎声

| | | | |
|---|---|---|---|
| ca | 者 | （左） | 遷変 |
| cha | 車 | （磋） | 影像 |
| ja | 社 | （惹） | 生 |
| jha | 社 | | 戦敵 |
| ña | 若 | （孃） | 智 |

三、舌声

| | | | |
|---|---|---|---|
| ṭa | 吒 | | 慢 |
| ṭha | 侂 | （吒） | 長養 |
| ḍa | 荼 | （拏） | 怨対 |

ḍha　荼　　執持
ṇa　拏　　諍論

四、歯声

ta　多　　如如
tha　他　　住処
da　陀（娜）　施与
dha　陀（駄）　法界
na　那（曩）　名字

五、唇声

pa　波　　真諦　第一義諦
pha　頗　　聚沫
ba　婆（麼）　縛
bha　婆　　有
ma　麼（莽）　吾我

遍口声

| | | |
|---|---|---|
| ya | 也（耶） | 乗 |
| ra | 囉 | 塵垢 |
| la | 羅 | 相 |
| va | 嚩 | 言説 |
| śa | 奢（捨） | 本性寂 |
| ṣa | 沙 | 性鈍 |
| sa | 娑 | 諦 |
| ha | 訶（賀） | 因縁 |
| llaṃ | 濫 | |
| kṣa | 叉 | 尽 |

（勝又、八三頁）

ちなみに、『梵字悉曇字母并釈義』は、梵字悉曇五十字の深秘なる字義を挙げている。すなわち、最初のa, āの母音から、子音（+母音）のka, khaないしhaまでの四十九字と、kṣaを加えた五十字の発音とそれらの字義を列挙したものである。一箇の子音は、例えばka, kā, ki, kī, ku, kū, ke, kai, ko, kau, kaṃ, kaḥと十二転して十二字となり、それぞれの子音、三十四文字を十二転せしめれば四百八字となり、さらに二合（二字で一音節）の文字、三合（三字で一音節）の文字、四合（四字で一音節）の文字と転々すると、すべて一万三千八百七十二字となるという。

この、字を重視することに関連して、『秘蔵宝鑰』や『秘密曼荼羅十住心論』の「帰敬頌」においては、仏の有する法曼荼羅を、母音・子音の文字の羅列によって示していることも、言語における字の重要性を物語るものであろう。たとえば『秘密曼荼羅十住心論』の「帰敬頌」では、「婀・尾・羅・吽・欠」、「a vi ra hūṃ khaṃ」で体大を表わし、「迦・遮・吒・多・波・埜の慧と」は、「ka ca ṭa ta pa ya」というサンスクリット語の、子音の五類声の中の各初の一字と、遍口声の第一をあげたものであり、「哹・汙・哩・嚧・翳の等持と」は、「i u ṛ ḷ e」という、サンスクリット語の十六ある摩多（母音）の中の五字を挙げたもので、以上は相大の中、法曼荼羅を表わすものなのである（『定本』第二巻、三頁）。

　また、これらの字は、諸仏・諸尊のいずれかを意味しているという。いわゆる種子（種字）とも言われる字のことである。前にもあったが、特に五字は五仏を表わすとされている。このことは、『大日経』「阿闍梨真実智品」に、「ア a 阿字は第一命なり、ヴァ va 嚩字を名づけて水となし、ラ ra 囉字を名づけて火となし、ウン hūṃ 吽字を名づけて風となす。キャ kha 佉字は虚空に同じ」（大正一八巻、三八頁中）とある等に基づくもので、この五字と五仏との対応関係には、善無畏伝と不空伝で異なっている。このことについてはすでに本書九七〜九八頁、一四六頁に示してあるが、ここでは勝又の示すところを掲げておこう。次のようである。

| | | | 不空伝 | 善無畏伝 | | |
|---|---|---|---|---|---|---|
| a | 地 | 本不生 | 大日 | 阿閦 | 方 | 黄 |
| va | 水 | 離言説 | 不空成就 | 弥陀 | 円 | 白 |

| | | | | | | |
|---|---|---|---|---|---|---|
| ra | 火 | 無垢塵 | 宝生 | 宝生 | 三角 | 赤 |
| ha | 風 | 離因縁 | 弥陀 | 不空成就 | 半月 | 黒 |
| kha | 空 | 等虚空 | 阿閦 | 大日 | 団 | 青 |

（勝又、八二頁）

このように、一つひとつの文字が諸仏・諸尊のいずれかを意味している時、ある文字の音を誦すれば、その音響を通じて当の仏もしくは菩薩等と一体化し、凡夫の心にその境界が開顕されることにもなるであろう。すなわち、その自内証の世界に参入することになろう。まことに字の深秘がそこにある。

## 字義の諸相について

では、これらのもろもろの字の深秘の意である字義の例として、どのようなことがあるのであろうか。すでに『大日経』「具縁品」には、真言法教の特質に関して、各字が重要な意味を荷っていることを説いている（大正一八巻、一〇頁上～中）。それは、主に各字が関連する意味の、しかも実はその不可得であることを含意しているのだというのである。『秘密曼荼羅十住心論』では、その『大日経』「具縁品」の説を、法曼荼羅の重要な点として次のように引用している。なお、すべてを挙げることは紙数を取りすぎるので、途中は省いて引用する。

謂く、真言とは且く語密に就いて名を得。若し具に梵語に拠らば、曼荼羅と名づく。龍猛菩薩は秘密語と名づく。且く語密の真言法教に就いて、法曼荼羅心を顕示せば、経に云く、

云何真言法教。謂く、

a（阿）字門は、一切諸法本不生の故に。

ka（迦）字門は、一切諸法作業《さごう》不可得の故に。

kha（佉）字門は、一切諸法等虚空不可得の故に。

ga（伽）字門は、一切諸法一切行不可得の故に。


……


ya（也）字門は、乗不可得の故に。

ra（囉）字門は、塵垢不可得の故に。

la（羅）字門は、一切相不可得の故に。

va（嚩）字門は、言語道断の故に。

śa（奢）字門は、本性寂の故に。

ṣa（沙）字門は、性鈍不可得の故に。

sa（娑）字門は、一切諦不可得の故に。

ha（訶）字門は、一切諸法因不可得の故に。

ṅa ña ṇa na ma（仰《ぎょう》若《じょう》拏《どう》那《のう》麼《もう》）、一切処に遍じて、一切の三昧に於いて、自在に速かに能く一切の事を成弁し、所為の義利、皆な悉く成就す。


（『定本』第二巻、三〇八〜三一〇頁）

また、同様のことは、『瑜伽金剛頂経釈字母品』にもあり（大正一八巻、三三八頁中～三三九頁上）、母音を中心により多くの字の意味が示されている。すなわち、あらゆる字の意味は、当該字の意味の不可得だというのである。空海はこの説を、『梵字悉曇字母并釈義』においてすべて引用している（『定本』第五巻、一〇六～一一一頁参照）。こうして、字義の基本的な意味は、当該事象の不可得にあると見ることができる。字義として、まず第一に、字の表面の意味を越えて、むしろその反対の不可得を意味すると言うのである。

いずれの事柄にしても不可得ということは、対象的判断を離れたところにその真実があることを意味している。やはり分別を鎮めたところに真実は現われるのである。密教においてもこのことをけっして忘れてはならない。十住心の体系において、第十・秘密荘厳心である密教は第七・覚心不生心を経てのものであることは、けっして忘れてはならないことである。また阿字本不生ということは、この対象的分別の絶対否定を意味している。本不生とは、まさに自内証の「絶離」の世界である。そこを字が表わしている、説いている。すなわち果分可説ということも、この字の地平において言えてくるであろう。

しかし、不可得という分別の否定だけであれば、顕教の言語における否定的表現と事実上、変わらないであろう。しかし字義の意味は、必ず不可得の意のみということではない。言い換えれば、遮情のみでなく、同時に表徳をもあわせて明かしていることを見ることが必要である。

たとえば、『吽字義』にしても、周知のように、吽字（hūṃ=haum）をたとえば『守護国界主陀羅尼経』などに説くように、訶（賀）（ha）、阿（a）、汙（ū）、麼（ma）の四字から構成されるとし、それらは順に、一般的に、訶字は因、阿字は不生、汙字は損減《そんげん》、麼字は我（人我・法我）の意味を持つという（『定本』第三巻、五三〜五四頁）。さらにそれらの字義に関しては、基本的に、訶字の実義は一切諸法因不可得の義（同前、五四頁）、阿字の実義は不生・空・有の義（同前、五五頁）、汙字の実義は一切諸法損減不可得の義（同前、五七頁）、麼字の実義は一切諸法吾我不可得の義（同前、六四頁）と示される。このように字義においては、不可得の意とされることがしばしばであることは事実である。しかしながらその後、この不可得のこと以外に、その実に多彩な意義も詳しく説いているのが実情である。したがって、字義はけっして不可得の意のみとは言えない。以下、各字の字義において、不可得のみを意味するものではないこと、その多彩な意味のことについて、空海の説くところをいくつか見ておこう（なお、『吽字義』のそれについては、最後にまとめて見ることにする）。

まずもう一度、文字というものの基本を見ておこう。たとえば、『梵字悉曇字母幷釈義』においては、その字の基本に関して、a字をめぐって、次のように示している。

a（阿）　音は阿（上声呼）　訓は無なり、不なり、非なり。阿字というは是れ一切法教の本なり。凡そ最初に口を開くの音に皆な阿の声あり。若しは阿の声を離れては、則ち一切の言説なし。故に衆声の母と為す。また衆字の根本と為す。また一切諸法本不生の義なり。内外の諸教は皆な此の字従《よ》りして出生するなり。

（『定本』第五巻、一〇六頁）

この a ＝阿字が展開して種々の意味を表わす様子については、『秘蔵宝鑰』に、次のようにあった。

毗盧舎那経の疏に准ぜば、阿字を釈するに具に五義有り、
一には阿字短声（a）、是れ菩提心なり。
二には阿字引声（ā）、是れ菩提行なり。
三には暗字短声（aṃ）、是れ証菩提の義なり。
四には悪字短声（aḥ）、是れ般涅槃の義なり。
五には悪字引声（āḥ）、是れ具足方便智の義なり。

（『定本』第三巻、一七一頁）

こうして、一つの「阿」でも、要は菩提心、菩提行、証菩提、般涅槃、さらに具足方便智という衆生救済の働きまで意味することになるというのである。よく大乗仏教では発心・修行・菩提・涅槃という句で仏道の全体を語ることがあるが、ここには発心・修行・菩提・涅槃・方便と、最後に衆生救済の働きまでが含まれていて、その全体で仏道だというのは、よく大乗、一乗の本意に契っている。それは『大日経』の有名な三句「菩提心を因と為し、悲を根本と為し、方便を究竟と為す」（大正一八巻、一頁中〜下）の理念を受け継いでいるものといえよう。なお、阿字と菩提心等との関係は、『法華経開題』「開示茲大乗経」にも出ている（『定本』第四巻、一六五〜一六六頁）。

また、『秘蔵宝鑰』には、阿字について、続けて次の説明もある。

又た、阿字を将って法花経の中の開示《かいじ》悟入《ごにゅう》の四字に配解す。開の字とは仏の知見を開き、双べて菩提を開く。初の阿字（a）の如し。是れ菩提心の義なり。示の字とは仏知見を示す。第二の阿字（ā）の如し。是れ菩提行の義なり。悟の字とは仏知見を悟る。第三の暗字（aṃ）の如し。是れ証菩提の義なり。入の字とは仏知見に入る。第四の悪字（aḥ）の如し。是れ般涅槃の義なり。総じて之を言わば、具足成就の第五の悪字（āḥ）なり。是れ方便善巧《ぜんぎょう》智円満の義なり。

（『定本』第三巻、一七一頁）

釈尊はなぜわざわざ姿・形をとってこの世に現れてくださったのか。その事由のことを、「一大事因縁」と言う。『法華経』によれば、それは仏知見、すなわち覚りの智慧を衆生に「開示悟入」させるためだとある。人々に仏知見を、開き、示し、悟らしめ、入らしめるため、というのである。この「開示悟入」と「阿」を比べると、同じ一つの「阿」字が、そのそれぞれの意味を持っているというのである。それは順に、菩提心・菩提行・証菩提・般涅槃・具足成就にもほかならないという。ここでも、第五に、方便善巧智円満が加えられていることは、前に述べたように大悲の活動を深く重視しているからであろう。

要は「阿」という字が、「阿」という一字の意味だけに留まらず、多彩な意味に展開する、いろいろな意味を持っている、というのである。ちなみに、後に触れるように（本書、三一二頁参照）、『守護国界主陀羅尼経』には、阿字の百義が説かれている。

次に、『法華経釈』では、経典を解釈するに秘密の立場からした時、十六門があるという。それは「遮情、表徳、浅略、深秘、字相、字義、一字摂多、多字帰一、一字釈多、多字釈一、一字成多、多字成一、一字破多、多字破一、順旋転、逆旋転」というものである（『定本』第四巻、二〇一頁。『法華経開題』「殑河女人」にも同様の説あり）。ここも多く、字を巡っての議論に拠っていることが知られよう。その中、一字摂多門に関しては、次のようにある。

初のsa（娑）字に二義有り。字相、字義是れなり。字相とは一切諸法の諦《たい》の義なり。字義とは一切諸法、a（阿）字門に入れば、即ち諦不可得なり。謂く、観自在王如来、妙観察智の三摩地に入りて、一切諸法の性相を照見し、一切諸法の性相を分別し、一切世間出世間の差別を分別して、謬らず失せず。是の故にsa（娑）字門を諸法の諦の義と名づく。此の字は則ち観音の種子なり。此の経は此の一字を以って体と為《し》、主と為て、此の一字従り無量無辺の義理を流出す。此の一字に十二転の声有りと、云云。一と二と十一と十二との声は因行証入なり。更に方便の声有り。斯れ則ち五仏五智なり。則ち此の字は五仏の種子真言なり。三と四と乃至九と十との転を、三昧の声と名づく。此の一字乃至五字の中に、一切の法義を呑む。故に、一字摂多門と名づく。自下の八字及び経の内の一切の文義、只だ此の一字の義を説けり。（同前、二〇二頁）

このことは、サ字だけのことではないであろう。十二転のことは、前に見た『秘密曼荼羅十住心論』や、『梵字悉曇字母幷釈義』にも説明がある。ともあれ、経典はこの一字の多義性、重要性を説くとともに、この一字が実に経の全体を含んでいることにもなるわけで、こうして、もはや一義の対象的な分別を導き定着させる通常の言語の領域を超えて、字は存在の深秘な実相を荷う何ものかと見なされていることを示している。

ちなみに、文字が多重の意味を持つことについて、空海はたとえば『秘蔵宝鑰』の第十・秘密荘厳心を謳う頌には、法曼荼羅に関連して「一一の字門、万像を含み」と説いていた（『定本』第三巻、一六八頁）。また『般若心経秘鍵』に、「真言は不思議なり、観誦すれば無明を除く、一字に千理を含み、即身に法如を証す」（同前、一一頁）ともある。

なお、『秘蔵宝鑰』には、百字輪等の観察の行法が言及されている。「又た百字輪、十二字等の真言の観法三摩地門……」（同前、一六八頁）とあるようである。百字輪については、『大日経』の「字輪品」、およびいくつかの品の中に説かれている百光遍照の観であるが、今は省略しておく。ともかく字の地平での言語が、どこまでも重視されているということである。一方、「十二字」とは、「字輪品」によれば、サンスクリット語の母音十六字のうち、「a」「ā」「aṃ」「aḥ」の四つを除いた母音のすべてのことで、その母音をめぐる観察の行である。なお、別の説もある（小田、一一二三頁）。

### 特に『吽字義』における字義の説明について

これらの字義をめぐる議論を、もっともまとめて説くものが『吽字義』であろう。『声字実相義』

には、「復た次に、一字の中に約して此の義を釈せば、且く梵本の初の阿字は、口を開きて呼ぶ時に阿の声有り、即ち是れ声なり。阿の声、a（阿）の名を呼びて、法身の名字を表わす。即ち是れ声字なり。法身にa（阿）の義有り、謂わ所る法身とは、諸法本不生の義、即ち是れ実相なり」（『定本』第三巻、三八頁）とあった。『吽字義』は、その一字に「声・字（名）・実相」の意義があって、その意味ある一字において体現される実相のあり方をさらに詳しく説明するものと見ることができ、その意味では『声字実相義』では説かなかった字義の実際を補完する面もあると思われる。

そこで本章の最後に、『吽字義』における字義の説明を（簡略にせざるをえないが）見ることにしよう。

まず、例の阿字の実義を見ておくと、次のようにある。一部重複し、また長くなるが参考までにすべて紹介しよう。

次に、阿字の実義とは、三義有り。謂く、不生の義、空の義、有の義なり。梵本の如きは、阿字に本初の声有り。若し本初有るは、則ち是れ因縁の法なり。故に名づけて有と為す。又た阿とは無生の義なり。若し法、因縁を攬《と》って成ずるは、則ち自ら性有ること無し。是の故に空と為す。又た不生の義とは即ち是れ一実の境界、即ち是れ中道なり。故に龍猛の云く、因縁生の法は亦《やく》空亦仮亦中なり。又た大論に薩般若《さはんにゃ》を明かすに、三種の名有り。一切智は二乗と共す。道種智は菩薩と共す。一切種智は是れ仏の不共の法なり。此の三智は其れ実に一心の中に得す。分別して人をして解し易からしめんが為の故に、三種の名を作す。即ち是れ阿字の義なり。

又た謂わ所る、阿字門は一切諸法本不生とは、凡そ三界の語言《ごごん》は皆な名に依る。而して名は字に依るが故に、悉曇の阿字も亦た衆字の母と為す。当に知るべし、阿字門の真実の義も亦復た是の如し。一切法義の中に遍ず。所以は何《いか》んとなれば、一切法は衆縁従り生ぜざること無きを以って、縁従り生ずる者は悉く皆な始有り、本有り。今、此の能生の縁を観ずるに、亦復た衆の因縁従り生ず。展転《ちんでん》して縁に従う、誰か其の本と為《せ》ん。是の如く観察する時に、則ち本不生際は是れ万法の本なりと知んぬ。猶し一切の語言を聞く時に、即ち是れ阿の声を聞くが如し。是の如く一切法の生を見る時、即ち是れ本不生際を見るなり。若し本不生際を見る者は、是れ実の如く自心を知る。実の如く自心を知るは、即ち是れ一切智智なり。故に毘盧遮那は唯だ此の一字を以って真言と為すなり。

而も世間の凡夫は諸法の本源を観ぜざるが故に、妄《みだ》りに生有りと見る。所以《ゆえ》に生死の流《る》に随って自ら出《い》ずること能わず。彼の無智の画師《えし》の自ら衆綵《しゅさい》を運んで、可畏《かい》の夜叉の形を作し、成し已って還って自ら之を観て、心に怖畏を生じて頓に地に躃《たお》るるが如く、衆生も亦復た是の如し。自ら諸法の本源を運んで三界を画作《えさ》して、還って自ら其の中に没し、自心に熾然《しねん》に備《つぶさ》に諸苦を受く。如来の有智《うち》の画師は、既に了知し已って即ち能く自在に大悲漫荼羅を成立《じょうりゅう》す。是れに由って而も言わば、謂わ所る甚深秘蔵とは、衆生の自ら之を秘すのみ。仏の隠すこと有るには非ず。是れ則ち阿字の実義なり。

又た、経（『守護国界主陀羅尼経』）に云く、阿字とは是れ菩提心の義、是れ諸法門の義、亦た無二の義、亦た諸法果の義、亦た是れ諸法性の義、是れ自在の義、又た法身の義なり（大正一九巻、五六五頁下参照)。是の如き等の義は、皆な是れ阿字の実義なり。

又た『守護国界主陀羅尼経』に説かく、爾の時に一切法自在王菩薩摩訶薩、仏に白《もう》して言《もう》さく。

(同前、五三二頁上。ここに陀羅尼門に関する教えが説かれ、阿字の百義ないし無尽義を説く文があるが、引用は省略され、ここで終わっている。)　(『定本』第三巻、五五～五七頁)

ここには阿字の実義のもっとも詳しい説明があるであろう。それにしても般若三蔵から授かった『守護国界主陀羅尼経』は、空海に大きな影響を与えており、空海における般若三蔵の意義は他をも含めてきわめて大きなものがあることを改めて知らされる。

次に、特に汙字については、その説明が委細を尽くしている。ここにはそのすべてを引用することはとうていできないが、その一端のみ紹介しよう。汙字の根本は、ūnaで、通常は損減の意味である。

復た次に旋陀羅尼門に約して釈せば、
一切諸法本不生の故に、汙字門も無損減なり。
諸法離作業の故に、汙字門も亦た無損減なり。
諸法等虚空無相の故に、汙字門も亦復た等虚空無損減なり。
諸法無行の故に、汙字門も亦復た無行なり。
諸法無一合相の故に、汙字門も亦復た無一合相なり。
諸法離遷変の故に、汙字門も亦た離遷変なり。

諸法無影像の故に、汙字門も亦た無影像なり。
諸法無生の故に、汙字門も亦復た無生なり。
諸法無戦敵の故に、汙字門も亦た無戦敵なり。
……

（同前、五九～六〇頁）

以下、このような説がずうっと続くのである。詳しくは、同書を参照されたい。汙字の字義においては、その反対の無損減を意味したり、さらに他の内容をも意味したりするとされるわけである。もう一つ、汙字の説明の最後の部分を引用しておこう。

同一にして多如なり、多の故に如如なり。理理無数なり、智智無辺なり。恒沙《ごうじゃ》も喩に非ず、刹塵も猶お少なし。雨足《うそく》多しと雖も、並びに是れ一水なり。灯光非一なれども、冥然《みょうねん》として同体なり。色心無量なり、実相無辺なり。心王心数、主伴無尽なり。互相《たがい》に渉入して、帝珠《たいじゅ》錠光のごとく、重重にして思い難し、各の五智を具す。多にして異ならず、異ならずして多なり。故に一如と名づく。一は一に非ずして一なり、無数を一と為す。如は如に非ずして常なり、同同相似せり。此の理を説かざるは、即ち是れ随転なり。無尽の宝蔵、之に因って耗竭《こうかつ》す。無量の宝車、此こに於いて消尽す。之を損減と謂う。地墨《じぼく》の四身、山毫《さんごう》の三密、本より円満して、凝然《ぎょうねん》として不変なり。汙字の実義、斯《こ》の謂いか。

（同前、六四頁）

ここには、私が自内証の原風景と呼ぶ一にして多、多にして一の世界の様子が明瞭に描かれている。一はいわば法界体性である。多の各身は五智・四身・三密を内容とすることも遺漏なく描かれている。ちなみに、この汙字の説明において他に、「……草木也た成《ま》ず、何《い》に況《か》や有情をや。妄りに不了を執すれば、損を為すこと是れ多し。汙字の実義も、当に是の如く知るべし」（同前、六二頁）とあり、また「水の外に波無し、心内即ち境なり。草木に仏無くんば、波に則ち湿《しう》無けん。彼れに有って此れに無くんば、権《ごん》に非ずして誰ぞ。有を遮し無を立す、是れ損、是れ減なり。損減の利斧《りふ》は、常に仏性を斫《くだ》く。然りと雖も本仏は、損も無く減も無し。三諦円渉して、十世無礙なり。三種の世間は、皆な是れ仏体なり、四種の曼荼は、即ち是れ真仏なり。汙字の実義も、応に是の如く学すべし」（同前、六三頁）ともあって、興味深い。いわば汙字は、「草木国土、悉皆成仏」をも意味しているというのである。

上来は「吽」字を分解した各字の説明であったが、『吽字義』なのであるから、訶・阿・汙・麼があわさっているという、まさに吽の字そのものの字義も、明かされるべきであろう。このことについても確かに説かれていて、今はほんの少々であるが見ておこう（同前、六七頁以下）。

吽字は、四種法身を意味していたり、理・教・行・果を意味していたりするという。また密教の核心である、「菩提心為因、大悲為根、方便為究竟」を意味しているともいう。さらに、「擁護・自在能破・能満願・大力・恐怖《くふ》・等観歓喜」の六義があるという（同前、七〇頁以下）。ここで恐怖の義とは、蘊魔・煩悩魔・死魔・天魔の四魔の魔軍を恐怖させ降伏させるということである。

こうして、これまで見てきたように、空海の言語哲学においては、仏教にいう名・句・文の文すなわち字（母音・子音）の地平において、各字が多彩な意味を有していて、その実義が明かされる中で、諸仏・諸尊及び諸衆生の各身の三密が動的に、帝網のように重々に渉入相応しているというその自内証の世界すなわち果分について説くことが実現してくることであろう。なぜなら、字の地平においても、さらに名・句の地平においても、一義的な限定を超えているがゆえに、そうした一入一切・一切入一、一即一切・一切即一等の関係性がそこに明らかに見えてくるからである。その前提に、対象的・一義的な分別を超えるもしくは離れることが成就していなければならない。そこが本不生であり、不可得である。その真実をとりわけ阿字に、そして各字に見て取っておかなければならないであろう。

## むすび

以上、空海の言語哲学の内容を概観してきた。一言で言えば、空海は言語を暗号、密号として操ると言えよう。もっともその根本は、如来の説法、真言（ひいては法然の文字）に基づくものである。それは、自性身・自受用身が、自内証の世界を開示するものであり、その内容は諸仏・諸尊の間で、さらには衆生も含めて、重重無尽に渉入しあう三密の世界のことであった。その言語活動の焦点として、本論の特に後半には、主に字（母音・子音）の地平において意味表現を有していること、しかもその意味の多重性、またその意味の諸仏諸尊や聖なる境界等の象徴性を見てきた。

繰り返すことになってしまうが、言語にこのような視点を導入することは、我々の世俗的な凡庸な世界理解を覆すことになる。特に本不生や不可得が必ず意味されていることによって、一義的な対象的分別が翻され、自己が自己に落ち着くことになる。このことは本来具有している三密が三密のままに働き出す契機となるであろう。一方、字が仏そのもの、菩薩そのもの、あるいは法界体性（真如）を象徴し、むしろそれそのものであることから、その字を唱えて観誦したり、観想したりすることから、当の仏等と一体となることが現成するであろう。

また、一つひとつの文字が、多重の意味の象徴作用を有していることの洞察によって、世界の事物や各人も一義的に拘束されることなく、実は多彩な意義を荷っていてしかもそれぞれのその時・その場の性能を発揮していることが見られてくるであろう。つまり事事無礙の世界、さらには人人無礙の曼荼羅世界における、いわば本来のいのちの輝きが取り戻されるであろう。

こうして、言語が手掛かりとなって、仏の自内証の世界を何らか開くものとなろう。この字ないし真言に基づく独自の行法を実践すれば、この世のうちにその覚りを得ることもできるというのが密教の主張なのである。

いまだ空海の言語哲学の急所に真に迫るものとも言えないかもしれないが、以上が、私が現時点で理解しえた密教の言語哲学である。

# 付　空海における「成仏」について

## はじめに

空海の密教の核心に「即身成仏」のことがあることは、間違いないことであろう。このことについては、たとえば長安において、たまたまそこに来ていた遣唐判官・高階遠成《たかしなのとおなり》への帰国要請の訴えに「此の法は則ち仏の心、国の鎮めなり。氛《ふん》を攘《はら》い、祉《さいわい》を招くの摩尼、凡を脱《まぬか》れ聖に入るの嘘径《きょけい》なり。」(「本国の使いと共に帰らんと請う啓」、『性霊集』巻第五。『定本』第八巻、八六頁)とあることからも知られるし、『御請来目録』に、たとえば「一心の利刀を翫《もてあそ》ぶは顕教なり、三密の金剛を揮《ふる》うは密蔵なり。心を顕教に遊ばしむれば、三僧祇、眇焉《びょうえん》たり。身を密蔵に持すれば、十六生、甚だ促《ちか》し。頓の中の頓は、密蔵これに当れり」(『御請来目録』。『定本』第一巻、三九頁)とあることからも例証される。その他、「即身成仏」が密教の核心であることを示す空海の言葉はいくつもあるであろう。

この「即身成仏」についての空海の思想は、主として『即身成仏義』に集約されて表明されていることは、誰もが認めるところかと思われる。『即身成仏義』は、前半に、『大日経』『金剛頂経』『菩提心論』の二教一論の八箇の教証に基づき、密教の仏道によれば、この世のうちに成仏を果たすことができることを論証していく。その後、「即身成仏頌」なるものを示して、空海が考える「即身成仏」の本当の意味について詳しく明かしていく。その「即身成仏頌」は、次のようなものである。

六大無礙にして常に瑜伽なり　体
四種曼荼各《おのお》の離れず　相　即身
三密加持して速疾に顕わる　用
重重帝網《たいもう》のごとくなるを即身と名づく　無礙
法然に薩《さ》般若《はんにゃ》を具足して　法仏成仏
心数心王刹塵《せつじん》に過ぎたり　無数
各の五智無際智を具して　輪円　成仏
円鏡力の故に実覚智なり　所由

（『定本』第三巻、一八～一九頁）

この「即身成仏頌」においては、実はその前に示された教証が示す「即身成仏」の意味とはまったく異なる意味を明かし、むしろ我々の存在の本来のありようを明かすのである。古来、「即身成仏」の意味としては、「即ちの身、成れる仏の義」、「身に即して仏と成る義」、「即《すみやか》に身、仏と成る義」の三義が説かれてきた。しかし空海は今の「即身成仏頌」において、「重重帝網のごとくなるを即身と名づく」と謳っている。空海は、「即身」の本来の意味は、自己の身が他者の身と渉入相応していることだというのである。つまり、自己は曼荼羅の全体を自己としているということなのである。実はこの思想は、「即身成仏頌」の前半の四句全体の背景に横たわっている。第一句の「六大無礙常瑜伽」からして、「是の如くの六大の法界体性所成の身は、無障無礙にして、互相《たがい》に渉入し相応せり。常住不変にして、同じく実際に住す。故《かるがゆえ》に頌に、六大無礙常瑜伽、と曰う」（同前、二三〜二四頁）と結論づけられている。ここに、空海における「即身」の意味は明らかであろう。私はこのことについて、拙著『空海の哲学』（講談社現代新書）に、すでに詳しく明らかにしたところである。

そこで、この小論では、「即身成仏」の「成仏」ということに焦点をしぼって、空海の仏身論等をも参照しつつ、その意味をより詳しく明らかにしたい。それは、『声字実相義』における「実相」すなわち「法仏平等の三密、衆生本有の曼荼」に関わるものでもあるからである。

## 「即身成仏頌」における「成仏」について

「即身成仏頌」の八句の中では、後半の四句が「成仏」について明かしたものとなっている。それを再掲すると、次のようである。

法然に薩般若を具足して　　法仏成仏
心数心王刹塵に過ぎたり　　無数
各の五智無際智を具して　　輪円

円鏡力の故に実覚智なり　所由　　（同前、一九頁）

まずは簡単にその意味を解説してみよう。

「それぞれの身は、もとより一切の智者が有する智を具足していて、その身とは、五仏（心王）および諸仏・諸尊および衆生身（心数＝心所有法）であるが、その数は測り知れないほどである。その各々は五智ないし無際智を具しているのだが、その智は円鏡が事物を照らし出すように、実際に智慧の働きを発揮しているのである。」

概略、以上のような意味となろう。ここの薩般若すなわち一切智智について、空海は、「此の如くの人、数、刹塵に過ぎたり。故に一切智智と名づく。顕家、一智を以て一切に対して此の号《な》を得るには同ならず」（同前、三〇頁）と言っており、一切を智《し》る智というより、一切の智者が有している智と解している。

注意すべきは心数・心王のことで、この言葉については、『秘密曼荼羅十住心論』第十・秘密荘厳心の説明の中に、「是の如くの五仏、其の数無量なり。五仏は即ち心王なり、余尊は即ち心数なり。心王心数、其の数無量なり」（『定本』第二巻、三一〇頁）とあることを見逃すわけにはいかない。すなわち、空海においては、心王は五仏のこと、心数は五仏以外の諸仏と諸尊のことなのである。したがって、実は「心数心王刹塵に過ぎたり」の句は、心王の五仏と、心数の諸仏・諸尊の数が、無量であることを表わしているということになるのである。私は、そこに衆生身さえも見るべきだと考える。

以上において、「成仏」に関しては、法然に智慧を有していることが中心に説かれていると判断される。相互に渉入即応している無数の多身のそれぞれが仏智を有していて、その智慧が実際に発揮され交響している、それが大日如来の自内証の原風景であるというのが、この「即身成仏頌」のもっとも言いたかったことであろう。この智の具体的なはたらきを三密と受け止めるとき、世界は本来、諸仏諸尊等の三密が「互相に加入し、彼れ此れ摂持《しょうじ》」(『定本』第三巻、二五頁)している世界ということができるであろう。しかもその全体がそっくり自己なのである。まずはこの空海の立体的・動態的な世界観を明瞭に了解しておかなければならない。

ともあれ、ここには、本覚門は説かれているが、始覚門についてはほぼ触れられていないと言わざるをえない。その意味でも、「即身成仏」のこの世のうちに成仏するの意を覆しているものである。空海の密教思想全体の中に、密教の修行によってこの世のうちに成仏するという立場がないわけではない。しかしその前提にある「すでに成仏している」という根本的な人間観がここにまとめられており、空海はそのことを我々凡夫に示しているのである。

## 「成仏」は仏としてすでに成就していること

以下、空海におけるこの「成仏」の意味について、さらにその詳細を可能な限り探っていきたい。「法然に薩般若を具足して」とは、誰もが本来、智慧を具足し、覚っていること、仏であることを示しているであろう。くどいようだが、したがって「成仏」と言っても、「仏に成ること」以前に、「仏として成就していること」なのである。このことを明確に説くのが、『大日経開題』の中での、『大日経』、くわしくは『大毘盧遮那成仏神変加持経』という題目の中の「成仏」の解説であろう。そこには、次のようにある。

成とは、不壊の故に、不断の故に、不生の故に、不滅の故に、常恒の故に、堅固の故に、清浄の故に、無始の故に、無終の故に、此れ則ち法爾所成にして因縁所生に非ざるが故に。文に、願識心心勝、自然智生説と云い、又た、我覚本不生、出過語言道、諸過得解脱、遠離於因縁、知空等虚空といい、又た当知真言果、悉離於因業と云い、又た普賢法身遍一切、能為世間自在主、無始無終無生滅、性相常住等虚空と云い、又た其性常堅固、知彼菩提生、不染汚常住、諸法不能動と云う。是の如くの無量無辺の徳義を円満するが故に、成と曰う。此の成は上の大の字を承《う》くるが故に、即ち是れ大成就の成なり、小成の成に非ず。

（『大日経開題』「法界浄心」、『定本』第四巻、六頁）

このように、成仏とは仏に成ること、つまり因縁所生ではなく、仏として法爾所成であることを意味しているのだという。それは、大毘盧遮那仏の場合であろうと言うかもしれないが、法爾所成であるのなら、そのこと自体はどの仏にも共通であろうし、これから仏と成る凡夫にも共通のことであろう。それは、各身が法界体性所成であるとき、その理智不二にして性徳を具えている法界体性に共通に基づいているからである。

実際、『吽字義』には、汙字の実義を説く中に、「今、仏眼を以って之を観ずるに、仏と衆生と同じく解脱の床に住す。此れも無く彼れも無く、無二平等なり。不増不減にして周円周円なり。既に勝劣増益の法無し。何ぞ上下損減の人有らん。是れを汙字の実義と名づく」(『定本』第三巻、五九頁)とある。故に、仏でも凡夫でも同じ解脱の床に住し、ともにすでに仏であるのが事実なのである。あるいは、「三諦円渉して、十世無礙なり。三種の世間は、皆な是れ仏体なり、四種の曼荼は、即ち是れ真仏なり。汙字の実義も、応に是の如く学すべし」(同前、六三頁)ともある。智正覚世間・器世間・衆生世間のすべてが、仏を体としているという。空海は仏身論において後に見るように四身論を採用し、華厳宗の三世間融合十身仏の十身論は採らなかったが、しかし三種世間が仏体であることは汙字の実義の中において認めていたと思われる。

また『声字実相義』にも、「若し謂まく、衆生に亦た本覚法身有り、仏と平等なり。此の身、此の土、法然として有なり。三界六道の身と及び土とは業縁に随って有なれば、是れを衆生の随縁と名づく」(同前、四八頁)とあって、このことを明確に説いている。

空海においては、このような教えの例は、他にもいくつもあるであろう。もう一つ、挙げておけば、『梵網経開題』には、次のように示されている。

……是の如く一一の仏、各各に則ち塵数の眷属あり。是れ則ち諸仏の万徳なり。衆生の三密なり。故に法華には諸仏智恵甚深無量と称し、大日には無尽荘厳と歎ず。此の経に談る所、時に盧舎那仏、虚空光体性を現じて、本原より成仏し、常に法身の三昧に住し、諸の大衆に示すとは、即ち是れなり。虚空と言うは、理法身、光とは智法身、体とは二種の法仏の身、性とは不改の義、本原とは無始なり、成仏とは本始両覚なり。言く、一切衆生、皆な悉く此の両覚の三昧を具足せり。三昧とは、具には三昧耶と言う、応に等持と曰うべし、誓願、三宝等の義なり。入我我入の言を具す。……

（『梵網経開題』、『定本』第四巻、二一八頁）

ここに、「成仏とは本始両覚なり。言く、一切衆生、皆な悉く此の両覚の三昧を具足せり」とあるので、本覚のみならず、始覚もまた具有しているということになる。

なお、衆生に内在する本覚については、『法華経』の釈尊の出生の一大事因縁に関して、如来蔵思想の淵源となった『華厳経』「性起品」の一節と同様の趣旨を明かす中に、次のような解説を見ることができる。

……大日経には無尽荘厳蔵を現ず。起信論には恒沙《ごうじゃ》の性功徳を具すという。只だ諸仏のみ此れ有るに非ず、一切衆生も亦復た是の如し。如来は無垢清浄眼を発して、一切衆生を照見し、衆生をして是の如き三密に悟入せしめんが為の故に、慇懃《おんごん》に悲歎して知見を開示したもう。知見とは、謂わ所る衆生の三密なり。衆生の三密に六重の本覚有り。是の本覚に各の三十七、百八、乃至微《み》塵《じん》数の仏智、四種法身、四種曼荼羅身を具せり。然りと雖も衆生は宅中の宝蔵を知せず覚せず。仏は能く此の宝蔵を知見して、衆生に開授せしめんと欲するが故に、文に云く、諸仏世尊、唯し一大事因縁を以っての故に世に出現して衆生に開示し悟入したもう。……

（『法華経開題』「殑河女人」、同前、一八九〜一九〇頁）

ここに、衆生にも本覚に基づく三密が実ははたらいているのだということが言われている。このことは、衆生においてもすでに成就している仏が活動していることを物語るものであろう。ちなみに、六重の本覚については、『法華経開題』「重円性海」に、「謂わ所る妙法とは、且く六重の浅深有り。一には染浄本覚妙法、二には清浄本覚妙法、三には一如法界本覚妙法、四には三自本覚妙法、五には一如本覚妙法、六には不二本覚妙法なり。此の六重に就いて且く顕密の妙法を分かたば初の五は顕の妙法、後の一は密の妙法なり。……」(同前、一六九頁)とある。ともかく本始両覚があるということは、すでに仏身として成就しているものが衆生に内在しているということにほかならないはずである。

こうして、衆生においても、その本覚にすでに無数の仏智・四種法身・三密・四種曼荼羅が内在していることが説かれている。それは他者の仏智・仏身のことであるとともに、自らの四種法身等でもあることを、以下にさらに探っていくことにしよう。

## 五智・四種法身の内在について

以下、自己に仏智なり仏身なりがすでに成就していることを例証する空海の文を、さらに尋ねていくことにする。まず、仏の智慧を基本的な五智に見るとして、その五智が衆生にもすでに存在していることについて、『大日経開題』「法界浄心」に、次のようにある。

法界宮の中に秘主、寂を扣《たた》きしの日、自在殿の内に密王、庫を開きしの朝《あした》、心殿を発《ひら》いて而も珍財を示し、重関を除いて以って自楽を受くるが如くに至っては、三等の理、彼此異なること無く、五智の覚、人我同じく得たり。座を起たずして、金剛は即ち是れ我が心なり。三劫を経ずして、法身は即ち是れ我が身なり、……　(同前、三〜四頁)

ここには、「五智の覚、人我同じく得たり」とある。ちなみに、『性霊集』巻九にある「高雄の山寺に三綱を択任するの書」には、「早く本有の五智を証し」云々ともある(『定本』第八巻、一八一頁)。またこのことから、どの身にも五仏が内在していることが、『金剛頂経開題』には、次のように説かれている。

復た次に、一切如来とは、顕密二の意を具す。顕の義は十方三世の一切諸仏を一切如来と名づく。是れ則ち各各の衆生、如実の道を修して、去って正覚を成じ、来って衆生を化するを如来と名づくるなり。密の義は、五智の仏を一切如来と名づく。一切の諸法を聚《あつ》めて、共《ぐう》じて五仏の身を成ずるが故に。此の五仏は、則ち諸仏の本体、諸法の根源なり。故に一切如来と名づく。此の五智に、二の別有り。一には自の五智の仏、二には他の五智の仏。他の五智の仏に亦た二あり。一には先成就者、二には未成就者。先成就に亦た二あり。一には自先成就、二には他先成就。自他の本覚の仏は、則ち法爾自覚にして、本来、三身四徳を具足し、無始より恒沙の功徳を円満す。謂わ所る恒沙の性徳《しょうとく》とは、五智三十七智、及び塵数の眷属等なり。故に経に云く、薄伽梵金剛界遍照如来、五智所成の四種法身を以って、本有金剛界自在大三昧耶自覚本初大菩提心普賢満月不壊金剛光明心殿の中に於いて、自性所成の眷属、金剛手等の十六大菩薩及び四摂行の天女使、金剛内外の八供養天女使と与《とも》に、皆な已に微細法身の秘密心地なるをもて、各の五智光明の峯杵《ぶしょ》に於いて、五億倶胝の微細金剛金剛を出現して、虚空法界に遍満す。諸地の菩薩も能く見ること有ること無し。倶に覚知せず、と。

（『定本』第四巻、七七～七八頁）

このように、自己の五智の仏は、基本的に先成就なるものであり、「自他の本覚の仏は、則ち法爾自覚にして、本来、三身四徳を具足し、無始より恒沙の功徳を円満す」ということになるのである。なお、五智が五仏でもあることは、たとえば、「謂わ所る五部とは即ち五仏なり。経の中に説く所の、東阿閦《あしゅく》仏、南宝相仏、西無量寿仏、北天鼓音《てんくおん》及び釈迦牟尼仏是れなり、一一の如来に、刹塵の眷属を具す、故に部と名づくる。是の五仏も亦た五智と名づく。……」（『最勝王経開題』、同前、二三六頁）とあることからも知られよう。ちなみに、五仏は、一仏と見るべきかと思うが、そうでないなら、五仏おのおの五智を具えつつ、その代表的な智を挙げたものなのであろう。

今の引用に、「本来、三身四徳を具足し」とあった。五智・五仏があれば、それを仏身論から見た時、三身があるのもおのずからのことになる。いうまでもなく、空海の仏身論は、大乗仏教の三身論をふまえての四身論である。大乗仏教の自性身・受用身・変化身の三身に加えて、一時的に現われる

等流身も立てる。ただ『大日経開題』「法界浄心」に、

次に、次第相承に就いて且く浅略の義を釈せば、大毗盧遮那とは、自性法身、即ち本有本覚の理身なり。次に成仏とは、受用身なり。此れに二種有り、一には自受用、二には他受用、修得即ち始覚の智身なり。神変《じんぺん》とは他受用応身、即ち変化法身なり。加持とは等流身、即ち是れ三界六道随類の身なり。若し四を摂して三と為さば、神変・加持を合して一とす。即ち法応化の三身なり。次での如く知んぬべし。又た次に三大に配して釈せば、大毗盧遮那とは体なり。成仏とは相なり。神変・加持とは用なり。……（同前、一一頁）

とあるように、変化身（他受用応身）と等流身を合わせれば三身になるわけで、その間に齟齬があるわけではない。

こうして、五智・五仏があれば、そこに三身乃至四身があることになる。衆生もまた三身を具えていることについて、たとえば、『金勝王経秘密伽他』に、「釈迦と四智の仏と　甚深難解の金光経とに帰命したてまつる、三身は本より我が心裏に在り　因果倶時なること妙幢の英《えい》」（同前、二四一〜二四二頁）とあったり、「三身は不異にして　四徳は円融せり　応化別無くして法身は同なること有り」（同前、二四五頁）とあったりする。あるいは、『大日経開題』「法界浄心」の冒頭に、「夫れ法界の浄心は十地を超えて以って絶絶たり。一如の本覚は三身を孕んで而も離離たり」（同前、三頁）ともある。

一方、四種法身を具えていることについても、たとえば『教王経開題』に、「一切如来とは、五仏を本と為す。斯の五尊の絛毛を挙げて悉く四種法身、四種曼荼羅を摂す。皆な如来と名づく」（同前、一〇三頁）とある。さらに五智と五仏の関係とそれらが直ちに四種法身でもあることについて、『金剛頂経開題』に次のような説明がある。

又た云く、大日金剛峯は微細にして自然に住し、光明、常に遍く照して、不壊清浄の業あり、と。


大日金剛峯とは、毗盧舎那法界体性智、是れなり。

微細住自然とは、金剛自性、大円鏡智、阿閦仏、是れなり。

光明常遍照とは、南方宝生、平等性智、自証の徳、是れなり。

清浄とは、本来清浄心、妙観察智、無量寿仏なり。

不壊業とは、無為作業者、成所作智、北方、不空成就仏なり。

此の五智の仏、及び三十七智の仏、乃至無量倶胝の仏は、修行を観《ま》たず、対治を待たず、本来、此の法爾の仏位に住して、四種法身を具し、塵沙の荘厳を備えたもう。

四種法身と言うは、自性身・受用身・変化身・等流身、是れなり。

此の如くの四種法身は、自然自覚なり。故に先成就の本覚の仏と名づく。


（同前、七八～七九頁）

こうして、衆生に内在する本覚の仏とは、まさに自然自覚の四種法身でもあるのである。最澄は無作の三身ということを言った。衆生にもとより三身が具わっているということである。その言い方にならえば、空海の場合は、無作の四身ということになるであろう。

## 空海における「法身」の語義等について

なお、空海における法身の語の内容について、このように四種の全体について言う場合と、特に自性身・自受用身を中心に言う場合と、自性身のみを言う場合とがある。とりわけ法身説法と言う場合の法身には、変化身や他受用身は当然、含まれるはずはないであろう。そのことは、『弁顕密二教論』巻上に、顕教の説法は変化身ないし他受用身により、密教は自性身・自受用身によると示していることに明らかである（『定本』第三巻、七五頁参照）。ここでは、自性身と自受用身とを一体のものとしてとらえているわけである。同じことだが、同書巻下に、『分別聖位経』を引用した後、次のようにもある。

是の如き等の文は並びに是れ自性自用の理智法身の境なり。是の法身等は、自受法楽の故に、此の内証智の境界を説きたもう。彼の楞伽に法身は内証智の境を説き、応化は説かずという文と冥会せり。此れ則ち顕教の絶離する所の処なり。若し有智の人《うち》、纔に斯の文を目ば、雲霧忽ちに朗かにして関鑰《かんやく》自ずから開けん。井底の鱗、巨海に逸泳し、蕃籬の翼、寥廓に翰飛せん。百年の

生盲、乍ちに乳色を弁え、万劫の暗夜、頓に日光を搴《かかげ》ん。　　（同前、一〇一頁）

『広付法伝』巻一では、『入楞伽経』の巻第二と巻第八の文（大正一六巻、五二五頁下、五六一頁上）を引用し、「謂わ所る、法仏とは常住三世の浄妙法身、法界体性智、大毗盧舎那自受用の仏是れなり。金剛頂経及び大日経等に説く是れなり」（『定本』第一巻、六六頁）と言っている。

以上により、法身は時に自性身よりも広い概念で、少なくとも自性身と自受用身の仏を意味することがあるものと考えられる。一方、自性身は理のみを指すと語られる場合もあるとしても、たとえば、実質的には理智不二であって、ゆえに自性身は実際にはけっして理のみなのではない。『大日経開題』「法界浄心」では、浅略の義ともあるが、

次に、次第相承に就いて且く浅略の義を釈せば、大毗盧遮那とは、自性法身、即ち本有本覚の理身なり。次に成仏とは、受用身なり。此れに二種有り。一には自受用、二には他受用、修得即ち始覚の智身なり。神変とは他受用応身、即ち変化法身なり。加持とは等流身、即ち是れ三界六道随類の身なり。若し四を摂して三と為さば、神変・加持を合して一とす。即ち法応化の三身なり。次での如く知んぬべし。　　（『定本』第四巻、一一頁）

とある。ここは浅略の立場の説明かもしれないが、密教の立場であれば、よりいっそう、「自性法身即ち本有本覚の理身なり」であって、理身と言っても覚智と一体の身というべきであると考えられる。

ともかく、法仏の一つの意味は、自性身・自受用身である。しかし説法の場合以外において、四種法身とも言われるように、仏身の全体を意味する場合もあるわけである。

ともあれ、我々はすでに四種法身を具足していることになった。その中、受用身は、顕教に言う報身に相当するが、すでに法爾に成立しているのであるとしたら、それに修行の果報という意味を取ることはできないことになる。そのためか、空海は、『吽字義』において、次のように示している。その汙字は報身をも意味するのであるが、その報の意味は、

経に云く、汙字は報身の義なりと。此の報とは、因縁酬答の報果には非ず。相応相対の故に名づけて報と曰うなり。此れ則ち理智相応の故に報と曰う。心境相対の故に報と曰うなり。法身智身相応無二の故に、報と名づく。性相無礙渉入の故に報と曰う。体用無二相応の故に報と曰うなり。……

（『定本』第三巻、五八頁）

というのである。とすれば、報身すなわち受用身もまた理智不二なのであろう。それは、自性身と分けられないということを意味するのかと思われる。特に法身説法について語る場合は、「自性自用」等というように、常に両者を一体として語っている。

こうして、「即身成仏」の「成仏」は、すでに五智・五仏、言い換えれば四種法身としてすでに成就している、ということでもあるのである。

その四種法身の活動は、言い換えれば三密を発揮しているということであり、内からその当の衆生に働き掛けているであろう。しかし、我々はすでに成立している内なる四種法身等を自覚することはできない。そこで、修行することを通じてその仏身を初めて十全に実現することができる。このことも、空海はきちんと説いている。故に仏身は、修行して初めて成るのではないが、修行して初めて実現するものではあるであろう。そこに、報身の意味もないわけではないことになる。たとえば少し前の引用には、「次に成仏とは、受用身なり。此れに二種有り、一には自受用、二には他受用、修得即ち始覚の智身なり」ともあるのであった。もっともこれは浅略すなわち顕教の立場かもしれない。しかしまた、『声字実相義』や『金剛般若波羅蜜経開題』には、順に次のような説示もある。

若し謂まく、報仏を亦た大日尊と名づく。故に信解願力所生と曰う。

又た云く、時に彼の如来の一切支分無障閡の力、十智力信解従り無量の形色《ぎょうじき》荘厳の相を生ずる所なり。此の文は報仏の身土を明かす。

（『声字実相義』、同前、四七〜四八頁）

復た次に、四種法身に約して之を釈せば、金剛とは自性法身、常恒不変の故に。能断とは二種の受用法身、能く無明妄想を跛して自他の法楽を受くるが故に。般若は即ち変化法身、大智慧を具えつれば能く神通変化を起こすが故に。波羅蜜多とは、等流法身、万行を波羅蜜多と名づく。等流身は則ち万行法門の相なるが故に。経とは四種に通ず。四種法身、各の法曼荼羅を具するが故に。

（『金剛般若波羅蜜経開題』、『定本』第四巻、二六三〜二六四頁）

以上によれば、報仏・受用身は、修行を経て実現する一面もあることになろう。受用身は、まったく無い状態から、修行を経て初めて成立するのではない。すでに成就しているが、それが無明・煩悩に覆われている状態から、修行を経て十全に顕現・実現するということである。

実際、衆生はすでに仏として成就していると言っても、我々はそのことを自覚しえず、故に現実に仏として活動できるわけでもない。むしろ苦悩に沈んでいるのが実情である。そこで仏・如来は、衆生に対して、本来、仏であることを説法して、無明から目覚めさせようとするのであった。

このとき、仏と成るための行法をも示すことになる。密教のその行法は優れたものなので、この一生に成仏できることになると主張する。ここにこの身において成仏するという「即身成仏」の一つの意味がある。しかし空海はそれ以前にすでに法然に成仏しているあり方を、さまざまな仕方で語るのであった。だからこそ、やはり修行は必要ということになる。言い換えれば仏身の中、受用身については、修行の果報としての報身と呼ぶべき場合もあるわけである。

## 仏身および三密の彼此渉入について

ところで、個々の身がすでに仏であるとして、その個体は、もとより他者と重重無尽の関係にあるのであった。そのことは『即身成仏義』の「即身成仏頌」前半の主題でもあるのであった。そのことを、「重重帝網のごとくなるを即身と名づく」と言っていた。このことについては、空海の他の著作にも、しばしば語られている。『吽字義』にも、「己が有を識らず、貧なること此れに過ぎたるは莫《な》し。塵刹の海会は、即ち是れ我が宝なり。汙字の実義も、当に是の如く学すべし」（『定本』第三巻、六三頁）とあったりする。他にもたとえば、『吽字義』や『大日経開題』「法界浄心」等々にいくつも見られる。次のようにある。

同一にして多如なり、多の故に如如なり。理理無数なり、智智無辺なり。恒沙も喩に非ず、刹塵も猶お少なし。雨足多しと雖も、並びに是れ一水なり。灯光非一なれども、冥然として同体なり。色心無量なり、実相無辺なり。心王心数、主伴無尽なり。互相に渉入して、帝珠錠光のごとく、重重にして思い難し、各の五智を具す。多にして異ならず、異ならずして多なり。故に一如と名づく。一は一に非ずして一なり、無数を一と為す。如は如に非ずして常なり、同同相似せり。此の理を説かざるは、即ち是れ随転なり。

（『吽字義』、同前、六四頁）

又た帝釈の珠網、重重に交映し彼此渉入するが如く、四種法身四種 maṇḍa（曼荼）互相に渉入し、無尽無尽にして算数譬喩の知る所に非ず。

（『大日経開題』「法界浄心」、『定本』第四巻、一〇頁）

三十七尊、塵数の諸仏、互相に渉入すること、猶し光灯帝網の如し。故に等持珠網と曰う。……

（『梵網経開題』、同前、二二八頁）

……通別二の意あり。通とは三十七尊及び百八尊千尊乃至十仏刹微塵数の諸尊を皆な金剛と名づく。並びに不動の三摩地に住して、常恒不壊の故に、能く無明大念等を離るるが故に、定慧具足の故に、已究竟の故に、互いに渉入加持の故に。別とは但し金剛利菩薩の三摩地の法門なり。顕には文殊師利菩薩と名づくるなり。

（『金剛般若経開題』、同前、一二六三頁）

……上《かみ》、大日尊従り、下《しも》、六道の衆生の相に至るまで、各各の威儀に住して、種種の色相を顕わす、並びに是れ大日尊の差別智印なり。更に他身に非ず。故に、経文に、我即法界、我即金剛身、我即天龍八部尊等と云う。是の如くの法身、互相渉入すること、猶し絹布の経緯竪横相結して、不散不乱なるが如し。是れ即ち経の義なり。

（『大日経開題』「法界浄心」、同前、九頁）

この時、その各身の本覚の智慧のはたらき、すなわち密教の法門において明かす各身本有の三密（『弁顕密二教論』、『声字実相義』のほか、たとえば『性霊集』巻九のいわゆる「勧縁疏」、「諸の有縁の衆を勧め奉って応に秘密の法蔵合して三十五巻を写し奉るべし」に、「密は則ち本有の三密を教と為す」とある。『定本』第八巻、一七四頁）も、各身の間で重々に渉入・即応していることになろう。このことも、『即身成仏義』において説かれていたところであるが、そのほかにもたびたび説かれているので、今、その例を一、二、挙げてみよう。

今、是の経は則ち是の如くならず。自受用の五智及び十七尊、自受用法楽の故に、自眷属と与に、各の自証の三摩地法門を説きたもう。四種の曼荼は帝網に同じく而も交映《きょうよう》し、三密の智印は錠光と共《とも》んじて以って互入す。

（『理趣経開題』「生死の河」、『定本』第四巻、一一五頁）

一切法とは、諸法無量なりと雖も、摂末帰本《しょうまつきほん》すれば三密に過ぎず。三密とは、身語意密なり。此の三密に且く二種有り。一には自の三密、二には他の三密なり。他に又た二あり。謂く、已成と未成となり。故に此の三種は平等無二にして、互相に渉入して異相有ること無し。故に一切法平等と曰う。

（『実相般若経答釈』、同前、一三九〜一四〇頁）

こうして、「即身成仏」ということは、他者との重重無尽の縁起の中に自己が成立していて、その各自己（身）が法爾に仏であって、その仏智のはたらきすなわち三密が無数の他者の三密と渉入しあっていることが成就している自己であることを意味するのである。そのうえで、衆生はこのことを知らないが故に、仏が説法し、衆生はその説法にしたがって修行することによって、その仏の姿を自覚・発動するのであった。この脈絡において、『即身成仏義』前半の『大日経』『金剛頂経』『菩提心論』の八箇の教証も生きてくるのである。

ちなみに、

然れども未だ委悉を得ず。加は往来渉入を以って名と為し、持は摂して而も散漏せざるを以って義を立つ。即ち入我我入是れなり。

（『大日経開題』「法界浄心」、同前、八頁）

とあるのは、興味深いことである。

## 曼荼羅即自己の世界

以上、「即身成仏」に関して、特に「成仏」ということに焦点を合わせて、空海の思想を探ってきた。『秘密曼荼羅十住心論』の冒頭には、次の説示がある。

秘密荘厳住心といっぱ、即ち是れ究竟じて自心の源底を覚知し、実の如く自身の数量を証悟するなり。謂わ所る、胎蔵海会の曼荼羅と、金剛界会の曼荼羅と、金剛頂十八会の曼荼羅と是れなり。是の如くの曼荼羅に、各各に四種曼荼羅・四智印等有り。四種と言っぱ、摩訶と三昧耶と達磨と羯磨と是れなり。是の如き四種曼荼羅、其の数無量なり。刹塵も喩に非ず、海滴も何ぞ比せん。

（『定本』第二巻、三〇七頁）

実に曼荼羅は、「自心の源底」の、しかも動態としての事実なのである、成仏とは、その自己の心の底にすでに成就している曼荼羅世界を自覚し、開顕することである。そのように空海は、自己即曼荼羅・曼荼羅即自己のことを、「即身成仏」において語ったのであった。

最後に、このことはすでに繰り返し言及していることではあるが、この曼荼羅即自己・自己即曼荼羅の事態を『秘密曼荼羅十住心論』の「帰敬頌」に見ておくことにしよう。

婀尾羅吽欠《あびらくんけん》の、最極大秘の法界体と、舸遮吒多波壄《きゃしゃたたはや》の慧と、吚汙哩嚧翳《いうりりょえい》の等持と、
制体幢光水生貝《せいていどうこうすいしょうばい》と、五鈷刀蓮軍持《ごことうれんぐんじ》等と、日旗華観天鼓《にちきけかんてんく》の渤《ぼ》と、薩宝法業内外《さつほうほうごうないげ》の供《く》と、
捏鋳剋業《わっちゅうこくごう》及び威儀《いぎ》との、能所無碍の六丈夫を、帰命したてまつる。
是の如くの自他の四法身は、法然として輪円せる我が三密なり。
天珠のごとく渉入して虚空に遍じ、重重無碍にして刹塵に過ぎたり。
天の恩詔を奉って秘義を述べて、群眠の自心に迷えるを驚覚して、
平等に本四曼の入我我入の荘厳の徳を顕証せしめん。

（同前、三〜四頁）

この箇所の概要を示せば、

「ア（a）・ヴィ（vi）・ラ（ra）・クン（hūṃ）・ケン（khaṃ）の五大からなる最極大秘の法界の体すなわち法界体性（体大）と、法曼荼羅（舸遮吒多波壄の慧、吚汙哩嚧翳の等持）・三昧耶曼荼羅（制体幢光水生貝、五鈷刀蓮軍持等）・大曼荼羅（日旗華観天鼓の渤、薩宝法業内外の供）・羯磨曼荼羅（捏鋳剋業及威儀）の四種曼荼羅（相大）の、能所無碍（法界体性と四曼とが無礙）の六丈夫（六大よりなる各諸仏諸尊の身）を帰命したてまつる。是の如きの自他の四法身（自性身・受用身・変化身・等流身）は、法然としてすべてそろっている我が三密である。それらは帝釈天の宮殿の珠網が相

互に映し合うように渉入しあって虚空に遍く広がり、重重無尽に無礙に融合してその数は国土をすりつぶして塵にしたくらい、測り知れないほどである。……」といったことである。

ここに、「是の如くの自他の四法身は、法然として輪円せる我が三密なり。天珠のごとく渉入して虚空に遍じ、重重無碍にして刹塵に過ぎたり」とある。これこそ大日如来の自内証の世界でもあるであろう。空海は常にこの実相を明かし、そこに「一切の仏法を含む」という「即身成仏」（他者と相即せる身としてすでに成仏している）の実相があることを説いていたのであった。

# 第五章　井筒俊彦の空海論について

## はじめに

井筒俊彦は、イスラーム、インド古代思想、仏教、老荘思想、易等を横断する、東洋哲学の共通の思想を究明し、それを現代の時代状況に活かそうとした碩学である。その多彩な業績は高く評価され、一般の人々にも広く支持を受けている。

仏教に関しては特に唯識の阿頼耶識説、とりわけ名言種子《みょうごんしゅうじ》の思想に共感を覚え、そこに自らの意味分節理論を重ね合わせて、唯識思想を新たな装いのもとに現代に甦らせた。また『大乗起信論』についても、『意識の形而上学――『大乗起信論』の哲学』（中央公論社、一九九三年）の一書を公刊するほどでもあった。それには、「東洋哲学　覚書」の冠もかぶせられている。

そうした中、井筒には空海の言語哲学を論じた論文がある。『意味の深みへ　東洋哲学の水位』（岩波書店、一九八五年）の中の、Ⅲの七に、「意味分節理論と空海――真言密教の言語哲学的可能性を探る――」が収められている。同書の「あとがき」によれば、この論文は、「弘法大師空海の壮大な宇宙論的「声字」哲学を、「意味」分節理論ならびに「言語アラヤ識」の見地から考究し、それの含む言語哲学的可能性を、現代思想のコンテクストにおいて探求する。一九八四年、十二月二十六日、高野山で開催された第十七回日本密教学大会のための特別講演、「言語哲学としての真言」を、論文体に書き移したもの（『思想』一九八五年二月号）」（同書、三〇五～三〇六頁）とのことである。

ここで井筒は、空海の言語哲学を「存在はコトバである」という命題に帰することを最初に掲げ、その核心を、『弁顕密二教論』に拠って、「果分可説」と「法身説法」に見、また主に『声字実相義』に拠ってその言語哲学の特質を究明しようとしている。その際、イスラームの言語哲学、インド古代の言語哲学、易などをも紹介しながら、それらの間の共通性、したがって空海の言語哲学の普遍性についても言及している。そのように、視野が広くかつ現代という時代も見据えながら、華麗な修辞を駆使して空海を描いており、多くの読者が魅了されたことであろう。現に真言宗関係の僧侶らの中にも、その説に全面的に追随しておられる方がけっして少なくない。

そこで、はたして井筒の空海論はどのようなものなのか、それは空海の思想そのものと正しく一致しているものなのかどうなのか、私なりに検討・確認しておきたいと思う。

## 井筒俊彦の空海論

では、井筒は空海をどのように論じているのであろうか。以下、本論文に沿って、その骨子を辿ってみよう。

すでに触れたことだが、空海の言語哲学を論じるにあたって、「存在はコトバである」の命題を掲げている（同書、二四三頁）。空海の真言密教のすべてはこの命題に帰するというのである。それは、存在によって言葉があるのではなく、コトバが存在に先行し、コトバが存在を喚起するという思想と言えよう。真言密教もそういう思想であることを主張するために、井筒は自らが主唱する意味分節理論を援用する。

ただし井筒は、意味分節理論を説明する前に、真言密教には異次元の言語が考えられているということについて説明する。そのことを、空海が説く、「果分可説」によって解説している。たとえば、「果分可説」の「果分」について、「仏さまがたの悟りの内実ということ、より哲学的なコトバで言えば、意識と存在の究極的絶対性の領域、絶対超越の次元である」（同前、二四六頁）という。そして「果分可説」とは、「「果分」という絶対意識・絶対存在の領域は、本来的に無言、沈黙の世界ではなくて、この領域にはこの領域なりの、つまり異次元の、コトバが働いている、あるいは働き得る、ということである」（同前、二四六頁）という。また、「悟りの境地を言語化することを可能にする異次元のコトバの働きを、それは説く。コトバを超えた世界が、みずからコトバを語る、と言ってもいい。あるいはまた、コトバを超えた世界が、実は、それ自体、コトバなのである」（同書、二四七頁）とも説明する。

こうして、「むしろ、悟りの世界そのものの自己言語化のプロセスとしてのコトバを考えているのである。そしてそのプロセスが、また同時に存在世界現出のプロセスでもある、と。このようなレベルで、このような形で、コトバと存在とを根源的に同定する。それが真言密教的言語論の根本的な特徴である。だから、この立場では、最初に掲げた「存在はコトバである」という命題が、そのままなんの問題もなく成立することは当然でなければならない」（同前）という。

ここまで説いてきて、井筒は、「異次元のコトバと存在との結びつきの内的機構自体の解明」、「異次元のコトバの根拠」、「異次元のコトバが、コトバとして、かつ存在として展開するとはどういうことか」といった疑問が解決されなければならない（同書、二四八頁）とする。確かにこの問題究明は、空海の言語哲学を了解するのに、きわめて重要であろう。

しかしこの後、その課題究明のためにも、むしろまず「我々の日常的経験次元におけるコトバ、と存在との関係」について、意味分節理論から説明していくとする。

その際、「「果分」のコトバは、たしかに異次元のコトバではあるけれど、それだからといって、普通の人間言語とは似ても似つかぬ記号組織であるのではない。それどころか、普通の人間言語が、そこから自然に展開して来るような根源言語として、空海はそれを構想しているのだ」（同書、二四九頁）、と言っている。そこに「法身説法」の言葉を持ち出し、法身を大日如来そのものと見て、我々の言語も「根源まで遡ってみれば、大日如来の真言であり、要するに、真言の世俗的展開形態にすぎない、というのだ」」（同前）とする。

ここで井筒は、「「果分」のコトバが、その異次元性にもかかわらず、「因分」のコトバの究極的原点であり、この意味で「因分」のコトバに直結しているとすれば、「果分」において絶対無条件的に成立する「存在はコトバである」という命題は「因分」においても、たとえ条件的、類比的にではあれ、成立するであろうことが、当然、予測される」（同前、二五〇頁）と言って、もはや果分においては「存在はコトバである」という命題が絶対無条件的に成立していると、前に掲げた疑問の解決を論じることなしに断じたうえで、議論を進めていくのである。

その上で、井筒の意味分節理論の概要が説明される。その一部を挙げておこう。

> もともと素朴実在論的性格をもつ常識的な考え方によると、先ずものがある、様々な事物事象が始めから区分けされて存在している、それをコトバが後から追いかけていく、ということになるのだが、分節理論はそれとは逆に、始めにはなんの区分けもない、ただあるものは渾沌としてどこにも本当の境界のない原体験のカオスだけ、と考える。のっぺりと、どこにも節目のないその感覚の原初的素材を、コトバの意味の網目構造によって深く染め分けられた人間の意識が、ごく自然に区切り、節をつけていく。そして、それらの区切りの一つ一つが、「名」によって固定され、存在の有意味的凝結点となり、あたかも始めから自立自存していたものであるかのごとく、人間意識の向う側に客観性を帯びて現象する。たんにものばかりではなく、いろいろなものの複雑な多層的相互連関の仕方まで、すべてその背後にひそむ意味と意味連関構造によって根本的に規定される。それがすなわち存在の地平を決定するものであり、存在そのものである。と、大体、このように考えるのである。
>
> （同書、二五〇～二五一頁）

要は、外界に自立した存在があって、それらに対応して言葉があるわけではなく、言葉に拠って、混沌の世界に網目をかぶせ、それぞれの意味＝存在を浮き立たせているに過ぎない、というのである。このこと自体は、ソシュールやウィトゲンシュタインらがすでに解明したことであり、多少なりとも言語哲学の世界を覗いた者にとっては、驚くに当たらないであろう。

井筒は、以上の意味分節理論の説明ののち、次のように言っている。「しかし顕教と根本的に違うところは、現象界でそのように働くコトバの、そのまた源に、「法身説法」、すなわち形而上学的次元に働く特殊な言語エネルギーとでもいうべきものを認めることだ。従って、密教的存在論では、我々の経験世界を構成する一切の事物事象は、いずれも経験的次元に働くコトバのなかに自己顕現する異次元のコトバ、絶対根源語——宗教的用語で言えば大日如来のコトバ——の現象形態ということになる。要するに、すべてのものは大日如来のコトバ、あるいは、根源的にコトバであるところの法身そのものの自己顕現、ということであって、そのかぎりにおいて現象的存在は最高度の実在性を保証されるのである。」(同前、二五三頁)

この後、井筒は言語意識の深層領域のことを語っていく。我々の表層的な意味分節は、深層の意味結晶を求める流動的なエネルギーに基づくというのである。それは、井筒の上述の意味分節理論をより独自なものとする重要な要素となっているものである。その深層領域の様子は、次のように描かれる。

しかしいったん言語意識の深みに目がひらけて見ると、存在秩序は一変し、世界はまるで違った様相を示しはじめる。言語意識の深層領域には、既成の意味というようなものは一つもない。

時々刻々に新しい世界がそこに開ける。言語意識の表面では、惰性的に固定されて動きのとれない既成の意味であったものでさえ、ここでは概念性の留金を抜かれて浮遊状態となり、まるで一瞬一瞬に形姿を変えるアミーバーのように伸び縮みして、境界線の大きさと形を変えながら微妙に移り動く意味エネルギーの力動的ゲシュタルトとして現われてくる。（同書、二五七頁）

井筒はこの「存在喚起エネルギー」のはたらきを、よく知られたことだと思われるが、仏教の唯識思想に拠りつつ語る。すなわち、井筒は唯識説の名言種子を貯蔵する阿頼耶識の教義に着目し、言語アラヤ識説を唱えてその例証とするのである。その井筒独自の唯識解釈については、『意味の深みへ』の「あとがき」に要約して、しかしより詳しく記しているのが参考になる。ただし、その解釈が唯識説に整合的であるかどうかには微妙な問題もあり、このことについては、本章の最後に参考までに私見を述べることにする。ともかく井筒は、人間の言語活動を、表層の意識の活動のみでなく、無意識の中の意味結晶＝存在喚起を求める動態を見すえて論じるわけである。

以上の説明をふまえて、その後、この言語の深層と表層との全体をも超える、異次元のコトバに向かっていく。前の「意味の存在喚起エネルギー」を宇宙的に考え、「コトバは、ここでは、宇宙に遍満し、全宇宙を貫流して脈動する永遠の創造エネルギーとして現われる」（同前、二六一頁）と述べる。こうして、「宇宙的スケールの創造力」、「全宇宙にひろがる存在エネルギー」なるものを説く。それを、『易』や『荘子』などにより語る。その後、「宇宙的存在エネルギーとしてのコトバは、それ自体では、まだ絶対無分節の状態にあるからである。絶対無分節のコトバは、そのままではコトバとして認知されない。だが、他面、この無分節のコトバは、時々刻々、自己分節を続けているのだ。自己分節して、いわゆる自然界に拡散し、あらゆる自然物の声として自己顕現し、さらに宇宙的意味分節過程の末端的領域において、人間の言語意識を通り、そこで人間の声、人間のコトバとなる」（同前、二六四頁）と、宇宙的存在エネルギーと人間世界との関係を明かしている。

このことから、「このように自己分節の過程を経て「耳に聞こえる」万物の声となり、人間のコトバとなる以前の、絶対無分節における宇宙的コトバ、「コトバ以前のコトバ」は、前述した分節理論の見地からすれば、当然、あらゆる声、あらゆるコトバの究極的源泉であり、従ってまたあらゆる存在者の存在性の根源でなければならない。こういう意味での絶対的根源としてのコトバを、真言密教は大日如来あるいは法身という形で表象する。「法身説法」とは法身の説法《ことば》を意味するが、しかしそれ以前に、むしろ法身が説法《ことば》である、ことを意味するのだ」（同前、二六四頁）ともいうのである。

この直後、井筒は、「真言密教の法身に当たるものを、東洋のほかの宗教伝統では神、または神に相当するものとして表象する」といって、その法身説法の思想は以下、「神（あるいは神に相当するもの）がコトバである」ことを説く、古代インド思想、ユダヤ教、イスラーム等にも見られるとし、特にイスラームのファズル・ッ・ラーの思想等を紹介していく。そこに、同一の思考パターンがあるというのである。また、ユダヤ教のカッバーラーにも触れ、神自身がコトバであるかどうかは別にして、「神がコトバを語るから、世界が存在する。神がコトバを語り続けるから、世界が存在し続ける、という。ここでもまた、真言密教に著しく接近した言語・存在論に、人は出合う」（同前、二七二頁）

という。

その後、空海の「法身説法」について、「神のかわりに、真言密教は法身を立てる。法身、すなわち存在性の絶対的、究極的原点がコトバである、とそれは説く。永遠に、不断に、大日如来はコトバを語る、そのコトバは真言。真言は全宇宙を舞台として繰りひろげられる壮大な根源語のドラマ。そしてそれがそのまま存在世界現出のドラマでもある。真言の哲学的世界像がそこに成立する」(同前、二七三頁)とする。

こののち、密教の阿字について、以上の視点をふまえつつ論じている。それは、いまだ無分節の「阿」が自己分節して文字を生み、名を生み、ものを生むというのである。そのことを空海に寄せて、「それは地・水・火・風・空の五大ことごとくを挙げての全宇宙的言語活動であり、「六塵悉く文字なり」というように、いわゆる外的世界、内的世界に我々が認知する一切の認識対象(もの)はことごとく「文字」なのである」(同前、二七七頁)という。

こうして、「全存在世界をコトバの世界とし、声と響の世界、文字の世界とする真言密教的世界像は、このようにして成立する。イスラームの文字神秘主義やユダヤ教のカッバーラーの場合と同じく、真言密教においてもまた、存在世界は根源的にエクリチュール空間であり、そしてそのエクリチュール空間は、万物の声に鳴り響く空間だったのである」(同前)と本論文の主旨を結論づけている。

なおこのあと、本論文の末尾になるが、次のように言っている。

「存在はコトバである」という一般的命題を出発点として、私は本論を始めた。この命題は、それ自体としては、なんらコトバの異次元性を含意しない。普通の人間の言語意識を、構造モデル的に深層・表層に二分する操作を通して、この命題が、日常的コトバの次元においても、意味の分節理論的に、真であることを、我々は知った。そしてさらに、真言密教やそれと同型の東洋哲学諸潮流の思想を検討することによって、我々は、日常的コトバの彼方の異次元のコトバにおいても、この同じ命題が、強力にその真理性を主張していることを見た。「存在はコトバである」という言語・存在論的命題の絶対的真理性の確信において、真言密教は、東洋哲学全体のなかで、ただひとり孤立した立場ではなかったのである。（同前、二七八頁）

以上が、この論文の要約である。

## 井筒俊彦の空海論に対する私見

### （1）「存在はコトバである」との命題について

井筒の空海論の論点の骨子は、以上によって知られたであろう。以下、このような井筒の全体的な主張に関して、また個別の論議に関して、検討してみたい。

まず、「存在はコトバである」という命題についてである。それは一見、すこぶる魅力的であるかのようである。しかしこの命題が、実際問題としてどういうことを意味しているのかは、私には依然として不明である。日常的世界に関しては、おそらくは、「コトバが存在に先行し、そういう順位で存在とコトバとの間に同定関係が成立する」（同書、二四四頁）という見方、「しかしそれは、実は、全体としても、またそれを構成する個々の事物としても、すべて根源的にコトバ的性質のもの、コトバを源泉とし、コトバによって喚起され定立されたもの、つまり簡単に言えば「コトバである」のだ」（同前、二四五頁）といったことなのであろう。しかしそれにしても、たとえばここにいう「存在」とは、何を指しているのであろうか。形あるものだけなのか、心理現象も含む現象世界全体のことなのか、さらには超越的存在も含んでのことなのか。一方、片仮名で表わす「コトバ」とは何を意味しているのであろうか。表層的な言語に加えて無意識の世界にうごめくいわば言語エネルギーも含んでのことなのか、明瞭とは言い難い。さらにでは、異次元の領域の存在については、コトバを語るから、その存在がコトバなのか、そもそもコトバを本質としているというのか。その場合、絶対無分節でもコトバと言ってよいのか、自己分節化するからコトバなのか。その自己分節は絶対者内にあるものなのか、外に出て実現するものなのか。そのように、いったいどの時点で異次元の領域についても、「存在はコトバである」と言うべきなのか、もう一つ解りにくいものがある。いずれにしても、このことを言うには、「存在」と「コトバ」と、その双方の明確な定義が必要であろう。このことについては、後の（5）（三五八頁以下）において、もう一度、詳しく検討してみたい。

## （2）声（音）と字の区別について

井筒は、空海の言語哲学の特徴を語る時、やはり『声字実相義』に拠っている。周知のように、

『声字実相義』では、「五大皆有響、十界具言語、六塵悉文字、法身是実相」という頌（私はこれを「声字実相頌」と呼ぶ）を掲げ、これに基づいてその言語哲学を展開している。

ここで留意すべきは、仏教の言語観の基本である。仏教は言語を「名《みょう》・句《く》・文《もん》」によって分析している。このなか、「文」は文章のことではなく、文字のことなのであるが、しかも音声言語を基本に考えているので、その文字とは母音・子音の音素のことである。この音素が組み合わさって単語となり、単語等が組み合わさって句（文章）となる。「名・句・文」の名は名詞のことであろうが、いわば単語と見てよいであろう。そのとき、「名・句・文」は、簡略に言えば「単語・文章・音素」ということになるわけである。

これらは、心不相応法（物でも心でもないもの）とされ、音声（耳識の対象としての色法）の上に仮に立てられたものとされている。音声そのものではないが、音声の「あや」、音韻屈曲に言語はあると言うのである。こうした仏教の言語に対する基本的な見方は、『声字実相義』においても、そのまま説明されている。次のようである。

内外の風気、纔に発《おこ》って必ず響くを、名づけて声《しょう》と曰うなり。響きは必ず声に由る。声は則ち響きの本なり。声発って虚しからず、必ず物の名を表すれば、号して字と曰うなり。名は必ず体を招く、之を実相と名づく。声と字と実相と三種区別なれば、義と名づく。（『定本』第三巻、三六頁）

此の十界所有《しょう》の言語、皆な声に由って起こる。声に長短高下《こうげ》音韻屈曲有り。此れを文と名づく。文は名字に由る。名字は文を待つ。故に諸の訓釈者、文即字と云うは、蓋し其の不離相待を取るのみ。此れ即ち内声の文字なり。

（同前、三九～四〇頁）

実は「五大皆有響、十界具言語、六塵悉文字、法身是実相」という「声字実相頌」そのものも、「響」は声、「言語」と「文字」は字（ひいては名・句を含む）、および「実相」として、この頌の中に「声・字・実相」が盛り込まれているわけである。このとき、響きは言語以前であることを理解しておく必要があろう。

さて、「声字実相頌」の第一句に、「五大に皆な響き有り」とある。一般に五大とは、地大・水大・火大・風大・空大で、物質的世界を構成する元素のようなものと考えられている。一般にはこのうち、空大を除く四大が組み合わさって、物質的存在が構成されると考えられていよう。空大はそのことが成立する空間のこととなる。

しかし仏教においては、いわゆる物質なるものは、むしろ五感の対象の五境（色・声・香・味・触）がまずあって、その上に意識が構想したものにすぎない。本来、五大（実の五大）はまず、その五境の各境を構成するのである。実は『声字実相義』は、色塵（＝色境。視覚の対象）の説明に、もっぱら唯識文献の一つである『瑜伽師地論』の説明を用いている。その唯識の立場に立てば、五大の中、四大はただ「堅・湿・煖・動」の性質なのであって、そうした性質がそれぞれ音響を発しているとは、なかなか思い難いところである。ここを合理的に理解するなら、五大（実質的には四大）が構成する五境の、さらにその上に構想された事物が触れ合うなどにより響きを上げるとでもいうべきか。つまり「五大所生の事物に皆な響き有り」と。空海がこの五大について、仏教術語のことでなく、一般世間の五大を考えていたのみであるなら、このような細い議論は不要であるが。

井筒はこの五大に関して、次のように言う。

また同じく『声字実相義』の、あの有名な言葉、「五大にみな響あり、十界に言語を具す」。地・水・火・風・空の五大、五つの根源的存在構成要素は、普通は純粋に物質世界を作りなす物質的原質と考えられているのであるが、それが、実は、それぞれ独自の響を発し、声を出しているのだ、という。すなわち、空海に拠れば、すべてが大日如来のコトバなのであって、仏の世界から地獄のどん底まで、十界、あらゆる存在世界はコトバを語っている、ということになる。空海の著作のなかに、これに類する思想を述べた文章は少くない。（『意味の深みへ』、二六三頁）

このように、五大をただ素朴に物質的元素と見て、しかもそれぞれが響きを上げているとする。しかも響きをそのままコトバとしている。音響はその「あや」において言語となりうるのであり、音響そのものと言語は、一応、区別されるのが基本である。その立場に立てば、五大のおのおのに言語があるとするのは、やや飛躍しすぎではなかろうか。もしも五大が仏を体としている、仏を象徴している、仏のメッセージだ、故にコトバだというのであれば、それは通常の言語を超えた広義の言語ということになり、必ずしも意味分節を伴う言葉とは言えないことになる可能性もある。

## （3）密の五大について

実は空海は、この五大に対して、なんと「密の五大とは、五字五仏及び海会《かいえ》の諸尊是れなり」（『定本』第三巻、三九頁）と言っている。空海の著作を読むには、やはり密教の立場での解釈を重視すべきである。その場合、五大はけっして物質的原質などのことではなく、実に五仏や諸仏・諸尊のことなのである。しかし井筒はこのことには何ら言及していない。やはり空海の『声字実相義』の「五大皆有響」の句には、「五仏及び諸仏諸尊に皆な響きあり」の意こそを読むべきであろう。

このことに関しては、次の「十界に言語を具す」をにらむとき、単に諸仏の仏身に音響があるというだけでなく、その住する国土にも音響があるということをも考慮すべきである。環境世界にも音響があることはいうまでもないことであろう。ともあれ、この第一句の限りでは、あくまでも音響の世界である。

もっとも、この音響があれば、そのあやもあり、そこに言語の構成単位（文字）も見出されて、ひいては言語体系が展開されることになる。そこで、「十界に言語を具す」ということにもなる。なお、『声字実相義』の最初に、「五智四身は十界を具して而も欠くること無し」（同前、三五頁）とある。十界のすべては、仏の五智（法界体性智・大円鏡智・平等性智・妙観察智・成所作智）に基づく四種法身（自性身・受用《じゅゆう》身・変化身・等流身）に存在しているという。ということは、各界の生き物（衆生）の一人ひとりに仏智がもとよりはたらいているということでもある。そこで十界のすべてに、「法然と随縁」の事態が存在することになる。とすれば、そこに世俗言語と聖なる言語の共存も考えられよう。確かに十界に言語が存在しているに違いない。ただし重要なことであるが、空海は十界の中、仏界の言語のみ真実である、と言っている。その仏界と他の九界の言語の質の違い、真語と妄語との違いは見逃されるべきではない。その仏界は、他の九界にも浸透しているとしてもである。もっともこのことは竪（縦）に見た場合であって、横に見た時は真妄一味となる側面もある。しかしながら基本的に、凡夫の妄語と仏の真語との区別も無視することはできないであろう。

## （4）六塵と文字について

次に「六塵悉文字」の句の問題である。ここをどう読むかによって、空海の言語哲学の了解に大きな差が出てくることになる。この句は古来、「六塵は悉く文字なり」という読み方と「六塵に悉く文字あり」という読み方の二つが示されてきた。なぜ後者の読み方が言われるかというと、実はこの句の後に、空海自身が「此の六塵に各の文字の相有り」（同前、四一頁）と言っているからである。しかもここには、六塵に文字があるというのではでなく、「文字の相がある」と言っている。頌の言句は種々の制約に縛られ、言うべきことを省略して表現することもしばしばである。ここは空海の説明に拠るべきであろう。故に『定本』は、「六塵に悉く文字あり」（同前、三八頁）と訓むのであろう。仮に「六塵は悉く文字なり」と一応、読むとしても、その内容の理解は「此の六塵に各の文字の相有り」のことと受け止めるべきであると私は思う。

このことは、六塵の中の一つ、色塵（色境。眼識＝視覚の対象）の文字に関して、空海は色塵が文字だと説くのではなく、色塵に見出される「差別」が文字だと言っていることにも通じている。「是《かく》の如くの一切の顕・形《ぎょう》・表色は、是れ眼所行、眼境界、眼識所行、眼識境界、眼識所縁、意識所行、意識境界、意識所縁なり。之を差別と名づく。是の如くの差別は、即ち是れ文字なり。各各の相、則ち是れ文なり。故に各各の文に則ち各各の名字有り。故に文字と名づく」（同前、四三頁）とあるようである。さらには、「又た十種の色を立つ。具には彼れに説くが如し。是の如くの種種の色の差別は、即ち是れ文字なり」（同前、四五頁）、「又た五色を以って阿字等を書くを、亦た色の文字と名づく。又た種種の有情・非情を彩画するを、亦た色の文字と名づく。錦繍綾羅等も、亦た是れ色の文字なり。法華花厳智度等に、亦た具に種種の色の差別を説くとも、然も内外の十界等を出でず。是の如くの色等の差別、是を色の文字と名づく」（同前）、「是の如くの法爾・随縁の種種の色等、能造・所造云何《いかん》ぞ。能生は則ち五大五色、所生は則ち三種世間なり。此れ是の三種世間に無辺の差別有り。是れを法然・随縁の文字と名づく」（同前、四九頁）とある。どこまでも「差別」に文字を見るのである。

本来の言語に関して、音響が直ちに文字なのではなく、その音韻屈曲が文字であるように、色塵がそのまま文字なのではなく、色塵の「差別」相に文字が見出されるべきなのである。こうして、六塵が直ちに言語なのではなく、六塵という存在の上の相としての差別（意識の対象であろう）が言語なのである。ただし現実の文字つまり母音・子音には、各国語によって二十数個ないし五十個程度等、幅はあるもののかなり限定されたものとなっていて、それぞれの音素は弁別特性の束において組織的な体系を形成している。はたして色塵の差別に見る文字は、そのような有限の体系をなしたものと言えるかどうか測りかねる。にもかかわらず、むしろあらゆる「差別」に言語を見ると言うなら、その言語の内実はかなり広いものとなっていて、狭義の言語をはるかに超えたものとなろう。

（5）「存在はコトバである」の問題点

実のところ、「六塵に悉く文字あり」から「存在はコトバである」へには、またいくつかの問題もある。まず、仏教では世界を六根・六境の十二処や六根・六境・六識の十八界で描くことがある。この時、六塵でもある六境以外の六根や六識も「存在」であろうが、それらに言語は見出されるのであろうか。もちろん、何らかの仕方での会通は可能であろう。しかし空海は『声字実相義』において、聴覚の対象の声に基づく言語をまず論じて、それを六塵に広げており、言語の成り立ちを主には感覚対象に即して論じている。とすれば、言語というものを、世界とか存在のある限られた領野においてのみ見ていると言うべきであろう。しかし「存在はコトバである」の「存在」が、六境だけでなく、六根・六識をも含むなら、その方面もコトバであることを、何らかのしかたで説明しなければならないはずである。

また、六塵をひとまとめにしているものの、実は五塵と法塵とではだいぶ差があることを無視することはできない。五塵（五境）は眼識・耳識・鼻識・舌識・身識の五つの感覚の各対象であるが、法塵（法境）は意識の対象であり、その対象自体、すでに多くは言語化されたものである。むしろ五塵の上に文字の相（差別）を見出しその組み合わせで言語を認識するのは意識なのであって、そこに言語がある。前にも触れたように（本書、二五三〜二五七頁参照）、実際のところ、五塵（五境）そのものは言語以前なのである。それらをも言語であると言うべきであろうか。また、そこにある「差別」はむしろ意識の対象ではないのか。そうした状況のとき、なおかつ「存在はコトバである」と言えるであろうか。もちろん、言語活動によって世界がその姿を現し出すということはある。その意味で世界は言語のなかであるという言い方も理解できる。しかしその分節以前の世界もまた、けっして存在していないわけではない。

ここで想起されるべきは、唯識思想の三性説《さんしょうせつ》である。言語に基づいて意味あるものとされひいては実体視されたものを遍計所執性《へんげしょしゅうしょう》という。それは依他起性《えたきしょう》において仮想・錯覚されたものであり、つまり遍計所執性とは別に依他起性が考えられている。それは、刹那滅の八識の相分・見分の相続の世界である。よく言語によって初めてその存在が認識されるので、一切の存在は言語による、言語そのものだ、という。黒崎宏によれば、ウィトゲンシュタインの言語ゲーム理論でもそういう言語以後＝存在、言語以前＝無との説明がなされたりする。しかし唯識思想ではそのような二分法は採らず、いわば三分法を採る。三性のもう一つは円成実性《えんじょうじつしょう》であるが、それは現象世界としての依他起性の本質・本性のことであって、すなわち空性＝法性＝真如のことである。時に円成実性および依他起性は有るが遍計所執性は無いとされたりする。そういう三性説に立つとき、「存在はすべてコトバである」（存在はコトバで存在喚起されたものに限られる）とは言い難いであろう。

なお、世界の意味分節が主観の側にあるとしても、その分節に何らかの根拠を与えるものが、客観世界の側にまったくないわけでもないであろう。たとえば象は鼻が長く、キリンは首が長い。りんごは赤くみかんは黄色い。そのように、主観が勝手に分節するだけなのではなく、分節以前の世界の側に何らかの秩序がすでに存在している可能性はある。とすれば、我々の意味分節活動は、主客相関の中で成長・発展すると考えられるが、井筒の意味分節の展開理論においては、ただ無意識の領域のみで意味の分節化が自発自展し発達するかのようであり、現実世界との協働という視点がていねいに説明されることはないように思われる。

いずれにしても「六塵皆文字」の句から「存在はコトバである」に、ただちに進むわけにはいかないであろう。もしも六塵も仏を本体としており（即事而真《そくじにしん》）、仏に基づいて存在していることを表現している、そこに仏のメッセージがある、ということであれば、そのようなことはたとえば道元も、「而今《にこん》の山水は古仏の道現成《どうげんじょう》なり」（『正法眼蔵』「山水経」）。この道は、道《い》うの道）と言っていることとそれほど変わらず、必ずしも密教独特とは言い難いように思われる。むしろ道元は「而今の」と言っているところが、リアリティに迫ったものとなっているというべきである。ただし、密教の場合、一事象は即事而真であることと事事無礙であることを同時に表現していると説くのかもしれないが。

## （6）発出論的世界観と密教

ところで、この五大との関連で、イスラームの偉大な哲学者、ファズル・ッ・ラーの説が紹介されている。さらに言語（アルファベット）に関して、同氏とユダヤ教のカッバーラーの二つの説が紹介されるが、いずれも言語が世界を構成しているという世界観を描くものである。そこでは言語に、いわば「神のうちなる言語、世界形成の前段階のような言語、現実に結実した言語」と、あたかも混沌から具体的な秩序が生まれてくることが説かれている。それは一種の創造説でありまた発出論的な世界観である。しかし仏教は、唯一の絶対者、創造神は説かず、また一つの原因から世界が展開するという説も斥ける。はたしてカオスからコスモスへという発出論的な世界創造説が、空海の密教とも整合的かどうかはかなり疑問である。もしも密教がそういうものであるなら、仏教とは言えないものとなるであろう。

同じように、井筒は、密教が重視する阿字についても、無分節から分節への理論を援用して、次のように説明する。

大日如来の「説法」として形象化されるこの宇宙的根源語の作動には、原因もなく理由もない。いつどこで始まるということもなく、いつどこで終るということもない。金剛界マンダラが典型的な形で視覚化しているように、終ると見れば、すぐそのまま、新しい始まりとなる永遠の円環運動だ。しかし、この永遠の円環運動には、それが発出する原点が、構造的に——時間的にではなく——ある。それが阿字（ア音）。すなわち、梵語アルファベットの第一字音である阿字が、大日如来のコトバの、無時間的原点をなす。

……

ただ、ここで特に注意しなければならないのは、人が「口を開いて呼ぶ」ア字発声の構造的瞬間には、ア音はまだなんら特定の意味をもってはいないということ、言葉をかえていえば、まだ特定のシニフィエと結ばれていない純粋シニフィアンだ、ということである。

……ところが現に話題としている異次元のコトバの極限状態においては、この関係が逆転して、シニフィエは希薄化してゼロ度に達し、それに反比例して、シニフィアン、つまり音形象、の方が宇宙的な巨大な力、となって現れてくる。つまり、この根源的位層では、大日如来のコトバはアというただ一点に収約され、ただ一つの絶対シニフィアンになってしまうのである。

ア音に後からいろいろな意味をつけることは、勿論、できる。……

（『意味の深みへ』、二七三～二七五頁）

以上をふまえ、『大日経疏』（巻七）の阿字の三義（（本）不生・空・有）等は、「すべて後でなされた解釈学的テクスト「読み」であって、記号学のいうシニフィエとしての「意味」ではない」（同書、二七五頁）とする。さらに、純粋無雑な「阿の声」、透明な自体性におけるア音は、「名」となったアとは区別されるのであり、アという「声」がアという「名」になってはじめてそのシニフィエを考えることができるが、それは「一つの特定なシニフィエを指定することはできない。無限に解釈学的「読み」を許すような、不決定的なシニフィエがそこにあるというだけのことだ」（同前、二七五頁）という。さらに次のように論じる。

こうして真言密教の、あるいは空海の、構想する言語・存在論的世界展開のプロセスにおいては、未だなんらのシニフィエにも伴われない無辺無際の宇宙的ア音という絶対シニフィアンからすべてが始まる。この絶対シニフィアンの出現とともにコトバが始まり、コトバが始まるまさにそのところに、意識と存在の原点が置かれる。……

宇宙的「阿字真言」のレベルでは、ア音の発出を機として自己分節の動きを起こした根源語

「ア」から「ハ」に至る梵語アルファベットの発散するエクリチュール的エネルギーの波に乗って、次第に自己分節を重ね、それとともに、シニフィエに伴われたシニフィアンが数かぎりなく出現し、それらがあらゆる方向に拡散しつつ、至るところに「響」を起こし、「名」を呼び、「もの」を生み、天地万物を産み出していく。……それは地・水・火・風・空の五大ことごとくを挙げての全宇宙的言語活動であり、「六塵悉く文字なり」というように、いわゆる外的世界、内的世界に我々が認知する一切の認識対象（もの）はことごとく「文字」なのである。

全存在世界をコトバの世界とし、声と響の世界、文字の世界とする真言密教的世界像は、このようにして成立する。

（同書、二七六～二七七頁）

以上の説はなかなかに興味深いことであるが、この世界像がはたして空海の真意にかなっているかどうか、慎重な検討が必要であろう。根源的一者が自動的に世界を産出するという世界観は、仏教にはないものである。

### （7）アルファベットの諸相と字義

以上に関連して、井筒はイスラーム文字神秘主義のファズル・ッ・ラーの思想を解説しながら、次のようなことを言っている。少々長くなるが引用しておく。

神が、わずかに、自己顕現的に動くとき、そこにコトバが現われる。但し、コトバとはいっても、神の自己顕現のこの初段階では、我々が知っているような普通のコトバではない。一種の根源言語、つまりまだなんの限定も受けていない、まったく無記的なコトバ、無相のコトバ。それが、次の第二段階で、はじめてアラビア文字、三十二個のアルファベットに分岐する。もっとも、そのアラビア文字も、この段階では、まだ純粋に神的事態であり、神の内部に現われる根源文字なのであって、人間はこれを目で見ることはできないし、その字音は人間の耳には聞えない。人間の耳に聞えないままに、このアルファベットは全宇宙に遍満し、あらゆる存在者の存在の第一原理として機能する。

ところで、この宇宙的根源アルファベットは、それ自体では、まだなんの意味も表わさない、つまり、無意味である。無意味であるということは、具体的存在性のレベルには達していないということだ。有意味的なもののみが存在であり得るのだから。コトバが有意味的であるためには、なんらかのものの名でなくてはならない。……

そのようなことが起こるのは、根源的アルファベットの段階ではなくて、次の段階、すなわち、アルファベットの組み合わせの段階である。……この段階に来てはじめて「対象認知的」になる。なぜなら、この段階で、文字はいろいろに組合わされ、結合して語（あるいは名）となり、それによって意味が現われ、意味は、それぞれ己れに応じたものの姿を、存在的に喚起するからである。「対象認知的」とは、このコンテクストでは、存在喚起的ということにほかならない。根源アルファベットの段階では、未分の流動的存在エネルギーであったものが、文字結合の段階では、その流れのところどころに特にエネルギーの集中する個所が出来て、仮りの結節を作る。その結節の一つ一つがものとして現象する、というのだ。

（同書、二六八～二七〇頁）

しかしながら、阿は阿以外を想定しないような根源的な文字であることが、成り立つのであろうか。現代の言語学に拠れば、音素は弁別特性の束であり、他との差異をもとより想定したものである。確かに阿は、常に発語に含まれているとして、根源的かもしれない。しかし同時に、文字は法然、自然の存在であり、サンスクリット語の文字はもとより存在しているというのが密教の立場であろう。一例に、空海が嵯峨天皇に差し上げた『梵字《ぼんじ》悉曇《しったん》字母《じも》并《ならびに》釈義《しゃくぎ》』には、このことについて次のように説明している。

若し大毗盧遮那経に依って云わば、此れ是の文字は自然《じねん》道理の所作なり。如来の所作に非ず、亦た梵王、諸天の所作にも非ず。若し能作の者有ると雖も、如来随喜したまわず。諸仏如来は仏眼を以って此れ法然の文字なりと観察して、即ち実の如くして之を説きて、衆生を利益したもう。梵王等は伝え受けて、転《うた》た衆生に教う。

（『定本』第五巻、一〇一頁）

このように空海は「法然の文字」なる存在を認めるのであった。法然ということは、無始来ということでもあり、故に誰かが作ったものではないのである。そこには、字音の神秘があるのかもしれない。ともあれここに文字に関しての、無分節から分節への発出論的な把握はないと思うのである。なお、『梵字悉曇字母并釈義』では、「此の悉曇章は、本有《ほんぬ》自然の真実、不変、常住の字なり。三世の諸

仏は皆な此の字を用いて法を説きたもう。是れを聖語《しょうご》と名づく」(同前、一一一頁)云々とも言っている。さらに、

然も梵字梵語には、一字の声に於いて無量の義を含めり。……然れば則ち此の梵字は三世に亘って而も常恒なり。十方に遍じて以って不改なり。之を学し之を書すれば、定めて常住の仏智を得、之を誦し之を観ば、必ず不壊《ふえ》の法身を証す。諸教の根本、諸智の父母《ぶも》、蓋し此の字母に在るか。……(同前、一〇五～一〇六頁)

と明かしている。この一字に無量の義を含むということもまた、密教の言語論の急所である。たとえば『声字実相義』にも、「若し秘密の釈を作《な》さば、一一の言、一一の名、一一の成立に、各の能く無辺の義理を具す。諸仏菩薩、無量の身雲を起こして、三世に常に一一の字義を説くとも、猶尚《なお》し尽くすこと能わず」(『定本』第三巻、三七～三八頁)とあるが、ここの「言」は、字のことである。実に一字が無量の意味を持っているのである。それは、ある字がすでに他の文字との差異の関係の中で成立していて、その差異の束に意味の多重性を見出すのであろう。『吽字義』がただその最初のみ引用する『守護国界主陀羅尼経』(同前、五七頁)の当該箇所には、阿字の百義も示されている。このこともまた、字というものの本質をなすことなのであろう。この字の多義性についても、井筒は特に言及しているわけではない。このような一字における意味の多重性は、意味分節理論の領域をややはみ出たものであるからであろうか。しかしこの見方こそ、密教の言語観の急所であることを理解しなけ

ればならない。実にこの一字の多義性なしに、顕教の言語との区別はなしえないであろう。

前に見たように、井筒は、「もっとも、密教的コンテクストにおけるア音は、それが「名」となってからでも、これがア音の意味であるという形で、一つの特定なシニフィエを指定することはできない。無限に解釈学的「読み」を許すような、不決定的なシニフィエがそこにあるというだけのことだ」（『意味の深みへ』、二七五頁）と、あたかも意味は字音にとって外来的、後天的のように言うのは、空海の立場からして、いかがであろうか。

そもそもア音という以上は、すでに音響を超えた文字であり、同時に名になってもいるはずである。単なる音と区別された、しかしまったくシニフィエを持たない、純粋シニフィアンなどというものは、ありえるのであろうか。字としてのアである以上、同時に名でもありえ、名であるということは意味を担っているということのはずである。この一つの字がしかも多重の意味を持っていることは、はたしてその字に本質的でない、単なる人間の後付けの解釈に過ぎないのみなのであろうか。それは、空海が重視した字義の否定ではなかろうか。

確かに密教の中に、阿字が根本だという主張はある。一方、『秘密曼荼羅十住心論』の「第九・極《ごく》無自性心《むじしょうしん》」には、たとえば次のようなことが説かれている。「……大楽金剛不空三昧耶の心真言を説いて曰く、hūṃ（吽）。釈経（『般若理趣釈』）に云く、此の字は因の義なり。因の義とは謂く、菩提心を因と為す。即ち一切如来の菩提心なり。亦た是れ一切如来の不共《ふぐう》真如の妙体恒沙《ごうじゃ》の功徳、皆な此の字従り生ず。……今、此の説に依らば、一切如来不共真如の妙体、恒沙の功徳、皆な此のhūṃ（吽）字従り出生す。……今、此の真言法教はhūṃ（吽）字を以って一切真如等の所依と為す。

真如は則ち所生の法なり、真言は則ち能生の法なり。真如の法体すら猶し此れ従り生ず。何《いか》に況や能証の人をや。……」(『定本』第二巻、二九六～二九七頁)あるいはまた、密教の唵《おん》字の観察の修行を成道時の釈尊に授ける際に、「今、此れ等の文に依るに、om(唵)字は是れ法身なり、法身はすなわち真如なり。真如法身は悉く皆な唵字の一声より出ず。何に況や諸余の法門をや。当に知るべし、真言は一切の法の母たり、一切法の帰趣なり」(同前、三〇二頁)とある。とすれば、吽字や唵字もまた、阿字に負けず劣らず根源的である。法爾・自然の文字は、いずれも同時に成立し、どの字も他に対して根源的であるとの見方を考えてもよいのではなかろうか。華厳宗の十玄門の説明で、十銭を数える喩えを説く中で、一だけが基本なのではなく、いずれの数も他に対して基本であると見るべきとされているように。

## (8) 法身説法と人間世界

最後に、もっとも肝心の果分可説、法身説法、のことは、結局、解明されたのであろうか。

どうもこのことは、「異次元の領域も、宇宙的な存在喚起エネルギーであり、無分節的絶対言語の自己分節化において、我々の人間世界の存在を支えている。このことは、イスラームの文字神秘主義やユダヤ教のカッバーラーらと同一思考パターンであり、普遍性がある」(筆者の要約)ということのようである。簡単に言うと、絶対無分節の絶対者が自己分節してコトバを語り、それが人間の経験世界を構成するというのである。このことは、たとえば次のように語られている。

しかし顕教と根本的に違うところは、現象界でそのように働くコトバの、そのまた源に、「法身説法」、すなわち形而上学的次元に働く特殊な言語エネルギーとでもいうべきものを認めることだ。従って、密教的存在論では、我々の経験世界を構成する一切の事物事象は、いずれも経験的次元に働くコトバのなかに自己顕現する異次元のコトバ、絶対的根源語——宗教的用語で言えば大日如来のコトバ——の現象形態ということになる。要するに、すべてのものは大日如来のコトバ、あるいは、根源的にコトバであるところの法身そのものの自己顕現、ということであって、そのかぎりにおいて現象的存在は最高度の実在性を保証されるのである。

（『意味の深みへ』、二五三頁）

すなわちここでの主張は、法身の自己顕現として、この世の現象世界が成立しているというのである。

ここで、三つばかり問題を提起したい。第一に、井筒は、「果分可説」ということに関して、その「果分」についての空海自身の説明には、何ら触れていないことである。空海は『弁顕密二教論』に、「自性受用の仏は、自受法楽の故に、自眷属と与《とも》に各の三密門を説きたもう。之を密教と謂う。此の三密門とは、謂わ所る如来の内証智の境界なり」（『定本』第三巻、七五頁）と示すのであった。つまり自内証の世界は三密に帰するのであり、そこに果分の内容を見るべきであろう。したがって「果分可説」を論じるなら、この三密門ということが何を意味しているのかを究明しなければなるまい。しかし井筒の論文において、果分＝自内証＝三密のことは、何も触れられていない。実はこの三密が言語（説法）との関係において、きわめて重要であることは、『声字実相義』に、「謂わ所る、声字実相といっぱ、即ち是れ法仏平等の三密、衆生本有の曼荼なり」（同前、三五頁）とあり、声・字・実相がまさに三密に相当することも説かれ、しかも「六塵の本は、法仏の三密即ち是れなり」（同前）ともあること等からも例証される。したがって、仮に六塵そのものにコトバを見る時、その六塵とその本となる三密との関係についても解明しなければなるまい。しかしもちろん、この六塵と三密の関係についても、井筒のこの空海論においてはまったく触れられていない。

それにしても、六塵の本は三密にあるとは、どういうことなのであろうか。唯識思想によれば、六塵の中、色・声・香・味・触の五塵（五境）は、依報《えほう》（国土、環境）と正報《しょうほう》（身心、個体）に見出されるべきものであるが、その本体ともいうべき個体（有根身《うこんじん》）も環境世界（器世間《きせけん》）も、凡夫なら阿頼耶識の相分にあるのであり、また五塵はそれ（本質《ほんぜつ》、疎所縁縁《そしょえんねん》）を基にして、眼識・耳識・鼻識・舌識・身識の相分（影像《ようぞう》、親所縁縁《しんしょえんねん》）に見出されるものである。もう一つの法塵（法境）はもちろん、意識の対象である。一方、仏等の場合は、今の各識と対応するそれぞれの智慧の中の相分ということになろう。空海によれば、実は十界に、五智そのもの、あるいはそれらに基づく四種法身がゆき渡っているのであり、そこでそれぞれに法然と随縁とがあることになる。いずれにしても、五智なり八識なりの中に、六塵はあるのである。その五智の活動は、三密であると見ることもできよう。

そこで、六塵の本は三密に有りとは、言い換えれば、六塵は本来、五智の中にあるということなのであろう。せまく言えば、その中の身密の中ということである。いずれにしてもいわば法然の仏智の中に六境は存在していて、その智慧の活動を言い換えれば三密ということになる。もっとも、人間界に随縁した者にとっての六塵に種々の差別があり、そこに言語も見出されるが、それらの言語はおおよそ妄語となりがちで、六塵への執着も募らせ、迷いを深めさせてしまう。そこで仏は、衆生にもとより仏の三密がはたらいていることを教示する。教示するだけでなく、そのことを実現する道を示し、実現させる。それが三密門を説くということなのであろう。

いずれにせよ、文字の相のありかとされる六塵の根本問題として三密との関係が究明されるべきである。その三密は自内証の世界に緊密に関係しているのであり、自内証即三密の意味を究明しなければならないであろう。

第二に、「法身説法」の法身を、絶対的一者である神になぞらえて見ていることである。実は空海の法身ないし法仏は、文脈によって違いもあり、顕教にいう法身（自性身）の場合もあれば自性身・受用身・変化身・等流身の四身全体（四種法身）を言う場合もある。特に法身説法という時の法身は、自性身と自受用身が一体となったものをいうのであろう。『弁顕密二教論』には、「自性受用の仏は、自受法楽の故に、自眷属と与に各の三密門を説きたもう。之を密教と謂う。此の三密門とは、謂わ所る如来の内証智の境界なり」（『定本』第三巻、七五頁）、「自受用法性仏の、内証智の境を説きたもうをば、是れを秘と名づくるなり」（同前、七六頁）とある。

しかもこの法身は、実は唯一の絶対者ではない。しばしば大日如来とされて、あたかも唯一の絶対者のことのようであるが、密教においては顕教以上に諸仏・諸尊が想定されており、ある意味ではその誰もが大日如来である。少なくとも仏なる存在においてはどの仏にも自性身・自受用身等の法身があるのである。自性身はいわば究極の普遍であるが、理智不二であれば、それ自身において一にして多個・多個にして一なる世界の一個とならざるをえない。まして自受用というところには、各個の智慧の発揮を見ることができる。そうした多仏存在のなかでの法身という側面を理解すべきであって、この法身を絶対的一者と同定することは、慎重にすべきである、むしろ避けるべきである。

前に説かれた「法仏平等の三密」という時の、「法仏」も単純ではない。三密が言われる以上、私はその法仏に四種法身の全体を見るのがよいと思うが、少なくとも自性身のみでない、自受用身と一体となった仏身でなければならない。この自性身と自受用身とはもとより成就していて、すでに凡夫のなかにもある、しかもその凡夫の中の仏身も、もとより三密を発揮している、というのが密教の教え（法門）であろう。衆生本有の曼荼というのは、衆生にももとより四種曼荼羅が具わっているというのであり、このことは法仏の三密がそこにあることを物語るものである。

さらに平等ということには、諸仏・諸尊のそれぞれの間の三密の交響を考えるべきであり、のみならず凡夫も含めたあらゆる自他に発揮されている三密の交響の全体を見るべきでもある。その動態的曼荼羅にこそ、密教の覚りの世界があるのであった。

その果分を説くのに、三密で表現する時、ただそれは三密であると言うだけでは、実は説いたことにはならない。三密がその人に自覚的に現われるのでなければ三密を説いたことにならない。その三密を実現するには、加持によるほかない。密教においては、衆生の本有の三密を現成せしめることが、三密を説くこと、すなわち果分について説くことではないだろうか。それには、世俗言語の一義的拘束を打破する言葉が必要なのである。そのことが、次の問題につながっていく。

第三に、井筒は、どうも異次元の言葉と人間の経験世界とを、結局は連続的に見ているらしいことである。いったい井筒においては、彼が説く意味分節エネルギーの凡夫における発揮を創造力にも等しく見て、肯定的にとらえているのであろうか。その辺が必ずしも定かではないが、仏教では世間の言語活動の展開の中で、覚がもたらされると説くわけではない。たとえば唯識思想においては正聞《しょうもん》熏習《くんじゅう》ということが言われている。法界等流《ほっかいとうる》の言葉、つまり仏の説法、すなわち聖なる言語を聞くことによって、世俗言語の構制により拘束されていた自己が解放され、本来のいのちを実現できるというのである。世俗的な意味分節を翻して、そのはたらきを鎮め超えたところに智慧を得るのである。しかしだからといってこのことは、必ずしも意味分節のすべてを否定するわけでもない。覚りにおいては、無分別智を証したのちただちに後得智を発揮していくように、世間的な意味分節が出世間の聖なる意味分節に換骨奪胎されることとでも言うべきか。というわけで、単に既成の意味分節エネルギーの流動性に任せておけば、問題が解決するということではない。

逆に仏の真語と、九界の妄語とは、厳正に区別されていることも無視すべきではない。十界における真・妄の区別の意味は、素直に受け止めるべきであろう。仏の説法すなわち真言には世間的な言語活動を解体しつつ再生させるはたらきがある。そこに、密教の基本的な視点があることを押さえておくべきだと思われる。

法身説法は、我々の世間の言語を解体に導くような、何らか異質の論理を荷ったものであるに違いない。その異質性、まったく非日常的な聖性についての言及や説明は、井筒にはなかった。異次元とは言うものの、それは自然に人間世界に流れ出て我々の世界の存在を支え保証しているというのみで、迷いに沈む人間の根本的な覚醒に導く機能についていては、何も触れられていないのである。

たとえば、『秘密曼荼羅十住心論』にも、「今、世間に誦習する所の悉曇章は、本は是れ如来の所説なり。梵王等、転転伝受して、世間に流布す。同じく用うと云うと雖も、然も未だ曽て字相字義、真実の句を識《し》らず」（『定本』第二巻、三二三頁）と、世間的な言語理解では如来の言語に届きえないことが指摘されている。如来の説くところは、字相に対する字義の世界である。この言語における字義と字相の違いと、字義の聖なる意味（本不生、不可得等）を宣揚しなければ、密教の言語観を語ったことにはならないであろう。

空海は『声字実相義』にも、「平等の三密は法界に遍じて而も常恒なり。五智四身は、十界を具して而も欠くること無し。悟れる者は大覚と号す。迷える者をば衆生と名づく」（『定本』第三巻、三五頁）、「此の文字は、愚に於いては能く着し能く愛して貪瞋癡等の種種の煩悩を発し、具に十悪五逆等を造る。故に頌に、能迷と曰う。智に於いては則ち能く因縁を観じて取らず捨てず、能く種種の法界曼荼羅を建立し、広大の仏の事業《じごう》を作《な》して、上《かみ》、諸仏を供《く》し、下《しも》、衆生を利す。自利利他、茲《こ》れに因りて円満す。故に能悟と曰う」（同前、四五〜四六頁）、「是の如くの内外の諸色は、愚に於いては毒と為る。智に於いては薬と為る。故に、能迷亦能悟、と曰う」（同前、四八〜四九頁）などとある。我々凡夫は、そういう、如来の説法にのみ明かされる字義を理解していくことこそが要請されている。その理解とは、一字の多義性の理解とも連動しているであろう。空海が、如来の言語と凡夫の言語とを区別して、「此の阿字等は則ち法身如来の一一の名字密号なり。乃至、天龍鬼等に亦た此の名を具す。名の根本は法身を源と為す。彼れ従り流出《るしゅつ》して稍《ようや》く転じて世流布の言と為るのみ。若し実義を知らば則ち真言と名づく。根源を知らざるをば妄語と名づく。妄語は則ち長夜《じょうや》に苦を受く。真言は則ち苦を抜き楽を与う。譬えば薬・毒の迷・悟、損・益《やく》不同なるが如し」（同前、四〇～四一頁）と説くように、世間に流布したものはどこまでもその頽落態なのであって、だからこそその実義を知ることが必要なのである。そのような異次元の世界のコトバと人間世界のコトバとの本質的な落差の内実に、井筒は何ら言及していないと言わざるをえないであろう。

## まとめ

以上、私なりに、井筒の空海論について検討してみた。その結果、少なくとも私にとっては、井筒の空海理解について、種々、疑問を抱かざるをえないものであった。

確かに空海の密教は真言宗である。しかしだからといってすべて「存在はコトバである」というのは、「存在」と「コトバ」とについて、相当に精密にその意味を明確にしなければ、空しい主張となるほかない。「存在」を言語を通して認識されたものに限ってしまうなら、非常に狭いものとなり、意味追究エネルギーのようなものも存在には入らないことになり、そういう「存在」にどれほどの意味があるのか疑問である。まさに言語に基づき説法するからその当体の本質は言語だ、というのも、その当体のもとより恒沙（ガンジス河の砂の数）の功徳を有する、その豊かな内容を狭めてしまうことになろう。あるいは逆に、その言語とは狭義の言語をはるかに超える内容のものなのであろう。

空海の著作についていては、「五大に皆な響き有り」でも、「六塵に悉く文字あり」にしても、その意味の表面的な理解のみでは空海の真意を誤りかねないものである。ただ漠然と、この世界そのものが大日如来の説法であり、表現であり、すなわちメッセージである、という意味で「存在はコトバである」というようなことも考えられるかもしれない。確かに、四大は「如来の三昧耶身《さんまやしん》」である(『即身成仏義』、同前、二二三頁)ともいう。しかしこの時の言語は、表現全般にも近いものであろう。そのようなことは前にも言うように、たとえば道元の「而今の山水は古仏の道現成なり」と同等でもあって、ことさら密教独自のものとも言い難い。道元には、その『正法眼蔵』に、「無情説法」の巻もあるのである。このことをもって「存在はコトバである」と言うのは、コトバの意味があまりにもおおざっぱ過ぎて、意味分節のこととも言えなくなり、その主張の意味はあまりにも曖昧である。

また、井筒の思想には、どこか発出論的な見方が常に付きまとっている。阿字一つとっても、ア音と言いつつ、まったく無意味な音声のレベルを設定し、それがだんだん後から意味づけされてくるという。何よりも絶対的一者から、コトバが発せられてこの世の存在が喚起されてくるというのでは、結局、無意識の中の存在喚起エネルギーとして想定したものを、異次元の絶対的一者に投影したにすぎないものではないかと思われる。しかしそうした理解は、そもそも仏教思想とはおそらく相い容れないものと思わざるをえないのである。あるいは、異次元のコトバの展開と、我々の無意識の中の意味分節追求エネルギーとの関係はどのようなのかの説明は見られない。真言の世俗言語への衝撃(インパクト)を語ることなしに、『声字実相義』の言語哲学を十全に語ったことにはならないであろう。

以上のような次第で、こと空海の言語哲学に関する限り、井筒の論説は私にとってはほぼ受け入れがたいのが正直な感想である。仏教が、多彩なインド古代の思想の中で、実は例外的に異端であること（ゆえに東洋思想全体の中で異端であるはずのこと）に、もっと注意を払う必要があると思われるのである。

## 【参考】井筒俊彦の唯識論について

井筒は、『意味の深みへ』の「あとがき」で、自らの唯識思想理解について、まとめて記している。かなり長くなるので、全部の引用は避けたいところであるが、その理解に必要と思われる部分を、厭わず引用しておく。

ところで、唯識哲学の説く「薫習」とは、現代的な表現で言い換えるなら、「意味化」のプロセスということになるだろう。すなわち、一々の経験は、必ずこころの深層にその痕跡を残すとはいっても、生の経験がそのままの姿（たとえば、普通の意味での記憶というような形）で残留するのではなく、すべてその場で、いったん「意味」に転成し、そういう形で、我々の実存の根柢に蓄えられていくのである。それを唯識の術語で「薫習」と呼ぶのだ。

人間のこころの機能を、表層から深層に及ぶ八つのレベルに分けて構造モデル化する伝統的な唯識の意識論では、このように過去の一切の経験が「意味化」して蓄えられる内的場所《トポス》として、この構造モデルの最深層（第八番目のレベル）を措定し、これを「アラヤ識」（ālaya-vijñāna文字通りには「貯蔵庫意識」）と名づけ、そこに貯蔵される「意味」を「種子《しゅうじ》」と名づける。「種子」、すなわち、この段階での「意味」、は我々が常識的に理解しているようなコンヴェンショナルな「意味」ではない。コンヴェンショナルな「意味」の成立は、表層意識のレベルでの事態。「アラヤ識」のレベルにおける「意味」は、「意味」というより、むしろ「意味」エネルギーというほうが真相に近い。つまり、「アラヤ識」は、全体としては、力動的な「意味」の流れである。

だが、「意味」は、その本性上、「名」を呼び、「名」を求めるものである故に、「アラヤ識」は、また、全体として、根源的に言語的性格をもつ。とは言っても、勿論、均等的に、ではない。「アラヤ識」の言語性には、いわば凸凹があるのだ。先刻も書いたとおり、人間の経験は、大ざっぱに見ても身・口・意の三つの系統があるのであって、すべての経験が、直接、コトバの経験であるわけではない。人間の下意識にたいするコトバの働きかけを極めて重大視する唯識哲学は、直接コトバに由来する「種子」を、特に「名言種子」と呼んで、他の系列の「種子」から区別する。しかし、非言語系の「種子」も、「アラヤ識」的事態としては、すべて潜在的「意味」形象であるという点から考えれば、「名言種子」と根本的に等質であり、広い意味で言語的である、と考えられなければならない。

「アラヤ識」に蓄えられた「意味」は、言語系であれ非言語系であれ、すべて言語化されている。ただ、その言語化の程度が様々に異なる、というだけのこと。「名言種子」の場合のように、始めから特定の「名」と結びついていて、そのかぎりにおいて、相当程度の言語的凝結性を得ているものもある。ほとんど一定の「名」を得るに近い状態の、いわば言語的に凝結しかけた「意味」もある。そうかと思うと、未だ己の「名」を得て落ち着くことができず、言語化への道を探り求めて、迷走しつつあるような「意味」可能体もある。

数限りないこれらの潜在的「意味」形象の全体を理論的に想定して、私はそれを、「言語アラヤ識」（あるいは「意味アラヤ識」）と呼ぶ。すなわち、唯識哲学の説く第八「アラヤ識」を、強弱様々な度合いにおいて言語化された「意味」エネルギーの、泡立ち滾《たぎ》る流動体として、想像するのである。

（同書、二九五〜二九七頁）

以上は大変、魅力的な説ではあるが、唯識説自身がそのようなことを想定しているかどうかは微妙であろう。参考までに、唯識説の種子《しゅうじ》理論について、伝統的な立場に即して説明しておくと、次のようである。種子には、名言種子《みょうごんしゅうじ》と業種子《ごっしゅうじ》とがある。業種子とは、名言種子のもつ善・悪の性質のことであって、名言種子と別にあるわけではない。名言種子は、七転識の相分・見分の種子であり、必ずしもそのすべてが言語活動に関係しているわけではない。実はこの名言に、表義名言と顕境名言との二種類がある。以下、深浦正文『唯識学研究』下巻「教義論」から、このことに関する説明を引用しておこう。

表義名言とは、本論（『成唯識論』）巻八に「表義名言とは、即ち能く義を詮する音声差別なり」とあって、音声上の名・句・文がよく諸法の体義を詮表するから、名・句・文を名言といい、而して、尋・伺相応の第六意識、よくその名言を縁じて三性（善・悪・無記の性質）の種子を熏習するから、そこでこれを名言種子というのである。こは、名言というを、法に約して談ずるのである。

顕境名言とは、同じく本論の上の連文に「顕境名言とは、即ち能く境を了する心心所法なり」とあって、七転識および相応の心所が、応に随い所対の境を了顕するは、恰も名言の、応に随い諸法の体義を詮表するが如きであるから、かの心心所（心王と心所）を喩えて名言といい、その心心所の熏習する種子であるから、これを名言種子というのである。こは、かく名言というを喩に約して談ずるのである。

以上二種の名言には寛狭の差があり、表義名言の薫習は狭にして、ただ第六識の尋・伺相応のものに限り、顕境名言の薫習は寛にして、七転識の心心所に亙るのである。（深浦、四二一頁）

このように、ほとんどの名言種子は、言語活動とは直接の関係はなく、ゆえに名言熏習のほとんどは「意味」に転成したり、「意味化」、「言語化」されたりするわけではない。唯識思想では、言語を操るのは第六意識に限られており、その際、ごくふつうの表現を求めるはたらきは尋《じん》の心所に基づき、さらに精細な表現を求めるはたらきは伺《し》の心所に基づくと考えられている。そのほかの顕境名言の立場での種子に、潜在的「意味」形象があるとは、言い難いであろう。

また、種子というものは、刹那滅・果倶有《かぐう》・恒随転《ごうずいてん》・性決定《しょうけつじょう》・待衆縁・引自果という六義によって厳密に定義されており、種子自身が阿頼耶識のなかにおいて変貌・成長等することは考えられていない。種子が現行《げんぎょう》（識等の現実の活動を生じる）したら、その刹那に直ちにその感覚・知覚等の経験は阿頼耶識に熏習される。これを、種子生現行・現行熏種子というが、この全体が一刹那において行われるという。ここを、「三法（種子―現行―種子）展転《ちんでん》、因果同時」という。ただし、現行したときに、多くの縁がそこに関わるので、それにより熏習された種子は、前の種子と異なる可能性はある。ここに、意味の展開の可能性はあるであろう。

刹那刹那、生じては滅し生じては滅ししている阿頼耶識において、前の刹那の阿頼耶識が有していた種子は、そっくり次の刹那の阿頼耶識に移しこまれる。ここを種子生種子という。そこで前と異なる種子を生じるとは考えられていない。唯識思想では、こうして、種子生現行・現行熏種子・種子生種子というからくりの中で、世界は相続されるというのである。

ちなみに、阿頼耶識は暴流《ぼる》のように流れていると説かれているが、それは阿頼耶識自身について、激流のようだと言っているのであって、特に種子について言っているわけでもないというわけで、種子そのものにたとえば動的エネルギーの側面があるかどうかは疑わしい。もちろん、創造的に読むことは大切なことであるし、意義深いことで、井筒唯識を無下に否定する必要はない。ただ本来の唯識説との対応関係を明確に自覚しておくことも無益なことではないであろう。

# あとがき

本書の冒頭（「はしがき」）にも記したと思うが、仏教の本質は言語哲学であると言っても過言ではないように思われる。仏教は我々が、事の世界を物化し、現象でしかないものを実体視する根底に言語が大きく関わっていることを解明し、その問題性について鋭く指摘している。世俗とは言語による世界の一義的な覆いの事であり、仏教はその網を破って世界そのものの真実に目覚める道を語るのであった。本書第一章に示したように、顕教（仏教一般）における言語と存在をめぐる分析はきわめて緻密であり、その深い真実性を無視することはとうていできないであろう。

空海が奉じる密教も、言語について深く省察するというその本質は変わらないに違いない。実際、言語を否定し、分別を否定する視点は、阿字本不生という不変・普遍の根本を指摘するところや、各字（母音・子音）の字義（深い意味）において多くその不可得の義を語るところに、そのことが表われている。

しかし一方、空海の仏教は真言宗というように真実の言葉を賞揚するものであり、仏果すなわち仏の自内証の世界（自らの内に覚っている世界）も言語によって語りうる（果分可説）とも、法身自ら説法する（法身説法）とも説くのであった。遮情（否定）と同時に表徳（肯定）を語るのが密教の流儀なのである。ではそこにある言語とは、いったいどのようなものなのであろうか。またそういう言語によって、如来の自内証の世界（仏果）はどのように語られるのであろうか。このことには、誰もが大きな興味を持つことであろう。

幸い、空海にはその言語観に関してまとめて説く著作がある。『声字実相義』である。古来、『即身成仏義』、『吽字義』と並んで、空海の密教に関する三部作と言われている。その中、『即身成仏義』についていては、すでに拙著『空海の哲学』（講談社現代新書、二〇二〇年）に、私の理解を述べた。ついで私は、前述のような密教独自の言語観とはどのようなものかという問題意識を携えながら、『声字実相義』の解読を目指そうと思った。同書には、空海の密教のまさに核心に関わる哲学が語られているようにも思われたからである。

もちろんこれまで、同書の解説書は斯界の碩学らによって、いくつも出されている。それらにあっては、『声字実相義』の本文の一々に関する詳しい注釈が施されている。ただしでは、この『声字実相義』は結局、全体として何を説いたのかについては、いずれの解説書においても必ずしも明快とは言い難いものがあるように思われた。そこで私は、空海はこの『声字実相義』によって何を明かそうとし、何を訴えようとしていたのかを、私なりに把握したいと思ったのであった。

そのためには、まずは仏教（もしくは顕教）の言語観を、十分に踏まえる必要もあろう。もちろん読者にとってもこのことは必要なことである。そこで第一章にそのことについて、唯識思想や中観思想等を基に、西洋のヤーコブソンの音韻論、ソシュールの意味論、ウイトゲンシュタインの文章論等と対比しつつ、まとめて記しておいた。

ついで、第二章に『声字実相義』の全体像を概観し、それをふまえて第三章において本文の逐文の解説を、仏教の言語観の基本を押さえつつ行った。その作業を通じて、この『声字実相義』では、言語（声字）についてのみでなく、むしろ実相についての密教の立場を明かすことが大きな主題となっていると理解されてきた。考えてみれば、『声字実相義』が明かそうとしていたことは、同書冒頭の「叙意」にあらかじめ掲げられているのである。そこには、「謂《い》わ所《ゆ》る、声字実相といっぱ、即ち是れ法仏平等の三密、衆生本有の曼荼なり。故に大日如来、此の声字実相の義を説いて、彼の衆生長眠の耳を驚かす」（『定本』第三巻、三五頁）とある。とすれば、声・字・実相の究明により、単に言語のことだけではなく、諸仏・諸尊・諸衆生のそれぞれの三密が交響する世界こそが世界の真実相（実相）であることを描くことが、同書の主題なのであった。そのことを、この解説においてできるだけ明瞭になるよう、心がけてみた。

しかしあくまでも言語ということに焦点を合わせた時、『声字実相義』の解読だけでは空海の言語哲学の全容を理解するのにやや不足もあるかと思い、第四章に、空海の他の文献をも参照して、空海の言語観の独自の特質を探ってみた。その結果、特に「字義」の実際を見ていく中で、一字（音素。母音ないし子音＋母音）の地平ですでに多重・無辺の意味を荷っていることに、その独自の特質を見出した。それは、一般の言語が字の組み合わせで名（単語）や文章を構成し、そのことによって一義的な意味を指定する機能を持つものであることとは異なり、一字に多義性を現前させて対象的分別を破却し事象の実相を露現させる独自の言語であるということである。このことはまた、畢竟、真言とは何かの問いに対する一つの答えともなっていよう。

このような言語であるからこそ、「果分可説」「法身説法」も可能となり、諸仏・諸尊等の三密の交響する世界も立ち現われて来る。言語と自内証、声字と実相が一体となってそこに現前することになる。その自内証の世界をより深く理解するために、空海の著作にさらにそのことを尋ねた「空海における「成仏」について」の小稿を、第四章に付しておくことにした。

さらに第五章として、井筒俊彦の空海論の当否を、私の理解した空海の立場に照らして検討してみた。井筒は、イスラームもインド古代哲学も中国古代哲学も、すべて同一の構造を抱懐していると説くが、仏教はもとよりインド哲学の中の異端なのであり、本流とは相容れない要素を本質的に有しているものである。いずれにせよ、井筒の論を検討することを通じて、むしろ空海の言語哲学のありようがさらに明確になったのではないかと思っている。


実は『声字実相義』は、顕教の『瑜伽師地論』に基づく説明が長かったり、『華厳経』の引用があったりして、この一書を通じてどのように密教の立場が貫かれているのか、なかなか領納しがたいものがある。「声字実相」のことを簡約に提示する詩、「声字実相頌」（と私は呼ぶ）の第一句、「五大に皆な響き有り」については、この「五大」は密の立場では「五字五仏及び海会の諸尊是れなり」（『定本』第三巻、三九頁）と、明瞭に指摘されている。そのような説明が随時あればよいのだが、たとえば同頌第三句、「六塵に悉く文字あり」の「六塵」についての、密の立場の説明はない。そういう不統一の感も否めないし、もっとも重要と思われる同頌第四句、「法身は是れ実相なり」の句に関しては何の説明もなく終わっていて、はたして空海はこの著作において十全に自己の言語哲学を説き尽くしえたのか疑問にとらわれてもしまうのである。

しかしおそらく空海は、本書において言語そのものについて論じるよりも、結局、実相はどこに見出されるべきかを説こうとしたのであろう。その実相は、最初の「叙意」に示された「法仏の平等の三密・衆生本有の曼荼」という事実そのことに極まるのであろう。

しかもその「平等の三密」とは、前にも触れたように諸仏・諸尊のそれぞれの三密が「互相に加入し、彼れ此れ摂持」(『即身成仏義』、同前、二五頁)する世界のことのはずであり、私はそのめくるめくような光景をしきりに想像したりしている。その世界では、衆生の内なる仏身の三密もまた他の諸仏・諸尊および凡夫らの三密と渉入相応しているらしく、この実に立体的・動態的な曼荼羅世界は、確かに華厳の事事無礙法界を超えたものがあるであろう。

この魅惑的な世界に自ら自覚的に参入するには、密教の阿字観等の行法によるのが近道であるに違いない。しかし三密が「互相に加入し、彼れ此れ摂持」しているということは、ふだん日常において、眼には見えなくとも常に諸仏・諸尊の加持を受けているということでもある。その「無相の加持」への気づきにおいて、いま・ここで一転して救いを実感することもできるであろう。空海は、嵯峨天皇に御礼の意を込めて贈った詩に、「諸仏威護《いご》して一子《いっし》の愛あり　何ぞ人間の難を惆悵《ちゅうちょう》することを須《もち》いん」(「恩賜の百屯の綿兼て七言の詩を奉謝する詩一首幷序」、『性霊集』巻第三、『定本』第八巻、四五頁)と歌っている。

それにしても、空海の言語論は、難解なものである。そもそも密教は自性身・自受用身（法身仏）の自受法楽のための説法だというが、そのようなものを我々は聞くことができるのであろうか。しかし我々には少なくとも『大日経』、『金剛頂経』といった密教経典が用意されている。それらの密教経典は自受法楽というより、やはり凡夫のために説かれたものなのではないだろうか。というのも、『声字実相義』には、「衆生癡暗にして、自ら覚るに由無し。如来加持して其の帰趣を示す。帰趣の本、名教に非ざれば立せず。名教の興り、声字に非ざれば成ぜず。声字分明にして而も実相顕わる」とあるからである。『大日経』も『金剛頂経』も、まさに癡暗なる我々に対する、言語に基づく説法であるのに違いない。とはいえ、密教の言語は暗号であったり、一字多義であったりして、とても分明とは言い難いようにも思われる。その辺もまた、密教独特の性格であり、一つの魅力なのであろう。

空海の言語哲学を深く領解するには、以上のようなさまざまな困難な事情が伴われてもいるが、本書において私は私なりに、空海の言語哲学の核心を可能なかぎり的確に把握しようと努めたつもりである。『声字実相義』に関しては、とりわけ色塵と色法とはまったく違うことを常に意識しながら解説することで、これまであいまいなままであった点を多少なりとも明確にすることはなしえたかとも考えている。また、この書は全体として何を説いているのかについて、第三章の解説の最後にまとめておいた。その意味では、従来の多くの一般的な解説書よりは、多少なりとも理解を深めえたかと思うのである。

私としては、今後この拙ない書物を踏み台にして、若い後学の方がさらに空海の言語哲学を分明に究明していかれることを、ひとえに願うのみである。

最後に、本書の刊行にご尽力くださった、春秋社編集部の佐藤清靖氏、豊嶋悠吾氏に、心より感謝申し上げる次第である。

令和三年五月五日

つくば市・故道庵にて

竹村　牧男　誌す

著者紹介

竹村牧男（たけむら・まきお）

1948年東京生まれ。東京大学文学部印度哲学科卒業。文化庁宗務課専門職員、三重大学助教授、筑波大学教授、東洋大学教授を経て、東洋大学学長に就任、2020年3月に退職。筑波大学名誉教授・東洋大学名誉教授。専攻は仏教学・宗教哲学。唯識思想研究で博士（文学）。著書に、『唯識三性説の研究』『唯識の構造』『『成唯識論』を読む』『『華厳五教章』を読む』『『大乗起信論』を読む』『『秘蔵宝鑰』を読む』『〈宗教〉の核心――西田幾多郎と鈴木大拙に学ぶ』『心とはなにか』（春秋社）、『入門　哲学としての仏教』『空海の哲学』（講談社現代新書）、『日本仏教　思想のあゆみ』（講談社学術文庫）、『ブッディスト・エコロジー――共生・環境・いのちの思想』（ノンブル社）、『唯識・華厳・空海・西田――東洋哲学の精華を読み解く』（青土社）ほか多数。

空海の言語哲学――『声字実相義』を読む

2021年7月20日　第1刷発行

著　者＝竹村牧男
発行者＝神田　明
発行所＝株式会社 春秋社
〒101-0021　東京都千代田区外神田2-18-6
電話（03）3255-9611（営業）（03）3255-9614（編集）
振替　00180-6-24861
https://www.shunjusha.co.jp/
印　刷＝萩原印刷株式会社
装　幀＝河村　誠


ISBN 978-4-393-11278-6　定価はカバーに表示してあります

竹村牧男
# 『成唯識論』を読む
煩悩障と所知障を断じて涅槃と智慧を実現させる法相宗の根本聖典である仏教哲学の結晶『成唯識論』の思想体系の流れをわかりやすく講義。〈新・興福寺仏教文化講座7〉
8250円

竹村牧男
# 『華厳五教章』を読む
中国華厳宗を大成した賢首大師法蔵の主著で、華厳宗の根本的な綱要書でもある『華厳五教章』のうち、六相門や十玄門について説かれた「義理分斉」章を中心に解説した本格書。

5720円

竹村牧男
# 『大乗起信論』を読む
空・唯識・如来蔵というインド仏教の伝統思想を凝縮させた珠玉の名作『大乗起信論』を、法相唯識の教理との対照から、その特徴を浮き彫りにし分かりやすく説き明かす。

3520円

竹村牧男
# 『秘蔵宝鑰』を読む
凡夫から密教までの十段階の心のあり方を示す十住心の思想にそって密教の優位を説いた、弘法大師空海の代表作を解説。仏教の全体像を学ぶには必見の書。

4400円

竹村牧男
# 心とはなにか　仏教の探究に学ぶ
仏教の歴史は心の探究史。原始仏教・アビダルマの意識から唯識の無意識、大乗の如来蔵、そして日本人特有の心のあり方へと、私たちの心の豊かさを説き明かす。

2090円

▼価格は税込（10％）